U0739239

湖北省学术著作出版专项资金资助项目

数字制造科学与技术前沿研究丛书

中国船舶工业信息化与工业化融合建设关键要素分析

李志春　著

武汉理工大学出版社
·武汉·

内容提要

本书围绕船舶企业的信息化、工业化与信息化两化融合、船舶工业互联网等展开论述，从船舶工业的发展、地位、目前存在的发展困境等方面引出了船舶企业信息化发展的重要作用，详细介绍了目前最新提出的两化融合管理体系的背景、做法、主要作用，以案例的形式介绍了船舶企业开展两化融合体系贯标的具体实施步骤，对相关概念进行了深入讨论，并介绍了企业实施管理体系后的成效，可以为相关企业开展类似工作提供很好的参考借鉴。

全书非常具有针对性，可以为船舶企业相关人员提供参考。

图书在版编目(CIP)数据

中国船舶工业信息化与工业化融合建设关键要素分析／李志春著．—武汉：武汉理工大学出版社，2019.1

ISBN 978-7-5629-5839-0

Ⅰ.中…　Ⅱ.①李…　Ⅲ.造船工业-信息化-研究-中国　②造船工业-工业化-研究-中国

Ⅳ.①F426.474

中国版本图书馆 CIP 数据核字(2018)第 199747 号

项目负责人：田　高　王兆国　　　**责任编辑**：黄玲玲

责 任 校 对：夏冬琴　　　**封面设计**：兴和设计

出 版 发 行：武汉理工大学出版社

社　　　址：武汉市洪山区珞狮路 122 号

邮　　　编：430070

网　　　址：http://www.wutp.com.cn

经　　　销：各地新华书店

印　　　刷：武汉中远印务有限公司

开　　　本：787×1092　1/16

印　　　张：15

字　　　数：374 千字

版　　　次：2019 年 1 月第 1 版

印　　　次：2019 年 1 月第 1 次印刷

定　　　价：60.00 元

数字制造科学与技术前沿研究丛书
编审委员会

总 序

当前，中国制造2025和德国工业4.0以信息技术与制造技术深度融合为核心，以数字化、网络化、智能化为主线，将互联网＋与先进制造业结合，兴起了全球新一轮的数字化制造的浪潮。发达国家（特别是美、德、英、日等制造技术领先的国家）面对近年来制造业竞争力的下降，大力倡导“再工业化、再制造化”的战略，明确提出智能机器人、人工智能、3D打印、数字孪生是实现数字化制造的关键技术，并希望通过这几大数字化制造技术的突破，打造数字化设计与制造的高地，巩固和提升制造业的主导权。近年来，随着我国制造业信息化的推广和深入，数字车间、数字企业和数字化服务等数字技术已成为企业技术进步的重要标志，同时也是提高企业核心竞争力的重要手段。由此可见，在知识经济时代的今天，随着第三次工业革命的深入开展，数字化制造作为新的制造技术和制造模式，同时作为第三次工业革命的一个重要标志性内容，已成为推动21世纪制造业向前发展的强大动力，数字化制造的相关技术已逐步融入制造产品的全生命周期，成为制造业产品全生命周期中不可缺少的驱动因素。

数字制造科学与技术是以数字制造系统的基本理论和关键技术为主要研究内容，以信息科学和系统工程科学的方法论为主要研究方法，以制造系统的优化运行为主要研究目标的一门科学。它是一门新兴的交叉学科，是在数字科学与技术、网络信息技术及其他（如自动化技术、新材料科学、管理科学和系统科学等）跟制造科学与技术不断融合、发展和广泛交叉应用的基础上诞生的，也是制造企业、制造系统和制造过程不断实现数字化的必然结果。其研究内容涉及产品需求、产品设计与仿真、产品生产过程优化、产品生产装备的运行控制、产品质量管理、产品销售与维护、产品全生命周期的信息化与服务化等各个环节的数字化分析、设计与规划、运行与管理，以及产品全生命周期所依托的运行环境数字化实现。数字化制造的研究已经从一种技术性研究演变成为包含基础理论和系统技术的系统科学研究。

作为一门新兴学科，其科学问题与关键技术包括：制造产品的数字化描述与创新设计，加工对象的物体形位空间和旋量空间的数字表示，几何计算和几何推理、加工过程多物理场的交互作用规律及其数字表示，几何约束、物理约束和产品性能约束的相容性及混合约束问题求解，制造系统中的模糊信息、不确定信息、不完整信息以及经验与技能的形式化和数字化表示，异构制造环境下的信息融合、信息集成和信息共享，制造装备与过程的数字化智能控制、制造能力与制造全生命周期的服务优化等。本系列丛书试图从数字制造的基本理论和关键技术、数字制造计算几何学、数字制造信息学、数字制造机械动力学、数字制造可靠性基础、数字制造智能控制理论、数字制造误差理论与数据处理、数字制造资源智能管控等多个视角构成数字制造科学的完整学科体系。在此基础上，根据数字化制造技术的特点，从不同的角度介绍数字化制造的广泛应用和学术成果，包括产品数字化协同设计、机械系统数字化建模与分析、机械装置数字监测与诊断、动力学建模与应用、基于数字样机的维修技术与方法、磁悬浮转子机电耦合动力学、汽车信息物理融合系统、动力学与振动的数值模拟、压电换能器设计原理、复杂多环耦合机构构型综合及应用、大数据时代的产品智能配置理论与方法等。

围绕上述内容，以丁汉院士为代表的一批制造领域的教授、专家为此系列丛书的初步形成提供了宝贵的经验和知识，付出了辛勤的劳动，在此谨表示最衷心的感谢！对于该丛书，经与闻邦椿、徐滨士、熊有伦、赵淳生、高金吉、郭东明和雷源忠等制造领域资深专家及编委会成员讨论，拟将其分为基础篇、技术篇和应用篇三个部分。上述专家和编委会成员对该系列丛书提出了许多宝贵意见，在此一并表示由衷的感谢！

数字制造科学与技术是一个内涵十分丰富、内容非常广泛的领域，而且还在不断地深化和发展之中，因此本丛书对数字制造科学的阐述只是一个初步的探索。可以预见，随着数字制造理论和方法的不断充实和发展，尤其是随着数字制造科学与技术在制造企业的广泛推广和应用，本系列丛书的内容将会得到不断的充实和完善。

《数字制造科学与技术前沿研究丛书》编审委员会

前　言

船舶工业是我国的支柱产业，也是面向国际市场充分竞争的行业。虽然我国船舶工业起步较晚，但发展非常迅速，本世纪初一跃成为造船大国，在手持订单量、造船完工量等方面都处于世界第一。但受金融危机的影响，全球航运业运量断崖式下滑，船舶企业受到严重冲击。在人民币汇率、原材料价格、人工成本等诸多因素的冲击下，国内船舶制造企业依靠成本竞争优势的发展已经越来越难以为继。

在这个大背景情况下，国家从产业产能控制、竞争优势提炼等方面进行了相关引导，鼓励企业进行转型升级。在目前信息化技术、人工智能技术等发展日新月异的情况下，利用信息化手段，提炼信息化环境下的新型竞争能力，成为一个重要的措施。

从产业政策方面来看，最近十来年，国家在船舶工业的信息化发展方面有非常明确的发展思路。从最初的设计软件、信息管理软件，到后面的系统集成，再发展到工业化与信息化两化融合管理体系、智能车间、智能制造，最终发展到目前的船舶工业互联网建设。最近这几年，新的技术手段、技术名称，如云计算、物联网、工业互联网等概念层出不穷，广大的船舶工业领导、信息技术部门人员、相关专业的学生非常需要有一本书对这些技术和背景进行详细的解释和介绍。

本书围绕船舶企业的信息化、工业化与信息化两化融合、船舶工业互联网等展开论述，从船舶工业的发展、地位、目前存在的发展困境等方面引出了船舶企业信息化发展的重要作用，详细介绍了目前最新提出的两化融合管理体系的背景、做法、主要作用，以案例的形式介绍了船舶企业开展两化融合体系贯标的具体实施步骤，对相关概念进行了深入讨论，并介绍了企业实施管理体系后的成效，可以为相关企业开展类似工作提供很好的参考借鉴。

有了两化融合思想的铺垫，本书接着对船舶行业企业的信息化系统组成、系统需求分析、功能设计、关键共性问题的解决方法等进行了深入阐述，并对典型信息系统的实施案例进行了剖析论述。

全书非常具有针对性，可以为船舶企业相关人员提供参考。

作　者

2018 年 8 月

目　录

三、技术篇

一、背景篇

1 中国船舶工业地位与发展历程

我国航运业的蓬勃发展，与国内经济的日益壮大是息息相关的，尤其是海洋经济，它的快速发展加大了我国对海洋装备开发的需求。现如今，随着信息技术的高速发展，信息化也掀起了一片浪潮，为我国船舶工业的发展注入了新的血液，为其生产方式和管理方式带来了深刻的变革。同时，对于其他造船业处于发展时期的国家而言，在参与国际分工与合作、实现跨越式发展方面，信息化为其创造了机遇和条件[1]。

1.1 船舶行业特征

在产业格局中，我国相关政策的支持使得船舶工业的战略定位更加明确、更加突出。总体上，船舶行业的特征如下[1]：

(1)产业链作用较强

船舶工业虽然属于传统基础产业，但涉及机械制造、电力设备、工业控制、电子通信等行业或领域，具有劳动密集、技术密集和资金密集的特点。它是我国航运业以及海洋开发的重要基础，对大多数产业部门中的产品有直接或者间接消耗，为许多行业的发展提供了良好的市场环境[2]。由于造船工业辐射范围非常广，是一个国家制造能力和工业水平的集中反映，中国作为一个发展中国家，目前正处于产业升级和技术升级的转型时期，如何在当前形势下更好地发展船舶工业是一个极其重要的问题。

我国船舶工业的产业链比较长，产业链示意图如图 1.1 所示。从图中看出，此产业链包括上游、中游和下游三个部分，其中上游主要为船舶产品的研发和设计(研究所、设计院等)，中游主要为船舶建造或修理(造船企业、修船企业等)，下游主要是与船舶制造相关的配套设施及服务(设备供应商、技术服务商等)。产业链中的每个环节都涉及各种产业和企业，通过对产业链的整合，可减少各环节之间信息不对称的情况，从而提高协同效应，充分发挥组织、管理等方面的潜在优势，在一定程度上弥补核心技术能力的不足。同时，产业链的模块化可以使各方专注于不同环节的核心价值模块，并对其他非核心环节进行有效的价值重组，从而形成产业链合力，达到增强综合竞争力的目的。

我国船舶企业在产业链的构建上还存在较大的局限性。目前我国总体的产业链结构仍以大而全的形式为主，而这种形式的船舶产业链结构摊薄了各方资源，弱化了企业的主业务，使企业难以真正保持和强化自己的核心优势。因此，船舶产业链要以上、中、下游的一体

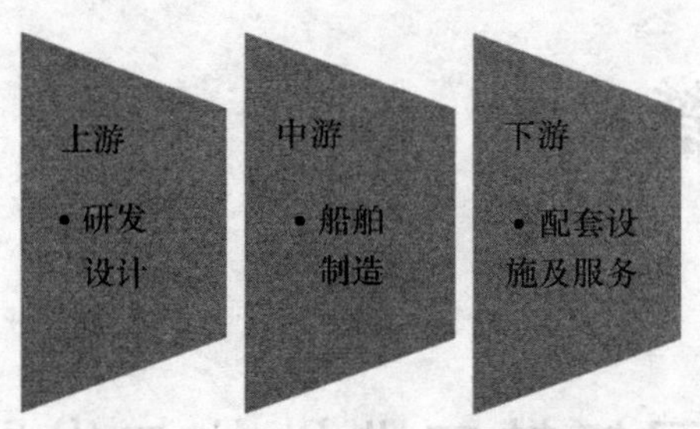

图 1.1　船舶工业产业链示意图

化结合为目标，逐步摆脱生产布局的限制，强调生产控制集中整合和资源的均衡投入。

(2)发展的周期性较强

船舶工业与航运业紧密相关，其发展周期通常会受到全球经济增长周期的影响。1997 年的亚洲金融危机，终结了世界造船总量大约每年增长 70%的形势，并迅速转变为萧条局面。例如，巴拿马型散货船，它的价格从最高价 3300 万美元/艘迅速跌至 2000 万美元/艘。而 2008 年的世界经济危机，也对船舶工业造成了类似的后果。可见，一旦世界或地区经济形势恶化，船舶价格的下降幅度将极为惊人，从而造成船舶企业的利润急剧下降。

因此，船舶工业发展的周期性较强。全球造船产量呈周期性变化，并有比较明显的阶梯式上升态势[2]。

从图 1.2 可看出，往年新船价格指数呈周期性变化，每一轮的周期与全球的经济走势相关。

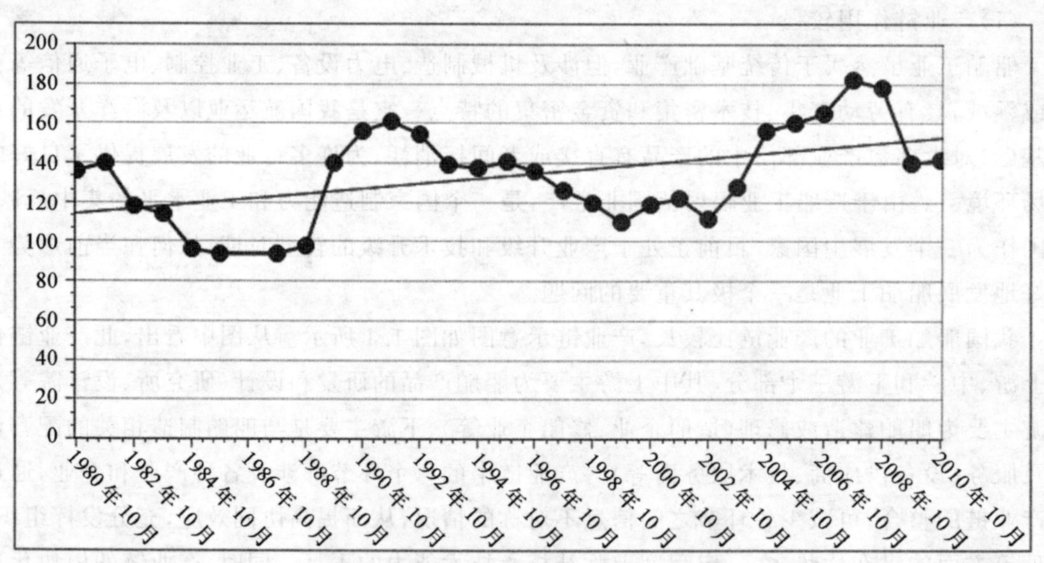

图 1.2　往年新船价格指数

图 1.3 显示了 2007—2015 年新船价格指数的变动趋势，从图中可看出，在 2007—2008 年，新船价格指数曲线呈现上扬趋势，并达到一个景气高点，之后由于受金融危机的影响，新船价格指数迅速下降，并经历了一个漫长的低迷期，直到 2013 年才开始有回暖现象，但总体上还处于低迷期，目前仍未恢复正常。

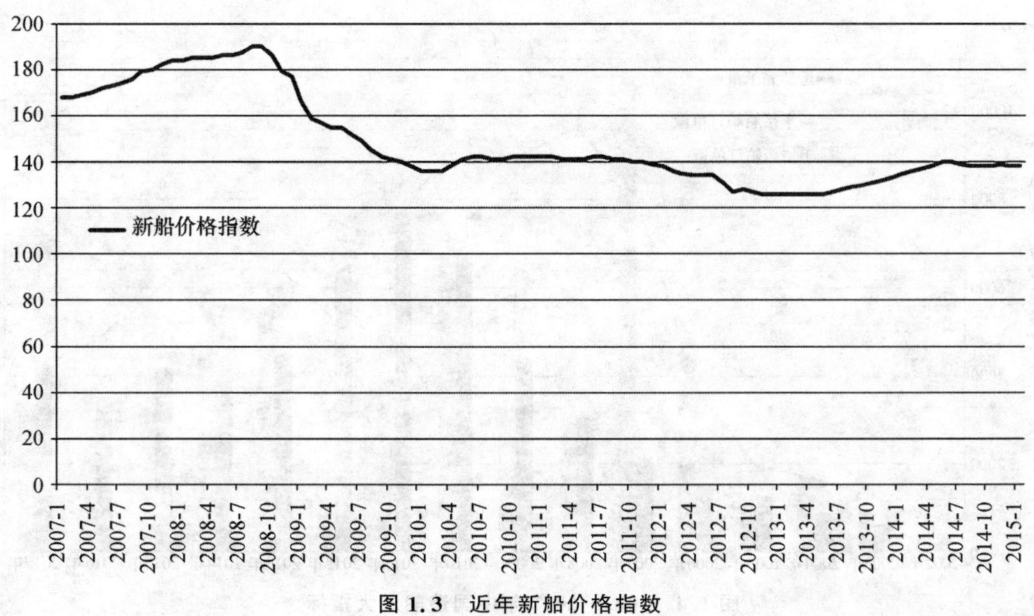

图 1.3　近年新船价格指数

(3)供需不平衡

当前我国船舶工业所面临的"全球经济发展缓慢、航运供求关系未见好转、造船产能过剩问题突出、造船成本控制压力增大"等各种内外部挑战将持续存在，行业内主要造船指标仍继续呈现"有升有降"的特征。2017 年，我国的造船完工量为 4268 万载重吨，同比增长了 20.9%；承接的新船订单量为 3373 万载重吨，同比增长了 60.1%；12 月底，我国手持船舶订单量为 8723 万载重吨，同比下降了 12.4%[3]，我国船舶市场三大指标如表 1.1 所示。

表 1.1　我国船舶市场三大指标(单位：万载重吨)

指标	2015 年	2016 年	2017 年	2017 年同比增速
新接订单量	2916	1617	3373	60.1%
造船完工量	3922	3594	4268	20.9%
手持订单量	12737	9595	8723	−12.4%

图 1.4 所示为我国 2002—2017 年造船三大指标趋势图。在 2002—2008 年期间，我国的造船完工量、新承接船舶订单量和手持船舶订单量均呈快速上升趋势，而 2008—2017 年期间，新承接船舶订单量和手持船舶订单量均呈下降状态。

20 世纪 90 年代开始，韩国和日本通过不断提高自身生产力，而使造船能力不断提升。其中韩国只用了数年时间，就将其国内的三大造船集团的造船能力提高了一倍多。例如，韩国现代集团下的蔚山船厂，拥有近 10 座干船坞，1999 年完工交付的船舶就达到了 450 多万载重吨，甚至超过了当时整个中国的造船产量。2000—2017 年，全球造船完工总量超过了 20000 万载重吨，而全球签订的新船订单量只有 5000 多万载重吨。仅中国一个国家就具有 8000 万～9000 万载重吨的造船能力，而全球年造船量超过 1.9 亿载重吨。由此可看出，船舶生产供需关系的不平衡状态可能会长期存在[2]。

(4)进入和退出壁垒高

我国船舶行业具有较高的进入和退出壁垒。进入壁垒主要体现在资金、技术、人员和外

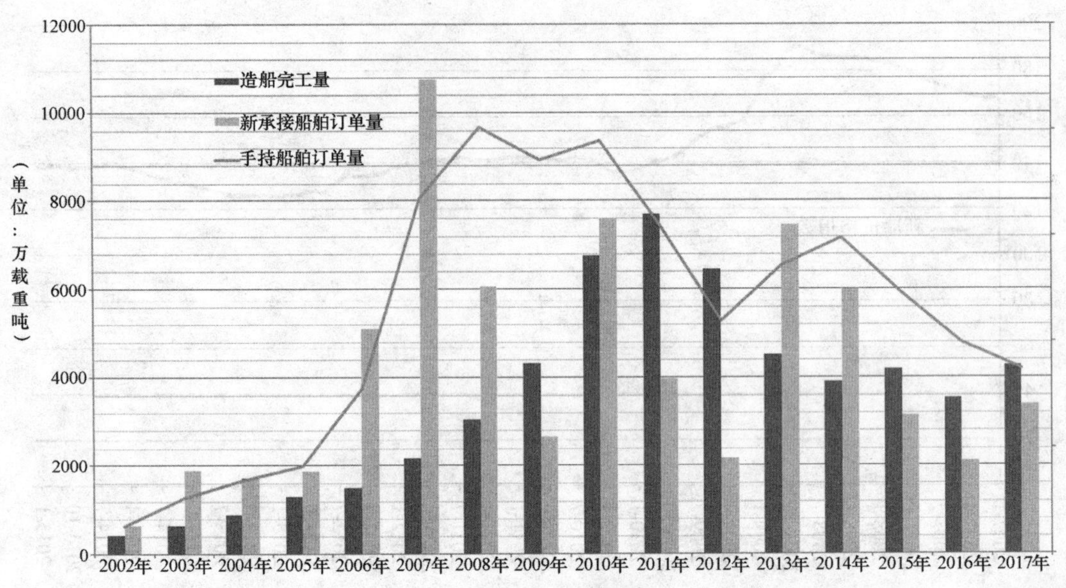

图 1.4　2002—2017 年中国造船三大指标

资限制等方面。

资金方面，造船业是一个资金密集、投资回报周期长的行业。造船业的发展需要大量的基础设施和造船专用工具，从而导致了船舶造价高[1]。船舶企业要保持良好的发展势头，势必要投入大量的资金。而船舶的交付周期一般比较长，所以，当船舶的需求量增加时，企业不能立即增加船舶数量以满足其需求[4]；即使有足够的船舶数量，当大量投放市场时，市场的供求关系将发生变化，船舶企业同样不能够立即减少船舶数量来控制维护成本。供应和需求的关系影响着船舶行业的周期性波动，要求船舶企业要有足够的资金，能够灵活经营。另外，部分船员的工资相对较高，加上船舶的维修保养也需要较高的费用，从而一定程度上提高了船舶企业的运营成本。如图 1.5 所示，在我国船舶企业主营业务中，需要在船舶造修、动力设备采购、机电设备采购等方面进行资金投入，而其中船舶造修占比最大。因此，船舶企业资金需求量大，存在较高的资金壁垒。

图 1.5　我国船舶企业主营业务占比

技术方面,我国对于船舶企业的造船技术有一定的要求,要求船舶企业的造船技术要足够成熟,并且要有先进的管理方式,这些对于想进入船舶行业的企业构成一定阻碍。

人员方面,根据《中华人民共和国船舶最低安全配员规则》,船舶在航行期间,必须要综合考虑各个因素,包括船舶的种类、吨位、技术状况、主推进动力装置功率、航区、航程、航行时间、通航环境和船员值班、休息制度等,以更好地确定船员的构成及其数量,船员数量不得低于船舶最低安全配员数额[5]。当今船舶行业,高级船员相对来说比较缺乏,因其培养周期长,成本高,所以在中短期内必定会出现高级船员供不应求的情况。因此,许多船舶企业为了完善人才配备,必须外聘船员[5]。

客户资源方面,客户资源作为企业业务量的重要支撑,需要保持稳定,以规避行业系统性风险。而对于新企业而言,无法在短期内取得长期稳定的客户资源,是其立足于船舶行业最主要的障碍[6]。

外资限制方面,根据《中华人民共和国国际海运条例》规定,外国国际船舶运输经营者不得经营中国港口之间的船舶运输业务,也不得利用租用的中国籍船舶或者舱位,或者以互换舱位等方式变相经营中国港口之间的船舶运输业务[7]。根据《水路运输管理条例实施细则》规定,未经中华人民共和国交通部批准,在中国注册登记的外资企业、中外合资经营企业、中外合作经营企业或船舶,不得经营中华人民共和国沿海、江河、湖泊及其他通航水域的旅客运输和货物运输[8]。从而使得船舶行业进入壁垒较高。

退出壁垒主要体现在资产及人员的专用性和我国的经济管理体制两方面[9]。航运业的资产都是比较专用的,企业如果要退出船舶行业,有两种途径,一是把船舶当废品卖掉,二是把船舶卖给其他同类企业。显然,这两种途径都不太可取。此外,由于我国很多船舶企业属于集体或地方政府,所以在退出时难免会碰到地方政府干预。因此,我国航运业存在较高的退出壁垒。

综上所述,对于已经投资了造船行业的企业或国家,由于已经有了大量固定资产的投入,如果中途退出,将损失巨大,所以不能轻易说退出;对于还没有进入造船业的企业或国家,前期往往需要巨大数额的资金,并且存在一定风险,所以在短时间内难以进入。因此,无论是企业或者国家,进入或者退出造船行业在短时间内都难以实现。尤其在不好的市场形势下,船舶企业过剩的产能导致其难以退出,只能通过不断降低船舶价格来维持生存,逐渐陷入恶性循环,导致企业之间的竞争更加残酷[2]。

(5)技术更新速度快

船舶作为技术密集的综合性产品,其所涉及的技术涵盖了导航、水声、电子等专业技术领域。现代船舶产品由一千多种设备组成,涉及将近四百个技术领域。如今,船舶产品向高速、安全、环保、智能化方向发展,从而使得船舶的建造越来越复杂,技术难度越来越大,对技术附加值的要求也不断提高[10]。

21 世纪以来,船舶产品的科技含量不断提升,劳动力要素比重逐渐下降,从而极大减慢了船舶工业从发达国家向发展中国家转移的速度,产业升级替代了产业转移[11],技术更新速度加快,日本、韩国等传统造船强国凭借其先进技术不断扩大竞争优势。

关键核心技术是企业得以继续发展的重要力量，其研发力度不断加大。我国船舶配套企业也在加强产品的研制和市场的拓展，以适应航运业及造船业对绿色、环保产品的新要求[12]。全球首台微引燃双燃料发动机、国内首台带自主研发高压选择性催化还原(SCR)系统船用低速柴油机、世界直径最大船用螺旋桨等已经交付使用；自主研发具备主动升沉补偿功能的电驱动海洋绞车、CS21 船用中速柴油机、全航速减摇鳍、R6 系泊链、GCS1000 齿轮箱等产品技术填补了国内空白，打破了国外垄断；青岛双瑞 BalClor 系列压载水管理系统成为亚洲首家获得美国海岸警卫队(USCG)型式认可证书的产品。这些都是由于技术快速更新而带来的新成果，体现了我国在船舶及其配套设备关键技术上的不断突破。图 1.6 所示为主动升沉补偿电驱动海洋绞车，图 1.7 所示为青岛双瑞 BalClor 系列压载水管理系统。

图 1.6　主动升沉补偿电驱动海洋绞车

图 1.7　青岛双瑞 BalClor 系列压载水管理系统

1.2　船舶行业地位

船舶工业是一个综合性的产业，其包括军工和民用两个方面，同时也是先进装备制造业的一个重要组成部分，可以为水上交通、海洋开发以及国防建设等提供技术支持。发展壮大船舶工业，是提升我国的综合实力的迫切要求[1]。

远洋船舶运输一直是跨国甚至跨洲大宗货物的重要运输方式，因为其相对于其他运输方式更加安全、有效和环保。在世界经济贸易活动中，海上运输承担了超过四分之三的货物运输量。如果没有了航运业，世界各大洲以及国家之间的贸易往来将极其困难，可以说航运业是发展全球化经济的一个关键因素。

从图1.8可看出，世界海运贸易量与全球经济形势(GDP增长)有着紧密的关联。长期来看，全球经济形势应当会更加繁荣，从而能够带动航运业的发展[2]。作为船舶工业目标市场的航运业，如果其兴起了，那么船舶工业也将会有更广阔的市场空间。

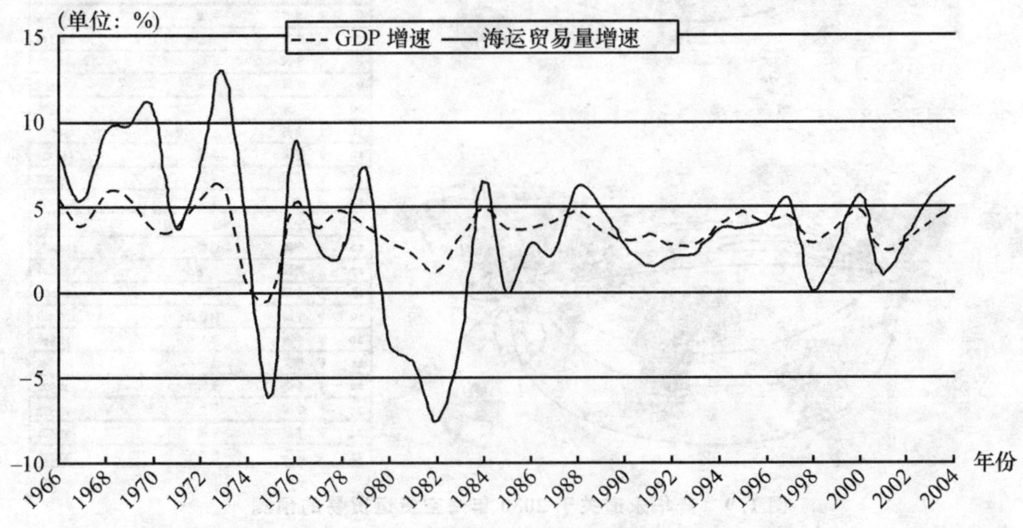

图1.8　世界海运量与全球经济形势的关系

市场决定行业地位，但在国际上，同一行业的竞争，还依赖于各个国家的政策引导，即行业形势除了受市场供需关系影响之外，特定时期还受政府干预的影响。例如之前中国钢铁的投资过热，直到政府强调了必须坚持科学发展观，并明确指出了钢铁行业是当前被过度投资的一个行业，才使其得到控制。而这期间，国际航运业的行情也经历了大起大落。这个现象间接地说明了政策引导有时会在客观上影响一个行业的短期发展。同时应该辩证地认识到，行业地位与政府政策并没有很强的相关性。

在国际航运市场中，“中国因素”所扮演的角色越发重要[13]。目前，国际航运重心不断向东转移，在这个过程中，中国所起的作用最关键。同时，作为国内生产总值(GDP)排名全球第二的国家，中国在全球贸易发展中也成了重要的推动力量。中国的集装箱、铁矿石、煤炭、粮食、石油等运输量在国际航运市场中所占的份额分别为19.4%、28.9%、20.2%、10.9%、5%，已经是全球最大的散货海运国家。据统计，截止到2017年底，全球最大的20个集装箱港口中，中国港口有9个，可谓占据了半壁江山。

2009年，普华永道的经济学家通过建模技术，对未来20年29个经济体之间的双边贸易进行了预测，其中双边贸易是依靠海上或空中运输而进行的。研究结果表明，亚太地区内贸易、新兴市场和发达经济体之间的贸易、新兴经济体之间的贸易、中国和非洲之间的贸易四个关键领域将为运输和物流公司带来重大机会。预测到 2030 年，在双边贸易额最高的 25 对贸易伙伴中，中国将出现 17 次[2]，如图 1.9 所示。

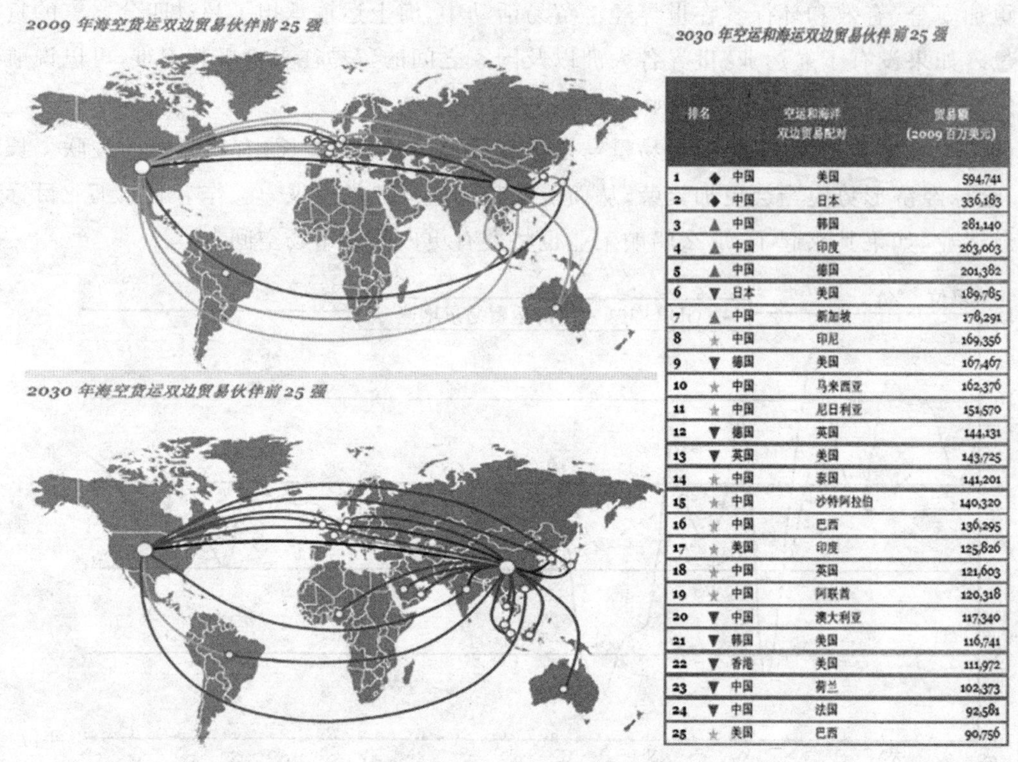

2030 年空运和海运双边贸易伙伴前 25 强

排名		空运和海洋双边贸易配对		贸易额（2009 百万美元）
1	◆	中国	美国	594,741
2	◆	中国	日本	336,183
3	▲	中国	韩国	281,140
4	▲	中国	印度	263,063
5	▲	中国	德国	201,382
6	▼	日本	美国	189,785
7	▲	中国	新加坡	178,291
8	★	中国	印尼	169,356
9	▼	德国	美国	167,467
10	★	中国	马来西亚	162,376
11	★	中国	尼日利亚	151,570
12	▼	德国	英国	144,131
13	▼	英国	美国	143,725
14	★	中国	泰国	141,201
15	★	中国	沙特阿拉伯	140,320
16	★	中国	巴西	136,295
17	★	美国	印度	125,826
18	★	中国	英国	121,603
19	★	中国	阿联酋	120,318
20	▼	中国	澳大利亚	117,340
21	▼	韩国	美国	116,741
22	▼	香港	美国	111,972
23	▼	中国	荷兰	102,373
24	▼	中国	法国	92,581
25	★	美国	巴西	90,756

图 1.9　普华永道关于 2030 年海空货运贸易的预测

所以，中国的航运业具有非常可观的前景。世界船舶工业领域上的竞争，在总成本方面，中国占有优势，但在技术方面，却处于劣势。当然，这个形势会随着时间的推移而发生变化。如今世界各国深入对海洋资源的开发利用，海洋工程产品势必会增大市场的需求，行业的地位和重要性也将更加突出。与此同时，出于战略物资的安全运输考虑，国家推出了“国货国运”“国轮国造”等政策来对船舶行业进行引导。

中华人民共和国工业和信息化部发布的《船舶工业“十二五”发展规划》中，提出了“十二五”期间船舶工业发展的指导思想、发展目标、主要任务和政策措施，并与同期的《船舶工业调整和振兴规划》进行了衔接。最新数据显示，2017 年，我国出口船舶的完工量为 3944 万载重吨，同比增长 17.9%；承接出口船舶的订单量为 2813 万载重吨，同比增长 72.9%。12 月底，手持出口船舶的订单量为 7868 万载重吨，同比下降 14.7%。出口船舶分别占全国造船完工量、新接订单量、手持订单量的 92.4%、83.4%和 90.2%。1 月至 11 月，我国船舶的出口金额为 210.7 亿美元，同比增长 4.4%。在出口船舶中，散货船、油船和集装箱船仍占主导地位，出口额合计 128.8 亿美元，占出口总额的 61.13%。船舶产品出口到 181 个国家和地区，但主要还是在亚洲。我国向亚洲出口的船舶的金额为 110.7 亿美元，占出口总额的 52.5%；向欧洲出口船舶金额为 41.2 亿美元，占出口总额的 19.6%；向大洋洲出口船舶金额为 27.9 亿美元，占出口总额的 13.2%[14]。

表 1.2　2017 年 1—12 月中国船舶出口量统计表

月份	出口数量(艘)	出口金额(千美元)	出口数量同比增长(%)	出口金额同比增长(%)
1月	715	3 691 200	−7.4	64.1
2月	669	1 218 246	52	−11.6
3月	671	2 026 848	14.1	8.5
4月	709	1 159 515	−0.7	−30.9
5月	749	1 834 758	24	63.4
6月	799	2 156 240	20	9.2
7月	600	1 362 000	8	−29
8月	710	1 148 900	32.2	27.8
9月	470	1 547 347	−35	−24.4
10月	450	1 568 609	−55.1	−1.1
11月	770	1 355 762	−15.5	−18.7
12月	797	1 627 608	19	−12.5

表 1.2 所示为 2017 年 1—12 月我国船舶的出口量统计表，图 1.10 和图 1.11 所示分别为2017 年1—12 月我国船舶出口数量和出口金额统计图。由此可见，船舶工业在我国国民经济发展中占有举足轻重的地位。

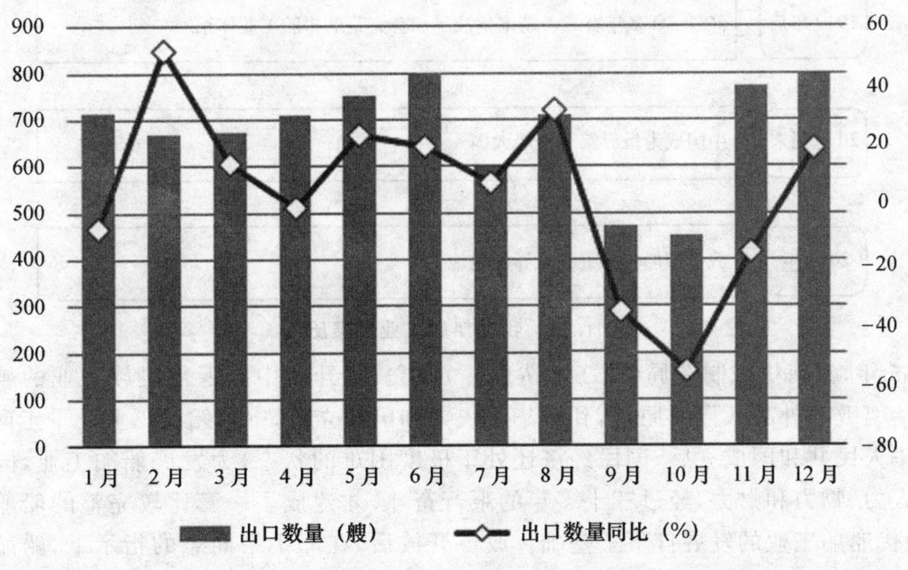

图 1.10　2017 年 1—12 月中国船舶出口数量统计图

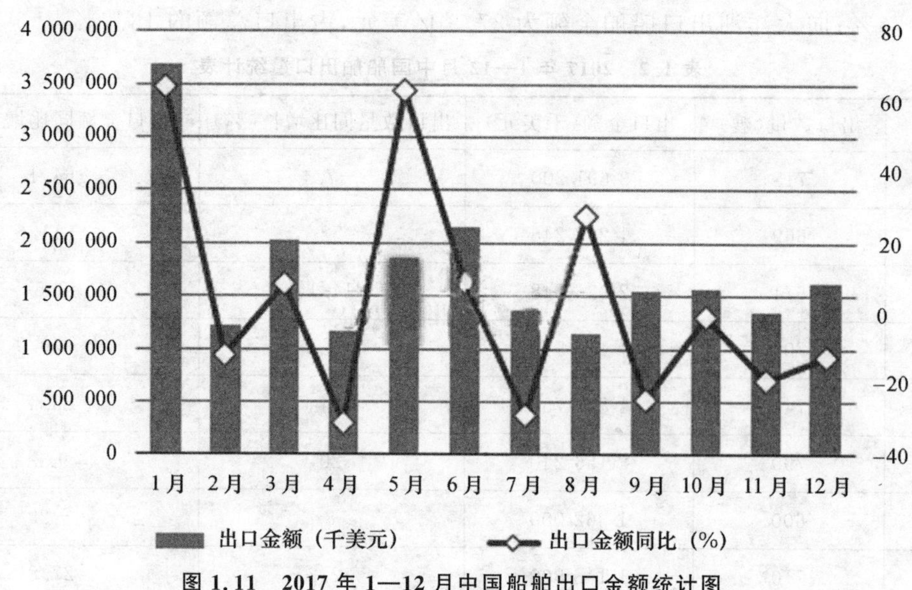

图 1.11　2017 年 1—12 月中国船舶出口金额统计图

1.3　发展历程

我国造船业从纪元开始，到现在的两千多年间，领先世界有 1500 年。船舶工业是中国最早的民族工业[15]。图 1.12 所示为我国船舶工业发展历程。

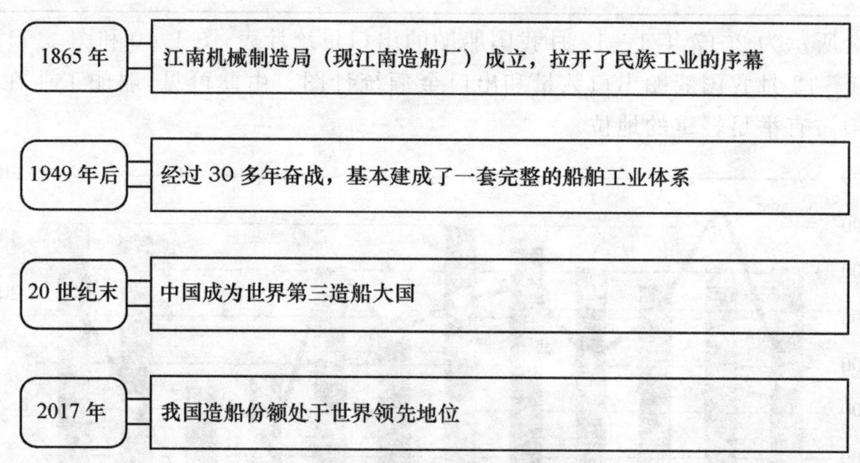

图 1.12　我国船舶工业发展历程

1865 年，江南机械制造局（现江南造船厂）成立，拉开了中国近代民族工业的帷幕。但因为政治腐败和外敌入侵的原因，到中华人民共和国成立前，中国船舶工业几乎走向灭亡。

中华人民共和国成立后，国民经济还处于极度困难的状态，为发展船舶工业，国家不得不集中人力、物力和财力，经过三十多年的艰苦奋斗，才建成了一套比较完整的船舶工业体系，为现代船舶工业的发展打下了基础。改革开放后，在邓小平同志的指示下，船舶工业积极开拓国际市场，最终达到了“投资省、见效快”的目标。到了 20 世纪末，中国已发展成为世界第三造船大国。此后，船舶工业以良好的状态进入高速发展时期。2000—2004 年，船舶工业的产量平均每年增长26%。2004年，船舶工业的造船产量高达880万载重吨，占全球造船份额的14%，连续10年位居世界第三。2015年至今，中国造船份额在全球份额中一直处于领先地位。中国某些船舶产品的制造水平已大大提高，几乎接近世界先进水平，比如船舶柴油机、甲板机械等，浮式生产储油轮以及多型海洋平台等海工产品也已开发。在出口船舶中，中国自主品牌占90%以上，已出口到世界上110多个国家和地区，包括美国、日本、德国、法国、加拿大等发达国家。

改革开放以来，我国先后引进了100多项船舶工业制造技术，并与欧盟、韩国以及日本建立了政府间对话机制。2002年，在由OECD发起的新国际造船协定谈判上，中国代表团也参与其中，这为公平、规范的世界船舶市场的建立起到了积极作用。

当前，中国船舶工业迎来了良好的发展机遇，其发展趋势主要有以下几点：

(1)加快产业集聚

成本是产业转移的最终驱动因素。相比中国，韩国和日本船舶企业的制造成本较高，因此，造船业仍将快速向中国转移，且保持比较长的一段时间，国家也仍将继续加快发展船舶工业。综合多个方面的优势，中国作为世界第一造船大国的地位将继续巩固[1]。

然而，中国船舶工业仍存在缺陷，它的产业结构仍不够合理，很多都是低水平的重复建设。再者，船舶企业“小而分散”，规模经济作用不够突出。特别是在技术创新能力方面，中国船舶行业存在短板，从而加大了技术水平的差距，成本的优势也变得不再那么明显，竞争力急剧下降。当然，针对船舶工业的发展，结合现在所处的困境，业界也提出了许多战略性建议，例如，市场开拓战略、结构调整战略等。其中，结构调整战略最为重要，也是国家在船舶产业中引导的主要方向。总之，国家需在国内组建一定数量的大型船舶企业，以加快产业集聚[1]。

(2)技术优势越发重要

在世界造船业中，东亚地区作为中心，其内部造船业的结构依然发生着大大小小的变化。而处于领先地位的日本，其在人工费用等方面也表现出劣势。所以“并购重组”的方式被很多日本船舶企业所采用，他们主要是通过扩大企业规模，以降低造船成本。当然，造船业正处于快速发展阶段的韩国，也由于其自身的一些原因而使其发展受到了制约，例如海岸线资源不足、人员短缺等。相反，日本和韩国所表现出的不足正是中国的优势，因而加大了中国造船业的竞争优势，使其取得长足发展[1]。

中国船舶的配套技术相比于韩国和日本，仍相对落后。就拿船舶配套自给率来说，中国还达不到50%，而韩国和日本却达90%以上，并且中国的大部分船用核心部件都是进口的。可见，提高船舶配套能力是我国造船业的一个发展趋势[16]。

实际上，我国所占有的较高的市场份额只是在价格相对便宜的散货船、油船等方面，但这类船舶的需求量在近几年却不断下降。而对于超大型集装箱船、挖泥船、科考船等集高技术与高附加值于一身的船舶，我国的市场竞争力仍十分缺乏。因此，研发高技术、高附加值船舶也是我国船舶工业的一个发展趋势[1]。

科学发展，是我国任何一个行业都应紧扣的主题，船舶工业也不例外。为使我国立于世界造船强国之林，需要通过技术创新、信息化与工业化融合等关键手段全面提高技术水平。虽然近几年我国在高技术、高附加值船舶等领域取得了一定的进展，但总体上还存在很大的不足，还有很大的提升空间[17]。

(3)造船模式迫切需要改变

在新的国际竞争形势下,中国要想跻身世界造船强国行列,必须要重新去探索船舶工业的发展,并且要制定可靠的政策,以实现产业组织的创新和优化[1]。

在“后危机”时代,航运业复苏速度非常缓慢,船舶工业的发展力度也受到了一定的影响。主要体现在:①由于船舶市场处于低迷状态,船舶的价格逐渐下滑,船东预付款的额度也越来越低,但原材料的价格却始终不变,人工成本逐渐提高,这就造成了船舶企业面临“接单难,交船难,融资难”的境地。②新规范和新标准的不断推出,加大了船舶制造的要求。因此,现代造船模式的研究势在必行。它是以技术作为根本,用模式发展的观点动态表述了造船业的存在形式和活动方式。在研究的过程中,所产生的新思想、新概念和新方法,也为船舶的制造方式带来更多的可能,如计算机集成制造、精益生产和柔性生产等。这些突破性的生产方式对于提高企业竞争力具有极其关键的作用[1]。

总之,船舶各方面的生产都与信息化密切相关,船舶企业只有将信息化充分融合到工业化中才能真正做大做强。

(4)产品结构需调整

随着国内经济的快速发展和对外贸易的持续增长,在海洋资源大规模且全面开发的态势下,海洋装备需求量必会大大提高[18]。我国海洋工程装备在未来的几年甚至几十年仍具有很大的发展潜力和空间。从最近两年船舶企业承接的新订单来看,大多都是环保型船舶。可见,在国际新政策下,船舶市场中较受欢迎的船型是新型节能型船舶[1],因此船舶产品结构也势必要跟着调整。

2 中国船舶工业信息化发展历程

随着信息技术的高速发展，信息化也掀起了一片浪潮，为我国船舶工业的发展注入了新的血液。利用新一代信息技术，加强船舶企业与智能制造、工业互联网结合，是实现船舶工业的结构转型升级、提高附加值、降低低端产能的重要战略。

2.1 信息化简介

“信息化”是由日语的“johoka”和英语的“Informationization”演化而来的。随着信息化的不断推进，国内外也不断拓展对信息化的研究[19]。

信息化分为微观和宏观两个层面。微观层面主要是指计算机技术、通信技术和网络技术等信息技术的演变过程，而宏观层面则是指应用信息技术对社会的改造过程。从内涵角度分析，信息化包括：①由于信息技术广泛应用于各个领域，因而信息观念深入人心；②高速发展的电子信息制造业使得信息服务业更加发达。从宽泛的角度分析，则是指国家或地区的信息化环境。“信息化是以信息技术广泛应用为主导，信息资源为核心，信息网络为基础，信息产业为支撑，信息人才为依托，法规、标准、政策为保障的综合体系”，这是国家信息化领导小组在2002年给出的信息化概念。可见，究其本质，信息化既是生产力的进步，同时也是工业社会转向信息社会的动态阶段[20]。表2.1、图2.1和图2.2所示分别为计算机技术演变过程、通信技术演变过程以及网络技术演变过程，图2.3所示为信息技术体系架构图。

表 2.1 计算机技术演变过程

代龄	起止年代	主要元件	主要元件图例	软件	处理速度(次/秒)	应用领域
第一代	20世纪40年代末—50年代末	电子管		机器语言、汇编语言	5千～1万	科学计算
第二代	20世纪50年代末—60年代末	晶体管		高级语言	几万～几十万	数据处理、工业控制
第三代	20世纪60年代中期—70年代初	集成电路		操作系统	几十万～几百万	文字处理、图形处理
第四代	20世纪70年代初至今	(超)大规模集成电路		数据库、网络等	几千万～千百亿	社会各领域

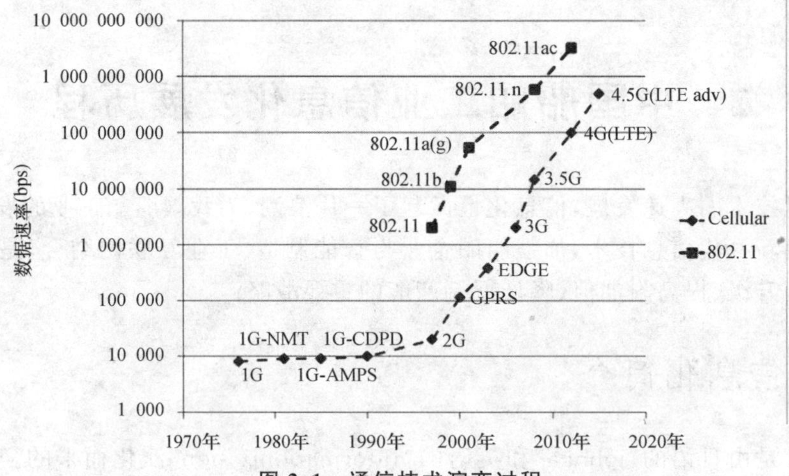

图 2.1　通信技术演变过程

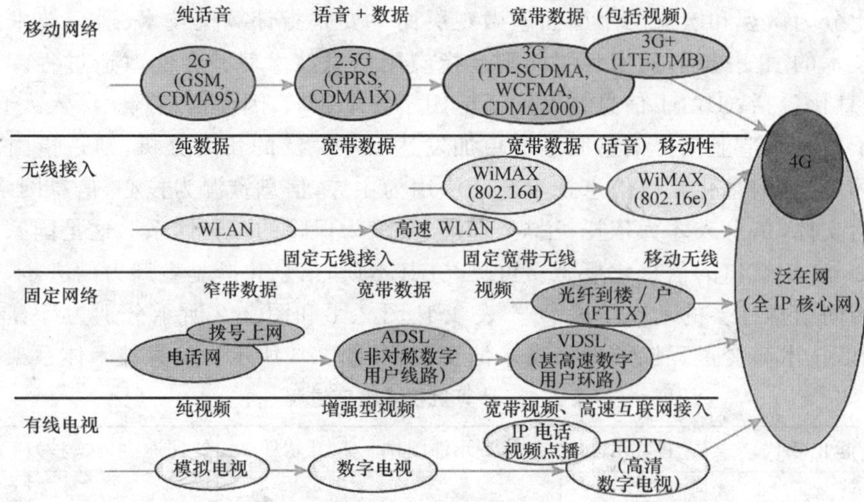

图 2.2　网络技术演变过程

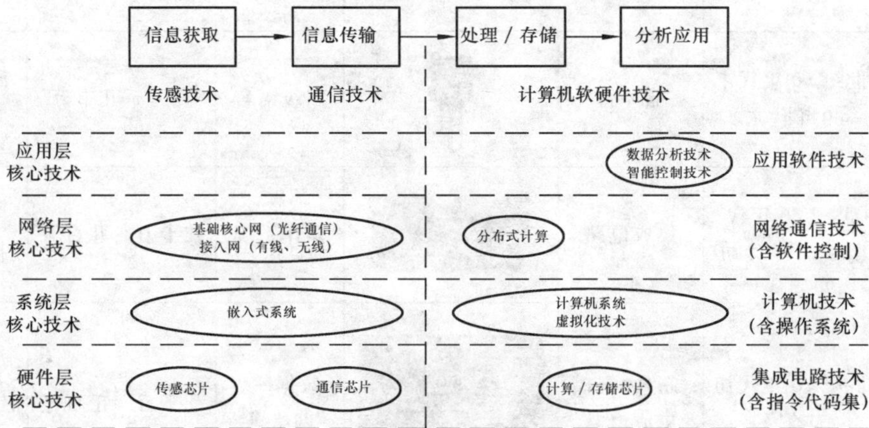

图 2.3　信息技术体系架构图

2.2　信息化的发展历程

中国的信息化建设起源于20世纪80年代初期，先后经历了准备阶段、启动阶段、展开阶段和发展阶段[21]。而船舶工业信息技术的发展，主要经历了三个阶段，如图2.4所示。

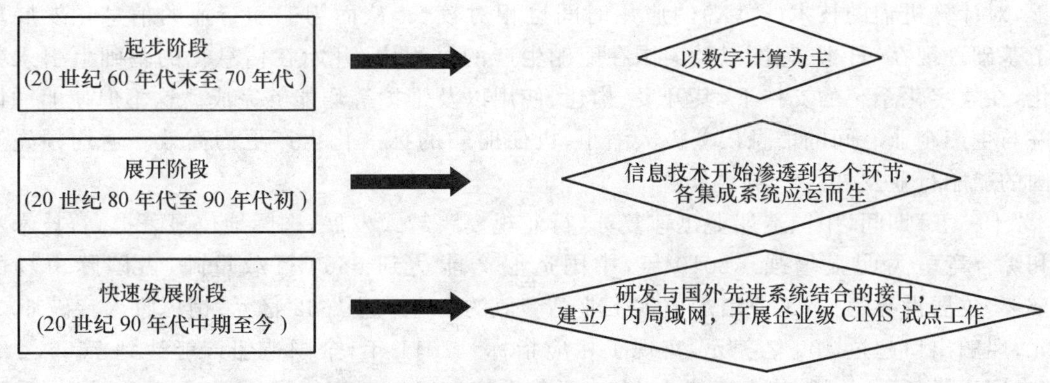

图2.4　船舶工业信息化发展历程

(1)起步阶段(20世纪60年代末至70年代)

在起步阶段，船舶工业中存在众多计算量大的问题，许多船厂和研究院针对这些问题，利用国产计算机研发了部分相对简单的程序，其中主要以数字计算为主。这些程序简化了船舶设计中的相关计算，同时，也推广了计算机知识在船舶工业中的应用[21]。

(2)展开阶段(20世纪80年代至90年代初)

在展开阶段，计算机技术开始应用于多个重要环节，包括设计、建造以及管理等。软件开发方式也从开始由各单位自行发展到由原船舶工业总公司统一实施的转变，所呈现的软件产品也由个别、零散的程序发展为引入图形技术和数据库技术的交互式集成系统[23]。船舶设计的三维建模总体设计思想已覆盖在系统开发的过程中，研发了CASIS(I、II、III)，NASCADS等集成系统。其中，CASIS(I、II、III)是以计算机辅助造船为主要内容，NASCADS则以军用舰船计算机辅助设计为主要内容。这些集成系统是以CAD软件为基础的，然后根据它们的研究对象，对其特点进行分析，通过其特点的不同进行二次开发，继而形成船舶工业的专用软件系统。当然，仍有部分集成系统因为各种原因而没能得到完整的应用。但是，在船舶设计和生产中，这部分集成系统的部分成果却一直发挥着重要作用。

(3)快速发展阶段(20世纪90年代中期至今)

在快速发展阶段，我国船舶工业的信息技术得到了很大的提高。国外有许多具有先进建模技术的三维CAD/CAM系统，我国的一些大中型船厂和研究院根据自身条件陆续将其引进，比如瑞典的Tribon，美国的CADDSS等。他们对这些系统软件进行分析研究，开发了与船厂现有设计的系统接口。这样，我国在三维设计中便能够利用这些系统的先进建模技术，从而在很大程度上提高了设计质量。再者，我国仍能保持原有系统的作用，从而提高了软件的适应性。

与此同时，部分船舶企业厂内局域网的建立，使得企业级CIMS试点工作得以开展，并取得了一定的成果。因此，计算机技术的重要性得到了广泛的认可。还有许多高层领导指出，信息技术的发展对于改变造船技术落后的局面非常重要[22]。

2.3 信息化的现状

日本、韩国和美国等国的船舶制造行业起步较早，在造船设备的使用和改进方面均趋于完善，对计算机辅助技术(CAX)的应用时间也相对较长，从而为船舶行业的信息化发展奠定了基础。现在，日本、韩国以及美国在船舶生产的过程中，开始在信息化的基础上引入数字化，在数字化系统的支持下，其开发、构建、使用以及维护等均能够完成。这不但使船舶设计院与生产企业之间的信息误差极大缩小，也使船舶的标准化生产更为高效。这均领先于我国的船舶行业发展。

"十一五"期间，中国造船业迅速复苏，行业规模跨越式发展，国际地位显著提高，技术水平和综合竞争力明显增强。2010 年，中国造船产能达到 6560 万载重吨，占国际市场的 43.6%，位居世界第一；工业增加值占工业总产值的 24%，达 1662 亿元；销售收入突破 6000 亿元，船舶出口超过 400 亿美元，实现了相应指标。2011 年，全国造船产能达到 7665 万载重吨，同比增长 16.9%，其中海船为 2141 万载重吨。船舶新订货量 3622 万载重吨，同比下降 51.9%，其中海船为 1305 万载重吨，仍位居世界第一。由此可见，我国在造船业方面具有突出的战略地位。在高技术船舶和主流船型等领域的技术创新上，中国取得重大突破。对于主要船用设备，其本土化配套能力得以提高，同时技术水平也大幅提升，造船周期明显缩短，投资主体也变得更加多元化[2]。

"十二五"期间，中国造船业进入关键阶段，经历了从大到强的转变，行业发展也面临着机遇和挑战。从机遇的角度分析，随着经济全球化和国际贸易进一步发展，技术创新创造了新的机遇，造船业不断发展。我国宏观经济形势和融资环境依然处于良好状态，海洋经济发展和海洋贸易的空间非常广阔。处于成长期的中国造船业，其产业基础将更加强大，在资本和市场等方面仍具有整体比较优势，因而不会改变世界造船行业发展的总体趋势，中国完全有能力推动造船业达到新的水平。从挑战的角度分析，受 2008 年国际金融危机影响，全球散货船等常规船舶需求量相对较小，对高科技船舶和海洋工程装备的需求一直较高。国际海事组织新的标准和规定经常出台，船舶安全、绿色环保的要求全面提升。先进造船国家加强技术封锁，技术壁垒进一步提高，世界造船业的竞争格局面临着进一步的调整。同时，国内劳动力成本和人民币汇率继续上涨，加上原材料和设备价格波动较大，以往单纯依靠生产要素投入的生产方式，已经难以维持[2]。

现在我国船舶工业发展正处于"十三五"时期，高技术船舶、海洋工程装备以及关键配套设备制造能力不断提升。《中国制造 2025 重点领域技术路线图(2015 版)》提出，到 2020 年，中国将进入世界造船强国的行列，建成较为完善的海洋工程装备以及高技术船舶设计、总装建造、设备供应、技术服务产业体系和标准规范体系；主要设备设计和制造能力位居世界前列，重点企业的国际声誉不断提高；海洋工程装备和高科技船舶自主设计和施工设备的国际市场份额分别达到 35%和 40%[22]。

我国造船周期长，受金融危机影响后船舶行业所存在的问题充分显露出来。其中，信息管理落后已成为我国船舶工业最为薄弱的环节，直接影响了我国造船的整体效率和水平[23]。因此，越来越多的船舶企业开始引入信息技术，极大地提高了现代船舶企业的生产效率和竞争能力。

2.4 信息化存在的问题

我国虽已立于世界造船大国之林，但与其他造船先进国家相比，还存在很大的差距。比如，我国建造每一艘船的工时数约为日本的5倍，年度造船数约为日本的20%，造船劳动生产率仅为日本的10%。究其原因，我国造船企业的制造设备、工厂条件与国际先进水平相当，主要是信息化技术和管理水平有较大差距，从而导致生产效率相对低下。我国造船行业仍肩负着提高造船效率和快速发展的历史使命。

在船舶初步设计方面，我国大多数造船企业采用国外NAPA船舶设计系统；在船舶的详细设计和生产设计中，中国造船厂和设计院主要使用Tribon、CADDS5等国外造船CAD系统；在船舶管理方面，少数造船厂引进了韩国HANA系统、大宇造船CIMS系统或MARS造船生产物流系统。这些系统都需要进行二次开发，由于二次开发费用昂贵，所以不具备通用性和推广性[24]。多数造船企业管理信息化仍然处于部门级信息系统的应用，信息孤岛现象严重，信息集成性差，极大地影响了我国造船企业的竞争力和经济效益。

我国的船舶工业信息化在高速发展的同时，也积累了许多矛盾和问题，主要有以下几点：

(1)与国外先进船舶工业相比，我国在船舶信息化方面还存在较大差距，主要表现在这几个方面：①自主创新能力相对较低，许多高新技术的船舶设计都需要依靠国外的技术；②资源消耗相对较高；③信息技术方面远远跟不上造船能力扩张的速度，研发人员、高素质技工人才严重缺乏。

(2)在我国船舶工业信息化建设初期，大部分船舶企业没有考虑信息化的整体战略，政府的相关政策也不够完善。在传统造船模式转向信息化造船模式的过程中，船舶企业会面临巨大的压力。任何一个系统平台、信息模型都是有差异的，而单件小批量制造船舶是我国船舶工业生产的最大的特点，这就带来了船舶信息流通不畅、其一致性得不到保证的问题，大大降低了我国船舶企业的整体效益。

(3)信息化技术运用能力比较薄弱。我国船舶工业信息化建设所使用的大部分先进软件都是进口的，而国外造船模式与我国不同，且缺乏技术和人才储备，导致了二次开发能力普遍不足，这将造成企业的设计、生产、管理无法集成，从而制约了信息化的应用。

(4)所需零件数量大。相比于造船能力强的国家，我国船舶零部件等相关的基础数据的标准化程度较低，也没有可执行的行业统一编码，所以，船舶企业间的信息共享与集成很难做到。这就导致船舶企业难以做出科学的优化决策，各项生产经营活动的生产要素得不到精确配置，从而增加了船舶企业的经济成本。

3 船舶工业发展的困境

船舶行业发展具有不确定性,制约船舶行业发展的因素有很多,本章对此进行重点论述,并分析中国船舶工业发展的制约因素。

3.1 船舶工业发展的区域转移

20 世纪 50 年代以前,世界造船强国基本上都在欧美地区,如英国、美国、德国、瑞典等,因此欧美是世界造船中心。进入 20 世纪 70 年代,国际金融危机对世界船舶工业的发展造成了巨大的负面影响,使得船舶工业的发展在欧美发达国家的经济环境里难以为继。另一方面,亚洲国家因成本优势逐渐在造船工业全球竞争中崭露头角。尤其值得注意的是,中国、日本、韩国以及中国台湾和新加坡船舶配套业在这一阶段获得了突飞猛进的进展。20 世纪 80 年代以后,世界造船中心已经基本实现了从欧美国家到东亚地区的产业转移[2]。

概括起来,世界造船中心的产业转移主要表现在两个方面:一是东亚国家承接了欧美国家的产业地位;二是最近二十年以来,世界造船中心又在东亚国家内部发生了转移,中国造船工业大量消化掉了日韩等国的产能[2]。

图 3.1 所示为 1997 年世界造船中心产量份额示意。在 1997 年前后,中国、韩国及日本总共承担了世界造船约 80%的订单量。此时,中国造船工业的贡献率仅为 5%,主要订单还是由韩国和日本所完成,中国的影响力还处在较弱阶段[2]。

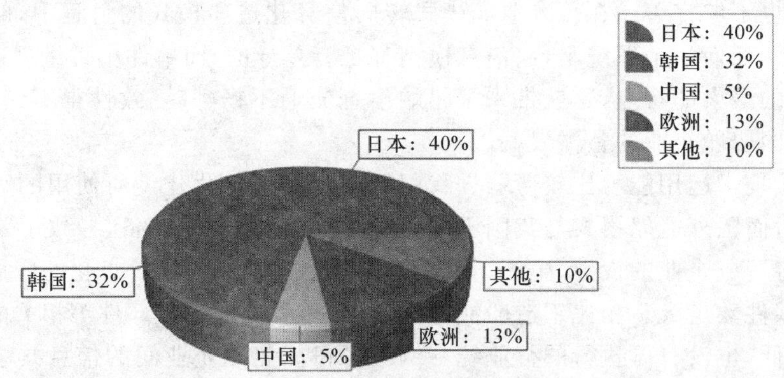

图 3.1　1997 年世界造船中心产量份额示意

图 3.2 所示为 2012 年世界造船中心手持订单分布情况。进入 21 世纪后,中国造船工业每年产能增长 10%,2012 年在世界造船产能占比中达到 43%[2]。

驱动造船产业的一次转移和二次转移的根本原因是各竞争国家的资源比较优势。在第一次产业转移的过程中,日本、韩国对比欧美,具有成本更低的劳动力和土地资源。而在第二次产业转移的过程中,中国对比日本、韩国具有成本更低的劳动力资源,同时中国具有适合造船工业发展的漫长岸线。在常规船型的竞争中,中国船舶企业发展尤其迅速并很快占据了此块市场[1]。图 3.3 所示为世界造船业的金三角地区。

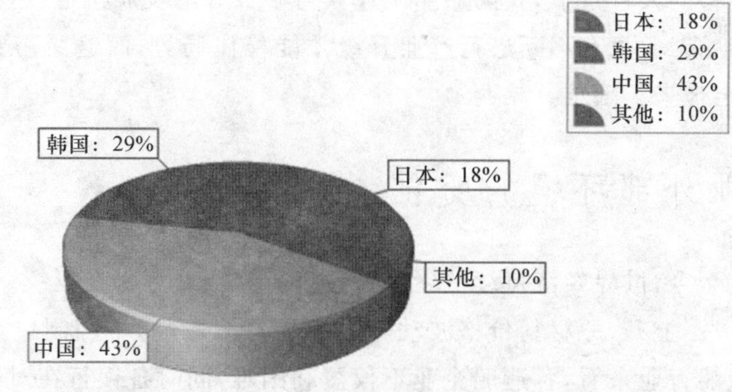

图 3.2　2012 年世界造船中心手持订单分布

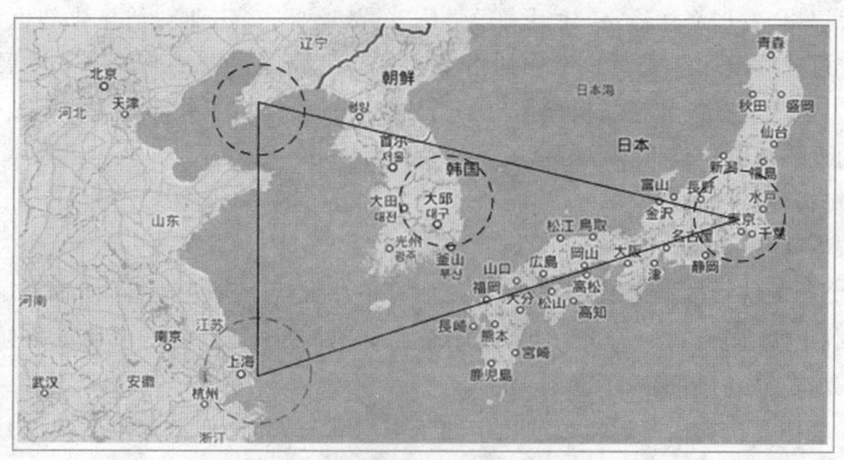

图 3.3　世界造船业的金三角地区

目前全球船舶行业的中心在东亚地区，而中国在其中占据主导地位，如图 3.4 所示。

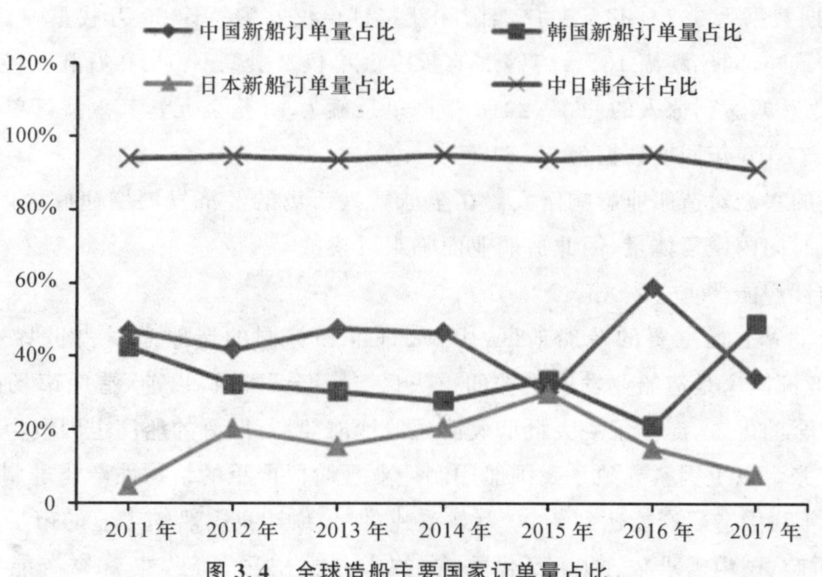

图 3.4　全球造船主要国家订单量占比

在这个产业转移的大背景下，我国船舶工业获得了极好的发展机遇，但同时也面临着更多的挑战。我国船舶工业只有不断进行产业升级才能稳住局势，而这又需要更多的高新技术，这在一定程度上带来了困难。

3.2 企业外部环境的变化

金融危机爆发至今，世界经济持续低迷，下行风险凸显，复苏仍在延续。近年来，受到人民币升值、劳动力成本上升、原材料价格波动等方面的持续影响，中国制造业的经济环境进入下行通道。从造船行业来看，各造船企业不仅盈利困难，同时各银行在对造船业放贷的业务上尤其慎重。“接单难，融资难，建造难，交船难，盈利难”始终是船舶工业发展的五道坎。党的十八大提出“发展海洋经济，建设海洋强国”的战略要求，工业和信息化部也印发了《关于进一步推进建立现代造船模式工作的指导意见》，为我国船舶工业的未来发展规划了方向，为船舶工业产业升级和产品换代作出了清晰指导[2]。但由于外部环境的剧烈变化，我国船舶企业的发展面临着以下困难。

(1)市场行情持续走低

①需求下降

从2012年的统计数据来看，全球承接新船订单总量达4548万载重吨，而我国新接订单为1074万载重吨，同比减少了50.3%，船舶企业订单严重下降，由于市场竞争使得船价也持续降低，克拉克松海运指数下滑到126点。

图3.5表明克拉克松海运指数近几年处于下滑状态，即船舶需求呈下降的趋势。在中国主要船厂中，中船重工2017年上半年的新接订单总额下降至39.03亿元，同比降幅为55%(2016年同期数据为86.7亿元)，同时手持订单额下降至410.45亿元，跌幅高达58%(2016年同期数据为967.4亿元)；广船国际新接订单仅6艘总计30万载重吨，手持订单总计165万载重吨，同比跌幅16%；熔盛重工新接订单仅2艘总计15.2万载重吨，总额5560万美元，同比跌幅达到惊人的96%(2016年订单总额为13亿美元)，其手持订单额同比跌幅也达到13%(2016年同期数据为67.51亿美元)[2]。

航运业的兴衰对造船业影响巨大。在全球新兴市场的经济发展增速放缓的背景下，航运业难以短时间内恢复体量，因此造船业面临艰巨挑战[25]。

②结构性产能严重过剩

亚洲是世界上最主要的造船地区，中国、日本和韩国的造船总量占世界造船总量的90%以上，亚洲国家是造船业发展受挫的重灾区[26]。金融危机以前，造船市场的高利润吸引了大量资金的进入，诞生了一大批低效简陋的沙滩船厂，旧有的船厂也因资金的流入进行了极大的扩张。以上因素导致了我国船舶制造业现阶段严重的结构性产能过剩问题。数据显示，2017年我国造船产能达到7600万载重吨，但是预计我国船舶工业的市场容量不超过4000万载重吨，国内需求仅1000万载重吨左右，占比30%，而另外70%产能则对应于出口。总的估算，我国造船业存在三分之一以上的过剩产能[2]。

图 3.5 克拉克松海运指数

数据显示，当前世界造船产能每年为 1.8 亿～2 亿载重吨，而全球每年需求量仅为 0.8 亿～1亿载重吨，世界船舶工业的产能过剩问题还将持续很长一段时间[27]。我国船舶产品中属于高技术、高附加值的船舶和海洋工程装备占比仅为 10%，对应于国际市场占比份额不到 5%。另外，我国所生产的船舶，相关配套产品的本地化装船率仅为 50%[28]，再考虑部分船用通信自动化导航系统、船用舱室设备等其他配套，能明显发现我国相关技术的滞后，配套能力的不足[2]。

2017 年度中国造船产能利用监测指数(CCI)为 678 点，仍处于偏冷区间，与 2016 年同期 609 点相比上升 69 点，同比增长 11.3%，创五年来的最大值。图 3.6 所示为我国造船产能利用监测指数图，具体来看，2017 年受国际航运市场整体回暖的影响，综合运费指数和新船价格指数带动先行指标回升，骨干造船企业完工量和新船承接订单量同比增长明显，我国造船产能利用监测指数明显提升，但手持船舶订单同比仍在下降。

据预测，在世界经济稳中向好的环境下，一方面，航运业供需矛盾有望进一步缓解，新船成交量或将趋稳，有利于造船产能利用率的提升。另一方面，由于船舶企业已开工建造的船舶数量不足，综合成本上涨，造船企业盈利情况仍不容乐观。综合考虑，2018 年中国造船产能利用监测指数将维持平稳走势，或将有所上升，但总体上产能利用率仍偏低。

我国船舶工业的严重产能过剩问题是由于结构性失衡所带来的，其突出特点为普通船型产能的盲目扩张，配套产业发展滞后，对高技术、高附加值产品的开发研制能力明显不足[2]。

(2)经营风险加大

会计意义上的企业经营风险，主要源于成本和收益两方面的不确定性。管理者的战略决策失误、汇率波动以及日常成本攀升都会为企业带来经营风险[29]。与其他行业经营风险类似，船舶企业经营风险涉及诸多因素(宏观经济、行业竞争、外汇等)，并贯穿于整个生产经营过程中。作为一种特殊商品，船舶建造成本高、周期长、批量小、工艺复杂、配套设施多、质量要求高、造船规范多，所以船东和船级社对设计图纸的审查、对施工过程的工艺和质量的监督检查都极其严格，并且船舶经营环境也受各种因素的影响。而我国船舶企业是典型的

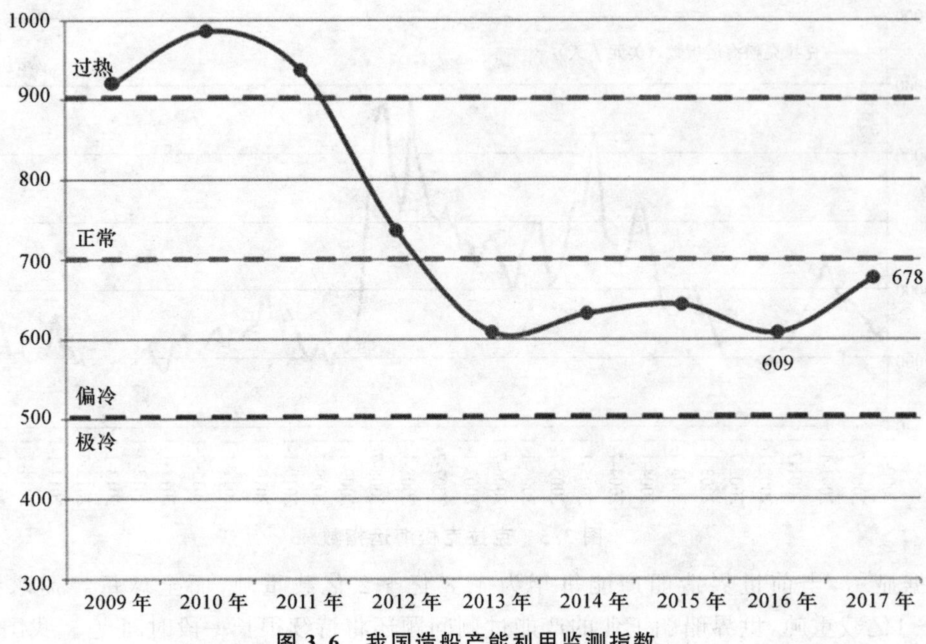

图 3.6　我国造船产能利用监测指数

外向型产业，在当今竞争激烈的国际市场环境下，其面临的经营风险更大。

根据船舶企业经营风险中的不同风险主导因素，可将船舶企业的经营风险分为市场风险、生产和技术风险、商务风险和财务风险四种类型。

市场风险直接影响船舶企业的生存与发展，关系着市场的供需平衡。市场风险主要体现在宏观经济环境、航运市场波动、行业竞争、社会发展需求等方面。图 3.7 所示为 2000—2015 年船舶行业的经济指标，即波罗的海干散货运价指数(BDI)走势图。

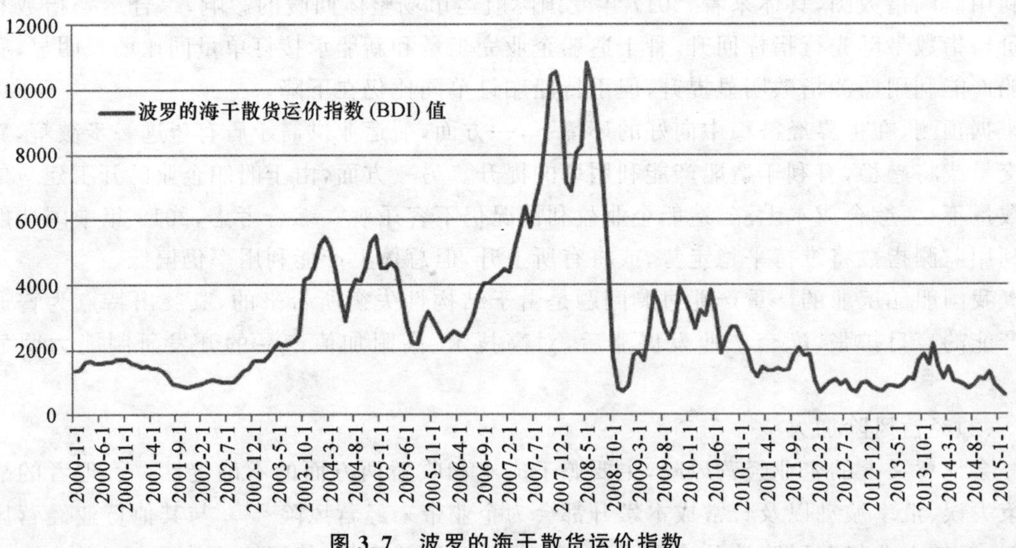

图 3.7　波罗的海干散货运价指数

对船舶企业而言，市场风险是外部因素，船舶企业只能够预测而不能够控制。而作为内部因素的生产和技术风险，控制好它是企业自身管理水平的综合体现[30]。船舶建造具有工作量大、烦琐、要求高、问题多、责任重等特点，因而对船舶企业的经营活动产生深刻影响。

商务风险主要体现在合同、船东和材料设备采购方面。财务风险主要是指国内造船企业在生产经营过程中发生的可能导致企业利润下降，甚至亏损、倒闭的各种财务相关的风险，主要体现在汇率、融资和成本控制方面。

目前市场上新建造船舶的价格指数虽有所回暖，但船厂的经营利润仍在下降。数据显示，在韩国，2017 年前三季度韩国现代重工营业利润跌幅为 35.1%，三星重工的跌幅也达到 31.4%，STX 造船更是在 2017 年前两季度由盈利转为亏损，同比跌幅达到 31%；在日本，三菱重工 2017 年上半年造船业务的利润亏损高达 63 亿日元，同比跌幅为 800%，该业务利润全年亏损额近 77 亿日元，三井造船营业利润跌幅也达到 25.6%[31]。

此外，付款条件也对船舶企业不利，有资料显示，2017 年台湾新兴船运与江南长兴签署的 2 艘 82000 吨散货船等订单，预付资金占比只有三成，有的甚至仅为两成。这种预付比例，一旦船东于交付期撤单，造船方将蒙受巨大亏损[32]。据国内有关报道，扬子江船业所承接的 2 艘 33800 吨级小灵便型散货船订单就于交付时被船东撤单，该笔订单总额达到 3000 万美元，而撤销时船东方支付额仅有 400 万美元，占比仅 13.33%[2]。

(3)技术要求提高

国际船级社协会(ICAS)和国际海事组织(IMO)近期新出台了一批有关船舶制造业的规范标准，此类标准改变过去主要针对硬件的要求，对船舶企业产品的软件和环保等方面的要求大大提高。一旦此类规范标准开始落实，中国船舶制造企业将处于较大的技术发展困境[2]。

2014 年 7 月，国际海事组织批准的《海上噪声等级规则》修订草案正式生效，要求船东在选船舶主机和发电机等设备时，要选用降噪性能更好的，这样，船舶企业的采购成本就会被迫增加，同时，新船能效设计指数(EEDI)要求也将限制不达标企业的订单承接，造船发达国家也将重心转移到了船舶能耗降低的研究方向。比如，现代重工与法国 GTT 公司着手共同研发 LNG 动力船，其“船舶尾气减排设备”等研制成果也已推向市场，并与美国 Rowan 公司签署了供货合同[32]。2015 年三菱重工开发出 UEC—LSGI 低速二冲程双燃料船用发动机，其功率为 11000～18000 kW，同时，由于其在空气润滑系统和节能混合逆变器泵等产品设备上的技术优势，使其承接了来自美国大型谷物经销公司总额颇大的谷物运输船订单。

我国大型造船企业在制造阶段的研究实战主要集中在应对新近出台的《船舶专用海水压载舱和散货船双舷侧处所保护涂层性能标准》(PSPC)，相关前期工作已就绪，部分工作包括设备、人员资质、管理程序建立等方面进入了实战阶段[33]。该项新近出台的涂装标准给我国中小造船企业带来一次产业淘汰，中小船厂由于资源、生产工艺和资金投入等条件不具备，将很难满足该项标准所提出的要求[34]。

从规范标准来看，下一代造船技术主要聚焦于绿色造船技术、船舶信息技术和智能制造等方面，技术创新方向包括了如液化天然气存储技术、船舶混合动力技术及纯气动技术，与豪华邮轮产业相关的技术，与深海浮式结构物相关的技术和与大型远洋渔船设计建造有关的技术[35]。

因此可见，中国船舶工业要想冲破以上国际标准所规定的贸易壁垒并在一定程度上赢取市场，树立国际影响力，必须形成自主的核心技术研发设计的标准体系[34]。

(4)成本提升

根据中国船舶工业协会报告提供的数据，这几年，我国造船业面临的主要问题是造船成本和风险上升，而这是由劳动力支出上升，汇率、利率变化和原材料价格波动导致的。

我国造船工业主要集中于营运市场，而要在营运船舶市场竞争中取得优势，必须进一步降低船舶设计建造价格，图 3.8 表明在船舶的设计建造成本中，原材料和配套设备费用占比超过总成本 70%，其直接支配了相关船舶产品对市场的报价[36]。

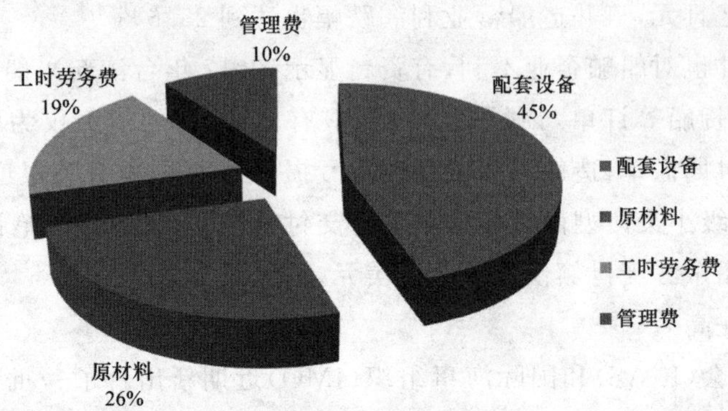

图 3.8 造船成本结构近似比例

①人民币升值

人民币升值是相对于其他货币而言的，即人民币的购买力增强。人民币购买力是否增强只有通过国际市场汇率体现出来[37]。图 3.9 显示了从 2010 年到 2017 年美元兑人民币的汇率波动。

图 3.9 美元兑人民币汇率图

人民币升值的原因主要来自我国经济体系内部的动力以及外来的压力。船舶企业的订单多以美元结算，由于订单合同已规定好了交船收款美元总额，若人民币升值，如由 1 美元兑7元人民币升值为1美元兑6元人民币。船舶企业的利润空间则受到压缩，此时船厂手中剩余订单越多，则蒙受的损失越大[2]。

另一方面，人民币升值也对我国船舶企业承接国外新订单带来不利影响。从中国船舶企业的运营情况看，尚不构成船舶产品的定价能力，整体行情仍然由需求侧决定，且无法将人民币升值的成本压力转移给船东[2]，贸然地提高合同定价，会驱使船东倾向于选择日本、韩国等其他国家的船舶企业。

②人工成本上升

由图3.8可知，人工成本也是总成本的重要组成部分。分析人工成本的构成，发现其由职工的工资、社会保险和福利、劳保费用、居住费用及教育培训成本所决定，职工工资是其主要支出部分[38]。

我国绝大多数船舶企业的用工结构是采用正式工、劳务派遣和外包工相结合的形式，所以在船舶企业制造成本中，人工成本主要包括正式工人工费、劳务派遣费和外包工费等，各项费用具体构成要素如下：

a.正式工人工费：是指船舶企业支付给正式员工劳动报酬的各项费用，包括薪资、五险一金、福利费、培训费、劳动保护费等费用。

b.劳务派遣费：是指劳务派遣机构向船舶企业派遣员工从事相应工作后，企业向劳务派遣机构支付的劳务派遣人员薪资以及派遣机构所收取的管理费用。

c.外包工费：是指船舶企业在工程承揽单位提供劳动力后而支付的劳动报酬，包括工资、个人所得税、保险、税费、劳保用品费、管理费以及外包老板利润等。

总体上，正式工人工费、劳务派遣费约占总人工成本的19%，外包工费约占81%，当然，这个比例在每个船舶企业中会有所差别。人工成本的攀升，已经使船舶制造企业利润空间进一步压缩[11]。

③融资成本

作为一种货币手段，企业通过融资解决自身发展困境，以满足发展要求。企业融资成本由两部分构成，一部分来自融资费用，另一部分是资金使用费，即利息[39]。

由于船东前期支付的费用越来越低，为保证船舶的正常建造，需要进行更多的融资，从而加大船舶企业融资的比例，增加了造船成本。

④原材料价格持续波动

市场钢板的价格波动和供货的不稳定也对船舶企业的日常经营有较大影响。图3.10所示为2012—2017年钢材价格的波动情况，从图中可以看出，目前钢材的价格在快速上升，一定程度上提高了造船成本。

船舶企业承接的订单中，无论是手持还是新承接部分，其定价都是以船舶建造之前的原材料、汇率、劳动力价格为依据进行会计核算的，其成本在相当程度上受到原材料价格波动的影响。金融危机以后，市场钢材价格起起落落，而船舶的建造期一般较长，船舶企业的订单报价具有很大的不确定性，原料及设备的采购成本波动带来巨大的经营风险。同时，这种不确定状况越明显，船东则越会选择将订单延迟并观望，从而进一步加剧我国船舶企业经营的系统性危机，导致行业内企业互相厮杀，以维持其市场生存[40]。

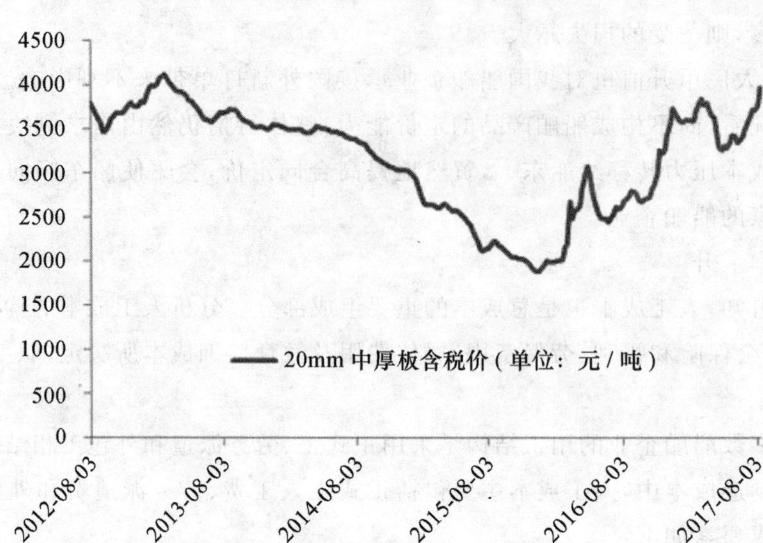

图 3.10 钢材价格波动示意图

3.3 企业内部环境的变化

从调研结果来看，各船舶企业在管理方面仍有巨大提升空间，员工责任意识和领导责任意识也有待进一步提高[2]。船舶企业内部环境的变化表现为以下几个方面。

(1)技术研发能力不足

从 2016 年的数据来看，全球海洋工程装备市场增速高达 130%，预计今后一段时间仍将保持较高的年增长率，无疑是当前船舶工业最为景气的板块[40]。

国家陆续出台了许多扶持海工装备产业发展的政策，比如对多项重要技术装备的零部件进口采取免税措施，同时“十二五”规划也将海工装备发展列入重点项目。除了高成长，各船舶企业开始将目标瞄准海工装备市场更重要的一个原因是该板块带来的高利润，此市场多由高技术附加值产品或服务构成。例如，2016 年钻井装备的平均采购价格为 3.97 亿美元/座，相当于船舶企业完成 8 艘 20 万吨级散货船订单[41]。然而，就我国的实际情况来看，相关船舶企业的海洋工程业务的毛利率极低。图 3.11 所示为我国船舶行业及配套产业毛利率的构成及变化。

从图 3.11 可以看出，我国船舶行业海洋工程业务的毛利率几乎接近负增长。分析其原因发现，这主要是因为目前各企业对于海工产品的研发还缺乏相应的技术能力，承接的业务仅是海工辅助类的低技术产品部分。

同时，受到市场行情的影响，各船舶企业新承接的订单中，多数批量为几条甚至仅为一条，使得各船舶企业生产的船舶型号愈加庞杂，这又对企业技术能力提出了进一步的要求。以目前的情况来看，各企业仅能独立完成部分设计任务，大量复杂设计任务依靠外包，研发能力的不足严重制约了各企业的发展，甚至影响到其生存[2]。

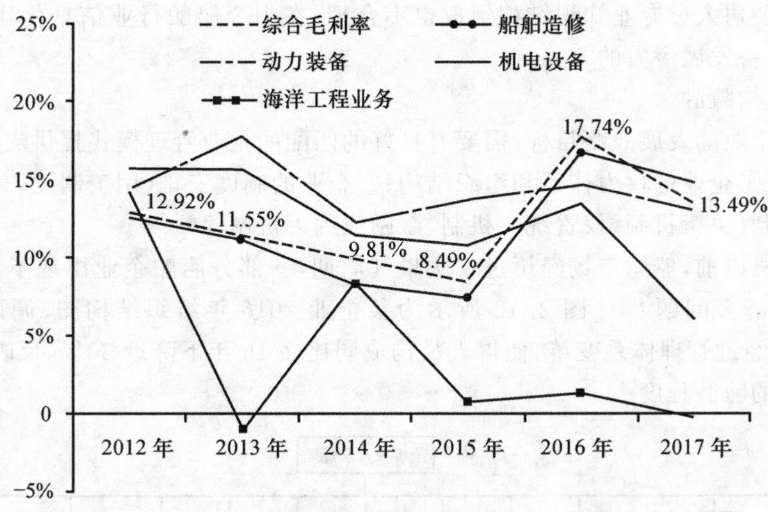

图 3.11 中国船舶行业及配套产业毛利率

(2)人才队伍结构不合理

我国船舶企业的人才队伍结构很不合理，尤其是三线城市的船企，对国内一流学校相关专业的学生缺少足够的吸引力。近年来，国家船舶相关研究所、设计院也存在一定程度的人才流失。整个船舶行业中，具备良好专业技术背景的人才十分缺乏，总体人才构成上，学历、年龄、男女比例分布不均的问题也日益凸显[2]。表 3.1 及表 3.2 分别显示了国内某船舶企业不同学历、年龄的人才在大型、中型以及小型船舶中的分布情况。

表 3.1 国内某船舶企业人才学历结构统计表

学历 船舶	初中及以下		高中(中专)		高职(大专)		本科		硕士及以上	
	人数	比例	人数	比例	人数	比例	人数	比例	人数	比例
大型	1328	22.68%	1530	26.14%	2387	40.77%	577	9.86%	32	0.55%
中型	374	65.38%	106	18.53%	58	10.14%	21	3.68%	13	2.27%
小型	356	46.84%	311	40.92%	67	8.82%	18	2.37%	8	1.05%

表 3.2 国内某船舶企业人才年龄结构统计表

年龄 船舶	30 岁以下		31～40 岁		41～50 岁		51 岁以上	
	人数	比例	人数	比例	人数	比例	人数	比例
大型	2892	49.23%	1554	26.45%	940	16.00%	489	8.32%
中型	116	20.28%	246	43.00%	138	24.13%	72	12.59%
小型	534	39.58%	677	50.19%	116	8.60%	22	1.63%

由此可见，人才队伍结构的不合理性在船舶企业中明显体现出来。当然，每个船舶企业的人才队伍结构分布可能有所差别，但总体趋势大体一致。以国内某船舶企业为例，其于 1971 年开始进入船舶制造行业，从内河船舶的修理业务开始发展壮大，现在已具备出口大型远洋船舶的能力，实现了企业稳步发展和资源积累。但仔细分析该公司的人才队伍构成就能发现，该公司具有高级专业技术职称的人员占比仍不到 10%，具有中级职称的人员也

相对缺乏。该公司人员专业知识结构组成也不合理，在当今船舶行业信息化建设的新要求下，无疑是不具备发展潜力的[2]。

(3)企业机构臃肿

为了实现企业的发展战略目标，需要有良好的匹配的企业管理模式提供支持，企业管理模式一般包括：①企业的权力体系和组织结构；②企业的制度安排(用工制度、分配制度等)；③企业运行机制(决策机制、权责统一机制、激励或约束机制等)[1]。

在金融危机以前，船舶市场经历过一次景气周期，一部分船舶企业出现了权责不清、行政管理僵化等诸多问题[41]。图 3.12 所示为某企业 2016 年组织结构图，调研数据显示，2017 年该企业经过管理体系变革，使得人员构成同比 2016 年下降近 30%，反映出该企业原来的组织机构的臃肿程度[2]。

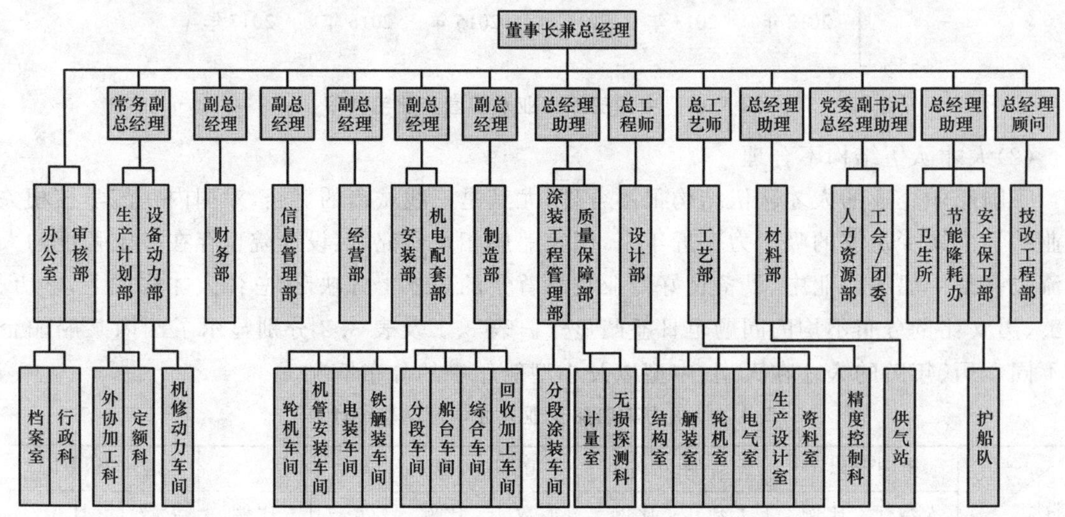

图 3.12　国内某船舶企业 2016 年企业组织机构图

(4)管理不够精细

虽然我国的劳动力成本为日本的十分之一，为韩国的六分之一，但由于技术粗糙和管理粗放，使得我国在该方面的优势无法转化成价格优势。虽然有工业和信息化部牵头对两化融合进行了研究，各船舶企业也相继引入完善的信息管理系统软件，但我国船舶工业总体上对精细管理的认识还不够，部分协调工作仍然像过去一样，依靠调度会、碰头会等一些方式，并没有使得生产效率得到有效提高[11]。

反映在生产阶段，各船舶企业对能源、原材料、人工的使用都存在较为严重的浪费问题。资料显示，国内某船舶企业 2017 年度通过节能降耗和物资精细管控，节支近 8200 万元。可见在企业精细化管理上，我国船舶企业具有比较大的改进空间[11]。

(5)融资困难

船舶企业资金来源主要为两个方面：一是收取的船东预付款，二是通过担保获得的银行贷款。在我国船舶工业中，国有造船企业资金依赖国家计划的审批，由国有银行拨付，而地方造船企业则需要凭资产和在建船舶资产抵押的方式，进一步通过银行获得融资。

造船市场行情好的时候，船舶企业可通过与船东沟通协商调高预付款的比例来规避掉经营风险，而目前低迷的行情下，船舶企业的资金来源则只能大量依靠融资[2]。

金融危机爆发以前，欧洲国家船东大多都可以通过银行和民间融资，但近些年以来，融资方相继关闭新造船融资服务业务，比如德国KG融资平台、德国北方银行和苏格兰银行都遭受过重创，有意向造船的船东难以通过协调融资的方式促进造船市场步入繁荣周期[2]。

现在，金融机构对船舶和海洋工程装备建造企业风险的关注度进一步加大，部分银行开始收紧授信或延长授信审批，进而加大了企业的融资难度。虽然市场有所回暖，但船舶和海洋工程装备市场仍处于低谷期，企业的现金流大幅萎缩，行业内大型骨干企业都面临着资金紧张的问题。船舶行业"融资难"问题未能得到有效缓解。

(6)设施设备落后

我国的船舶企业受早期资本匮乏的制约，都是由中小型船厂一步步发展起来的，有些设施设备已经不能满足当代生产力发展的要求，再加上现代造船模式要求企业具备良好的生产场地布局，所以必须对有关的设施设备进行改造或更新换代[2]。图3.13所示为我国船舶的船龄分布情况。

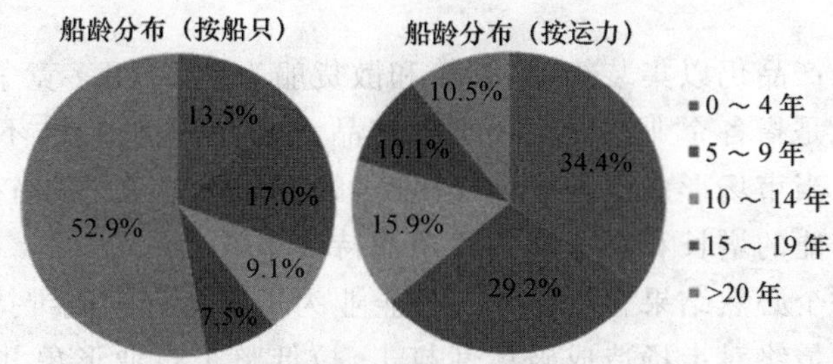

图3.13　我国船舶船龄分布图

通过图3.13可以分析出近年来船舶向大型化发展的特点。事实上，超过20年的老旧船舶多是小型船，其运力占比较小，如果造船企业不改进基础的设施设备，将难以应对航运市场船舶大型化的趋势。

3.4　中国船舶工业发展的制约因素

每一个行业的发展都会有其制约因素，船舶工业也不例外。船厂为缓解预购设备所带来的资金压力，所采取的方式只能是用各种方法获得新订单。手持订单与船舶交付量的比值正好反映了手持订单量。在2008年那一轮的造船高峰期，该比值急速攀升至570%，相当于各船厂平均承接了未来6年的业务订单。此后，至2011年，该比值跌为294%，2012年又下降至209%，许多船厂的生存压力陡增[2]。在内部环境和外部环境变化的双重影响下，许多船舶企业陷入发展困境，主要原因表现在以下方面：

(1)成本及价格

目前，人工成本、原材料等价格不断上涨，而产品价格却一直在持续下跌。船舶企业的现金流几乎已经干涸，有些企业甚至不得不亏本经营。

克拉克松数据披露了手持剩余订单量排名，其中有一半船厂最近两年内都没有承接到新订单。可见，在维持经营都困难重重的环境下，各船舶企业所面临的最大问题就是如何在危机中坚持并等待船市复苏[1]。

总之，成本及价格因素导致利润严重下降，市场鲜有新订单的需求，并且企业若承接到此类订单，必定又要加大技术投入，企业现金流将继续吃紧，而企业现金流的吃紧又制约了再投入，船舶企业进入恶性循环之中[2]。

(2)承接能力

如今耗能较低的绿色能源越来越受青睐。像 LNG 船，其产品不但环保、绿色、高效，能源价格相对于石油也便宜，液化天然气能源行业如今以每年约 12%的速度在增长，预计未来一段时间后，LNG 船将成为船舶企业开展竞争的重要领域[11]。

分析 2017 年克拉克松发布的统计数据发现，全球新船订单市场跌幅达 50%，而 LNG 船市场则异军突起，实现订单增长 24%。2017 年，全球 LNG 船订单量为 51 艘，该机构预测，到 2020 年，这一数字将接近 1000 艘[2]。

但是，这些船型具有较高的技术门槛，有的船舶企业由于技术原因还不能承接这些高利润产品。而技术研发需要长期的投入，如果在技术研发方面的投入不足，将为今后的发展带来一定的障碍。

(3)产品同质化

我国造船企业的产品仍以集装箱船、邮轮和散货船为主，在很多竞争领域产品同质化问题严重。产品同质化是指各企业在同一大类的产品上相互模仿抄袭，不同品牌的产品或服务相互很容易替代。当市场形成这种竞争环境时，顾客选购时考虑的首要因素就是价格，从而行业利润便随着产能的增长和企业间的竞争而持续走低。

产品同质化的一个必然结果就是导致一些企业为了维持利润或维持经营而采取偷工减料、以次充好的举措，最终对市场造成破坏性打击，拉低整个行业形象并使之走向没落。企业间在品牌营销上同质化竞争的投入也将导致现金流收窄，从而没有足够的资金投入到产品研发上，长期下去，严重影响行业的良性发展[42]。

(4)人才结构

人才结构包括三个方面的含义，即：人才结构整体中各个要素的数量；人才结构整体中各个要素的配置分布；各个要素在人才结构整体中的地位和作用。以上三个方面中的某一个或某几个发生变动，都可以称人才结构发生了变动[43]。企业的人才结构体现为企业员工个体的知识、能力和智力，以及企业员工群体中所有类型人才的组合，包括员工的年龄、知识、专业等方面的结构[44]。

现代企业竞争要求企业具备良好的技术人才团队，技术人才团队的组成也会极大程度反作用到企业经营的方方面面。船舶企业内部，较好的技术团队应具备良好的合作意识，科学的专业人员配置，合适的年龄、学历分布。然而，由于一些历史原因，船舶工业的产业升级在该方面受到严重的制约[45]，船舶企业如何解决人才结构问题将是未来需要关注的重点。

4 走出困境的措施

在当今局势下，船舶企业要克服所面临的各种困难，建立合适的企业发展战略是十分必要的。可以归结为两个操作层面的问题，企业“开源”问题和企业“节流”问题。“开源”问题主要在于产品的创新；“节流”问题则重点关注如何减少或消除企业浪费。企业需要将重心放在对创新的投入上，以及合理引进人才、升级企业资源管理模式[2]。

4.1 精益制造模式

在现代生产管理模式中，起源于日本的精益模式被认为是当前世界最科学的管理模式。该思想其实不只适用于船舶制造业，在各行各业都十分适用，并且收获颇丰。精益生产的过程中，通过正确地激励所有员工，激发员工的独立意识，并结合企业组织结构优化，避免无效浪费的生产，降低生产成本，缩短生产周期，提高产品质量和产品利润，满足市场和客户需求，升级企业资源管理模式[2]。

在传统造船模式，可以通过提高设备利用率将制造效率最大化[46]，而提高设备利用率，必须组织大规模生产。在精益造船模式下，就可以实现中间产品和部件的按时生产，实现单件流模式[2]。

传统造船模式还有一个特点，船舶企业会在板材加工和型材的制作上投入大量精力，然后将这些成型的材料堆放在一边。只有在需要的时候，才会分类提取使用。传统造船船体加工流程见图 4.1。而精益造船模式就具有很大不同，是在现场根据类别分别对材料进行加工处理，然后根据实际需要逐一提供给装备部门，不仅节约了分类时间也节省了堆放费用，为企业带来额外的收入和可支配劳动力。精益造船船体加工流程见图 4.2、图 4.3[1]。

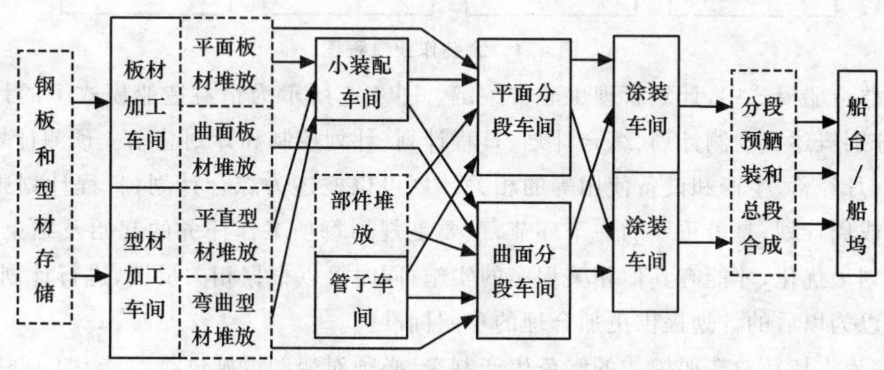

图 4.1 传统造船船体加工流程

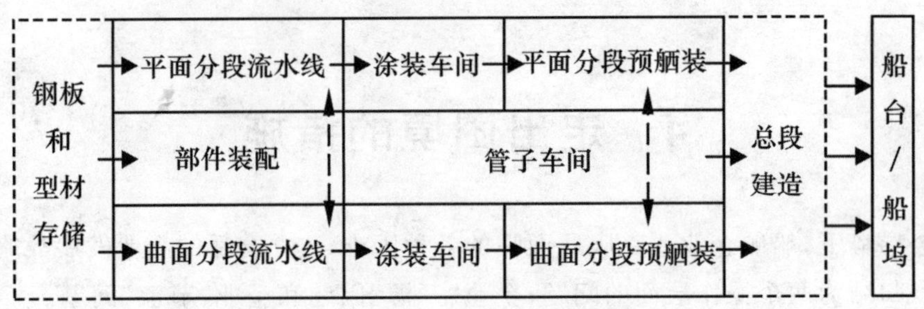

图 4.2　精益造船船体加工流程 1

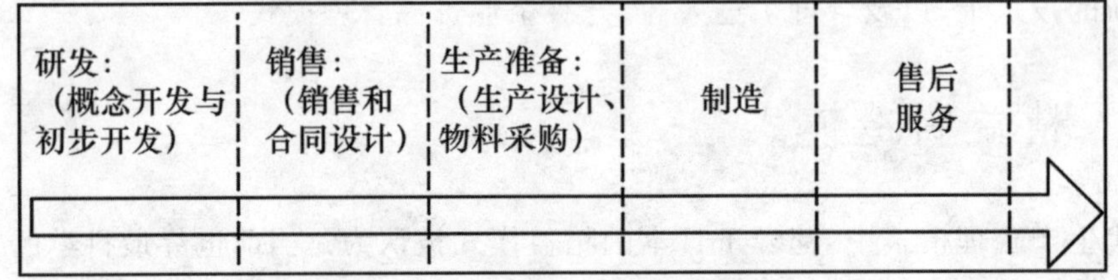

图 4.3　精益造船船体加工流程 2

精益造船模式中对涂层要求也较高。PSPC 涂层新标准要求:500 总吨及以上的船舶海水压载舱和 150 m 及以上散货船的双舷侧涂层使用寿命必须达到 15 年以上[1]。图 4.4 所示为精益造船模式下的涂装作业流程图。

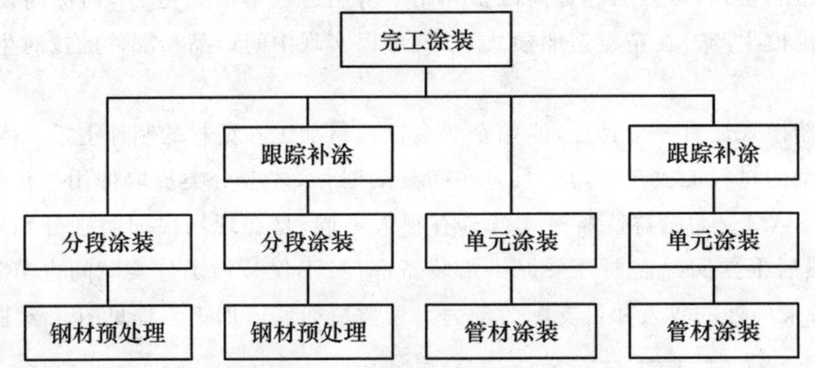

图 4.4　涂装作业流程图

在精益造船模式中,计划管理也非常关键。图 4.5 所示为精益造船模式下的计划管理流程图,分别概述成预测计划、综合计划、日程计划、计划控制和计划总结。预测计划等价于经营计划;月经营、生产和设备使用等的相关计划可以概述为综合计划;日程计划则为工种的月计划或周计划,是最重要的一个环节,主要是规划每项工作任务的起始及结束时间,只有日程计划最优化,才能有其他相关程序的实施;同时可以根据相关反馈,进行计划控制;计划总结可以为以后的计划提供更加合理的参照标准[1]。

此外,为支持精益造船模式的绿色生产制造,必须对船舶设施进行改造,图 4.6～图 4.8 所示为国内某船舶企业主要设备添置及改造情况。图 4.9 所示为某建设中的钢材流水管理线。

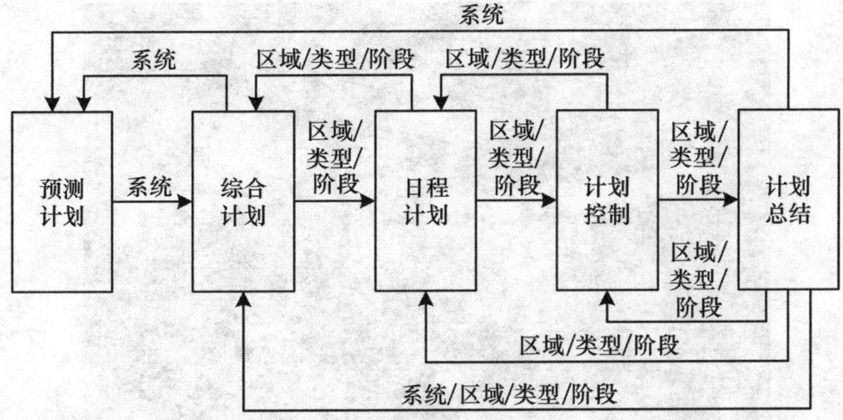

图 4.5 计划管理流程图

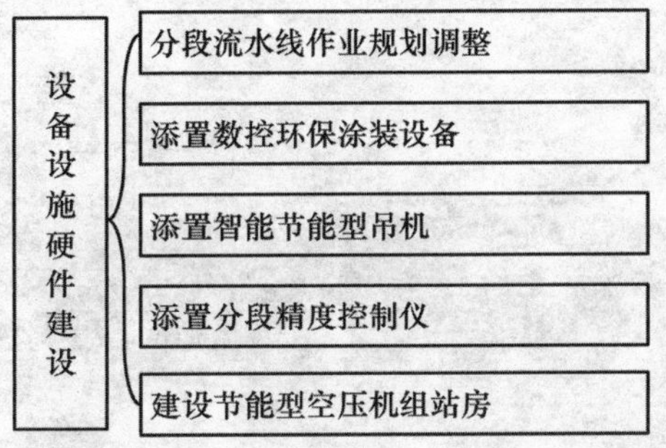

图 4.6 主要设备添置及改造情况 1

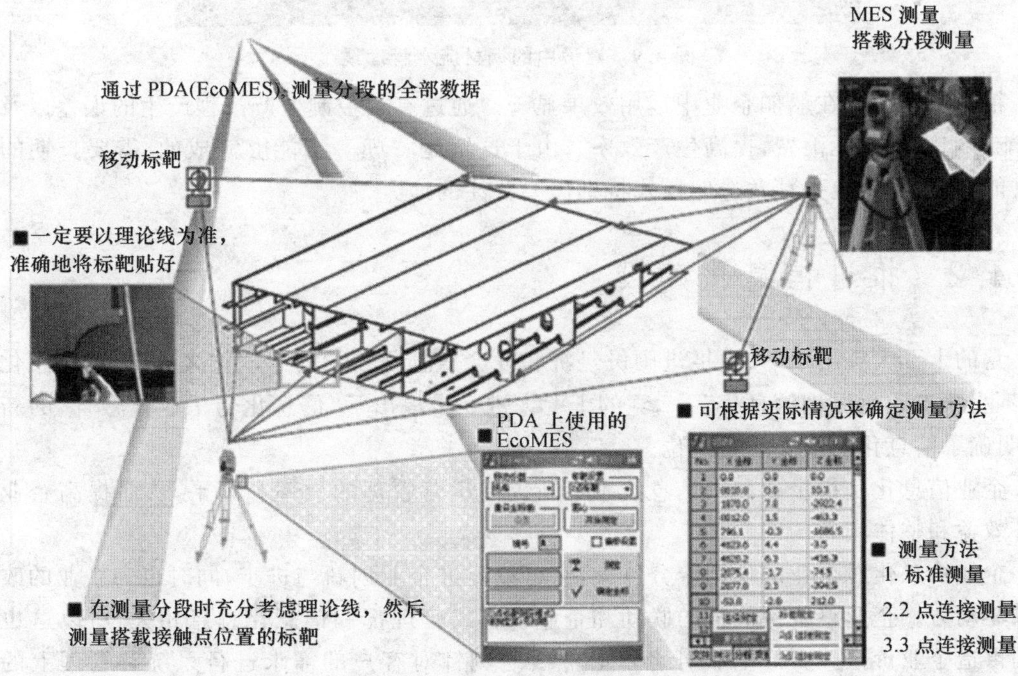

图 4.7 主要设备添置及改造情况 2

图 4.8　主要设备添置及改造情况 3

图 4.9　建设中的钢材流水管理线

精益造船模式在船舶企业中运用效果显著。通过有效控制生产过程产生的误差以及变形，能够实现生产无浪费，提高生产效率。由于这不是一朝一夕能够完成的，需要长期的实践才能够完善，这也是精益造船模式特别需要关注的地方[2]。

4.2　推进信息化建设

党的十五大提出了"大力推进国民经济和社会信息化"，党的十六大又提出了"信息化带动工业化，工业化促进信息化"[47]，党的十七大进一步提出了"信息化与工业化融合"的新命题，明确了信息化的重要战略地位。

企业信息化是指企业利用信息技术不断提高运营管理的效率和水平，从而提高企业的经济效益和整体实力。

企业信息化对企业的作用十分巨大，它可以促进企业创新与进步，同时也为企业的改革提供驱动力。企业整个价值链的联动和企业动态式管理都和信息化息息相关，所以这也关系到再造企业价值。更好地服务客户必然要时刻针对客户的需求进行系统和管理上的升级，信息化十分有利于这一过程的实现。加强信息系统建设需做好以下几点[2]：

(1)企业决策者更加便捷地获知企业相关信息。只有了解企业信息,才能更好地管理企业资源,才能更有力地调控企业方向。

(2)抓企业长板,发展核心业务,结合实际需求,有针对性地升级相关系统,优化信息服务系统。图 4.10 所示为软件支撑平台建设。

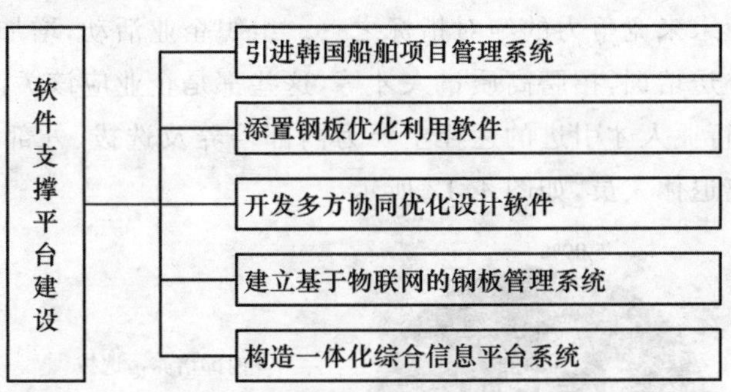

图 4.10　软件支撑平台建设

(3)融合信息,避免信息间的阻塞。由于企业部门繁多,各部门间的管理模式又不相同,如何有效避免企业各部门间的信息不交融,使得各系统相辅相成,而不是相互独立地存在,这是企业需要注意的问题[48]。图 4.11 所示为国内某船舶企业综合管理平台系统。

图 4.11　船舶企业综合管理平台系统

(4)建设适合自己企业的发展规划。各企业应该根据各自的实力,合理规划自己的发展。中小企业可以以实用为主,而大型企业则应该将目光放长远一些,加大创新上的投入,着手于未来[26]。总之,信息化建设在企业未来的竞争中有着举足轻重的地位。

4.3　关心人才的价值

科技进步不断加快，传统工人的价值越来越小，科技型人才的价值越来越大。人才的引进和培养是一个企业未来竞争力的绝对指标之一。组织企业活动，增加企业人员归属感，定期对企业人才进行外送培训，招聘高质量人才等，这些都是企业应该关注的[26]。

目前，我国船舶行业人才引进的途径主要为内部培养及选拔、外部高薪聘请、柔性聘请兼职或顾问及返聘离退休人员，如图 4.12 所示。

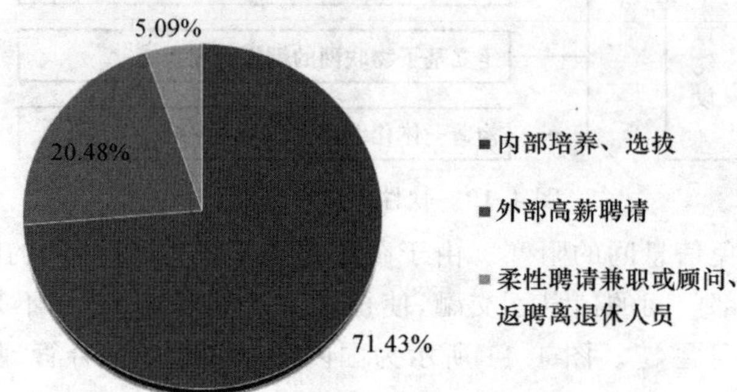

图 4.12　我国船舶企业人才引进途径

我国船舶工业过于重视建造技术，一般不关注信息化发展，信息化人才引进更是企业所忽视的一个方面。在我国船舶企业中，尤其是小型传统企业，只知道埋头苦干的技术工人十分多，对未来发展了解的人很少，对信息化船舶了解的人才就更少。当前，企业中急需的却是这种双知的复合型人才[2]。

所以，中小型船舶企业应重视复合型人才的培养。

(1)大力培养信息化人才，着重引进人才。

(2)对企业内部的优秀技术人才进行在职培训，使其成为双知的高科技人才，对企业的信息化建设起到至关重要的作用[11]。

(3)坚持不懈地进行校企合作，将学校里的最新研究成果应用到实际中[5]。

4.4　坚持企业文化建设

人力资源管理在企业的发展过程中具有重要作用。它是企业从制定目标到落实计划，实现企业战略发展的最基本支撑要素。现代企业的发展，归根到底就是人才的发展，人力资本是推进企业不断发展的重要影响因素，良好的人力资源管理会为企业带来巨大的效益。在企业的长期发展中，人力资本拥有着边际效益递增的良好发展潜力，相较于财力资本为企业发展带来的单一资本要素的补充，人力资本形成的多元性积极影响是企业进一步发展的重要支撑。

在人力资源管理中，引进人才具有极重要的地位。除了采取必要的手段吸引优秀人才，更重要的是要有方法留住人才，采取感情留人、待遇留人、事业留人等有效方法。

在企业的发展中,用好人才比选择人才更为关键。作为企业,要善于最大限度地发挥人才的潜能。根据具体情况,从每个具体员工角度出发,依据员工个人发展的职业生涯规划,进行人才战略性拓宽发展,大力挖掘人才潜力,实现人才效能最优化发展。而现在大多数企业仅仅把人力视为一种资源,并没有从根本上认识人力是企业发展的重要"资本",造成了人力资源的浪费,导致企业没有凝聚力,员工没有坚定的信念,对企业没有归属感,最终形成人才流失的现象,使得企业发展受到极大的影响[2]。

随着社会发展和科技的进步,企业规模不断扩大,企业管理人员需要对公司员工的个人信息、工作情况进行管理,如何增加员工的企业归属感也是企业需要关注的问题[2]。

如何增加我国企业在国际上的竞争力,使我们既懂技术,又懂文化,既知道该往哪儿去,也知道该如何操作,这是我们企业需要思考的,需要慢慢摸索。同时,企业文化的创立更是现在最迫切的问题,这关系着企业文化核心和企业未来发展之路[49]。图 4.13 所示为企业文化核心竞争力模式图。

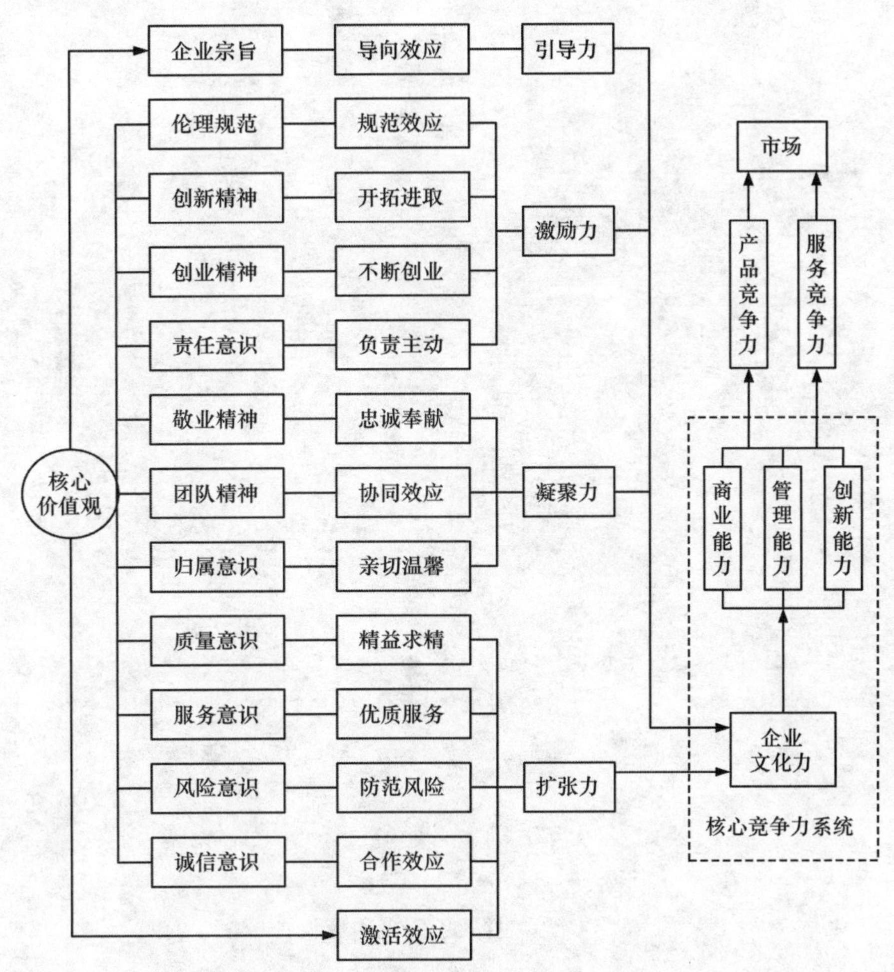

图 4.13 企业文化核心竞争力模式图

因此,建设合适的企业文化,利用企业文化来管理人、留住人、激发人的创造力是今后企业工作的重点[11]。企业文化建设体系如图 4.14 所示。

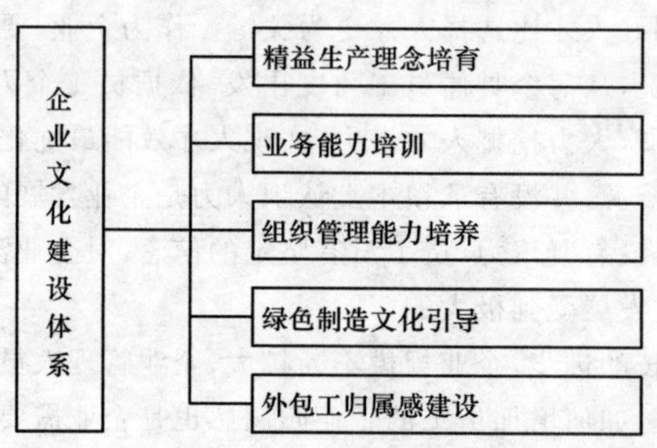

图 4.14　企业文化建设体系

综合以上分析，为推进中国船舶工业的发展，其信息化与工业化的融合建设势在必行。各船舶企业要仔细分析研究信息化与工业化融合的关键要素，以更好地实现两化融合，带动船舶行业的高速发展。

二、政策篇

5 国家战略方针

在当今局势下，船舶企业要想发展，一定离不开政府部门的支持和国家政策的引导。没有良好的政策支持，企业很难自我承担起各行各业的发展，同时，和政府机关的沟通也会变得很困难，也很难实现自我创新。国家的战略方针不但起着引导作用，同时还起着强制性的作用，避免了企业自己操作的困难和相关部门的推诿。

5.1 总体要求

(1)指导思想

充分贯彻党的十八大、十八届三中全会、十八届四中全会、十八届五中全会的精神，围绕供给侧结构性改革要求进行改革，激发以船舶工业为主线的创新活力、发展潜力和转型动力，大力推进信息技术与工业化的融合，努力打造支持造船产业转型的创新平台，积极培育新产品、新技术、新模式、新业务模式，加快支持一体化的基础设施体系建设。发展、加强造船工业转型升级的新动能，构建精细、灵活、智能化、绿色的新制造体系，不断增强中国制造业的全球竞争优势，促进制造业强国的建设[50]。

(2)基本原则

①创新驱动，转型发展

着重发挥新一代信息和通信技术在汇聚、集成和优化基本要素资源，应用互联网创新理念和创新系统等方面的优势，以促进制造技术、产品、模式以及机制的创新，提高供应质量和效率，刺激船舶行业发展的新动能[51]。

②跨界融合，互动发展

推进船舶工业信息化的多方面融合能力，用两化融合来加快信息产业发展，用信息产业来支撑两化更深度地融合。共同促进军民领域的两化融合，加强相互转化和成果共享[51]。

③分类施策，协调发展

把握新技术在不同环节、不同产业、不同领域的扩散规律和应用模式，针对不同的企业、行业和区域两化融合发展的基础、阶段和水平差别，加快形成科学的方法、灵活的机制、精确的政策的分类推进体系[51]。

④市场主导，循序发展

结合市场在资源配置中的决定性作用以及更好地发挥政府的作用，积极完善两化融合政策和措施，突出企业的主体地位，形成公平竞争，激发创新活力，保障有序发展的两化融合的市场环境[51]。

(3)发展目标

到2020年，信息与工业化融合发展水平将进一步提高，提高制造业创新能力的“双创”体系(创业与创收)将越来越健全，支持融合发展的基础设施和产业生态将越来越完善，制造业的数字化、网络化和智能化取得明显发展，新产品、新技术、新模式和新业态持续产生新的增长点[51]。

①“双创”体系将不断完善。“双创”成为制造业转型与发展的新动力，“双创”服务平台系统的支撑能力将显著提升，创新资源和服务实现在线化、平台化和共享化。

②新的生产模式在重点产业中得到广泛的应用。生产模式精细化、灵活化、智能化水平显著提升，关键工序数控率达到50%，网络化协同制造、个性化定制、服务型制造将成为引领高端制造业的一种重要模式。制造业企业的组织管理模式将趋于扁平化和开放性。

③基于互联网的服务形式成为一个新的增长点。产品生命周期管理、工业电子商务等新型服务模式蓬勃发展，工业电子商务交易额超过10万亿元[51]。

④智能设备和产品创新能力迅速提高。智能制造关键技术和设备、智能制造成套设备以及智能产品研发和产业化将取得重大突破，智能硬件新产品和新服务市场规模超过万亿元，智能制造系统解决方案的能力得到显著的提高。

⑤支撑融合发展的基础设施体系基本建立。自动控制与感知技术研发和产业化取得突破，工业软硬件供给能力稳步提高，工业云与智能服务平台逐步成为智能制造关键应用基础设施，低时延、高可靠、广覆盖、更安全的网络服务支撑能力进一步增强。

作为制造业的一员，船舶工业要充分发挥其主力军作用，积极推进船舶企业设计模式创新，加快研发设计向协同化、动态化、众创化的推进，共同推动两化融合建设[51]。

5.2 战略方针

(1)构建基于互联网的船舶工业“双创”新体系，激发创业创新活力

促进大型造船企业“双创”发展。支持船企在“双创”平台上的进一步发展，推动以研发、生产、管理和服务为基础的新型平台建设，激发企业的创造能力，船舶企业面向社会开放平台资源，不断丰富创业孵化器、专业咨询、人才培养、检测、投融资等服务，促进创新要素的发展。围绕构建产业链的新优势，大型船舶企业将加强与中小企业的产业创新集群[52]。

建设面向中小型船舶企业的“双创”服务体系。健全中小型船舶企业“双创”服务体系，积极支持小型船舶企业的创业创新基地建设，引导基地向全面化、平台化、智慧化、生态化发展。完备中小型船舶企业公共服务网络平台系统，发挥中小型船舶企业公共服务示范平台的积极作用，发展基于互联网的技术创新、智能制造、质量品牌等特色服务，推进面向中小型

船舶企业创业创新的实时应用服务。积极创建“创客中国”创业创新平台。努力发展众创、众包、众扶、众筹等新的模式，以及创客空间、创新工场、开源社区等新型众创平台，培育形成低门槛、广覆盖、有活力的“双创”生态体系，共同推进生产与需求的对接、传统产业与新兴产业的融合、大型企业与中小型企业的合作[52]。如图 5.1 所示为基于创新创业生态系统的服务体系建设。

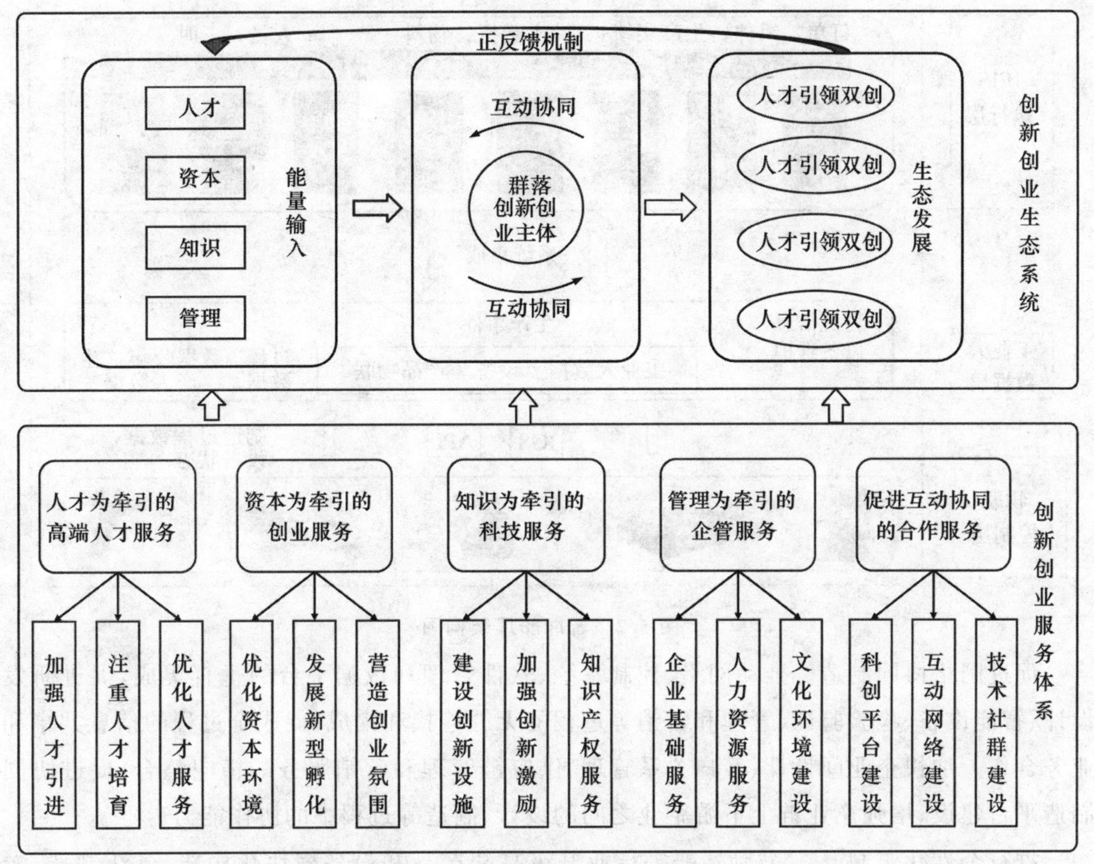

图 5.1 基于创新创业生态系统的服务体系建设

发展新型研发创新服务。积极建设船舶工业创新中心，促进共性和前沿技术研发、转移扩散以及首次商业化应用，形成贯穿创新链与产业链的创新生态系统。使检验检测等专业研发服务的发展趋于在线化和平台化，促进新型研发成果的转化和市场拓展。加强产学研结合，利用移动互联网、大数据、云计算等新一代信息技术及平台，推动虚拟在线的新型研发服务[51]。

(2)推广网络化生产新模式，引领生产方式持续变革

大力推广智能船厂。推进船舶行业生产装备的智能化发展，加快全面提高生产的准确性和机动性。加强石油化工、钢铁、有色金属、建材等加工行业先进过程控制和制造执行系统的全面部署和优化升级，促进能源管理中心的建设，实现集约高效、安全、可靠、绿色低碳的生产过程[53]。图 5.2 所示为智能船厂架构图。

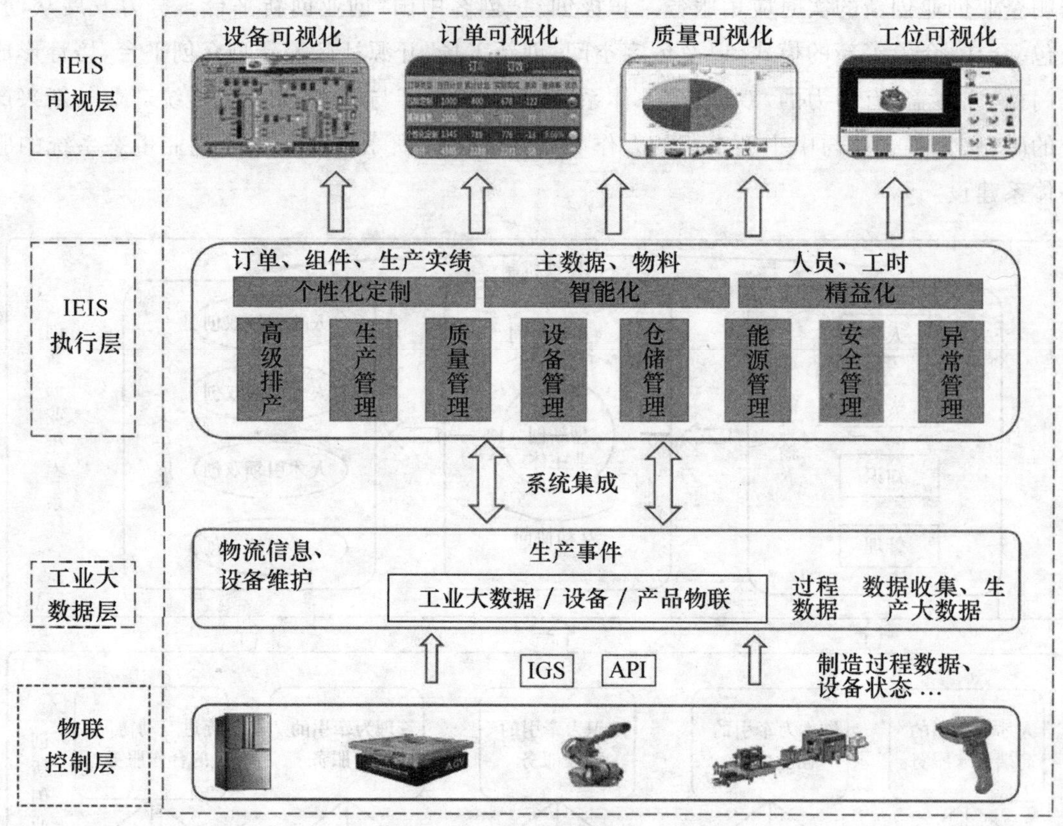

图 5.2　智能船厂架构图

促进网络协同制造。推动网络、控制系统、软件管理和数据平台的垂直集成,促进研发设计、智能设备、检验验证、管理和营销等过程的无缝连接和集成,促成全过程的信息共享和业务合作。加快企业间设计、客户关系管理、供应链管理和营销服务的横向整合,促进协同制造平台建设,增强产业链上下游企业之间的设计、制造等过程中的协作能力[53]。

推行个性化定制[53]。鼓励造船等行业升级高端产品和设备模块化构造、灵活制造、专项服务能力。面向中小型船舶企业,积极发展在线服务,包括工业设计、快速成型、模具开发和产品定制等。

发展服务型制造。全面发展工业设计,发展以国家为主导的工业设计机构,不断提高自主创新设计能力。鼓励船舶企业由以提供产品为主转变为以提供产品和服务为主。指导海洋工程设备等大范围的新业务,拓展自己的服务范围,提高解决用户方案的能力。促进造船业信息技术多方面的发展、全方位的繁荣,同时促进能源合理利用,杜绝浪费和污染。

(3)培育平台化服务新业态,推动产业价值链向高端跃升

提高船舶企业在互联网发展时代的创新能力。培育一大批基于互联网的船舶公司。注重提高互联网时代的智能产品使用,提高船舶企业的在线服务能力。整合互联网资源,寻找新的时机和创新点,在大数据方向上能够把控住未来方向,推进先进技术的使用,支持船舶工业产品的便捷性服务、维修和远程教学等[54]。图 5.3 所示为服务平台逻辑框架图。

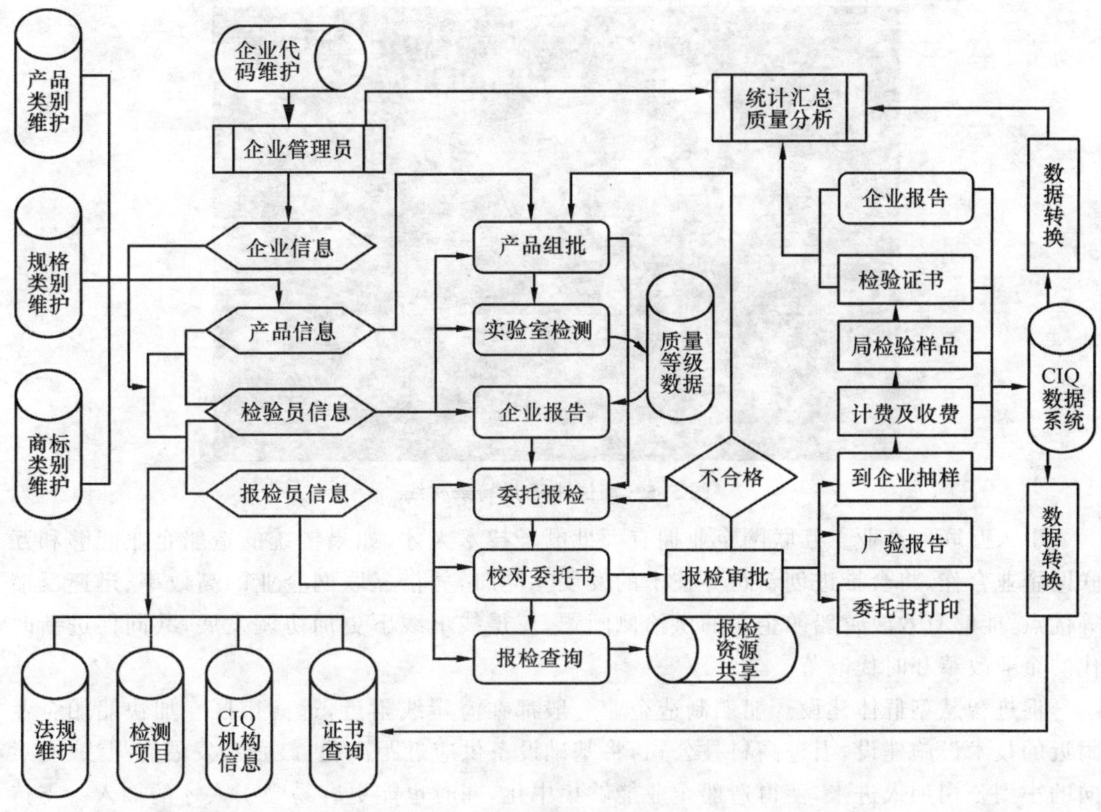

图 5.3　服务平台逻辑框架图

推广电子商务在船舶行业的使用。互联网时代是一个新时代，政府要积极引导各船舶企业电子商务平台的建立，提高各下游企业和上游企业间的协作，同时，引导国内的船舶企业和境外企业构建便捷的电子商务合作，避免中间运作导致经费开销的增长。推动企业信息公开化、企业需求公开化、各底层企业和上层企业合作的便捷化，能够直接看到上游所需、下游所急，提高各部门、各企业的响应能力[51]。图 5.4、图 5.5 所示为智能生产线实例。

图 5.4　南通中远川崎新建的 4 号智能生产线

图 5.5　南通中远川崎条材线

引入互联网企业。互联网企业拥有大批电子技术人才，如果传统的造船企业能够和互联网企业合作，将会推进创新跨界技术的发展。同时，凭借互联网企业的高效率、迅速反馈等优点，能够有效改善船舶企业的供给侧问题，使得线上线下更加协调发展，共同促进新时代的企业改革和时代改革[54]。

促进智慧型群体建设。船舶制造企业一般都在海岸线附近，远离市区。加快船舶企业附近的技术设施建设，引进高科技公司，将基础设备供应近距离化，鼓励和发展有想法、有意向的小型公司加入进来，使得造船企业能够集中化，同时也能更容易吸引人才的加入。支持航运业试点项目和互联网一体化政策创新，探索新型机制的开发，形成区域发展的新模式[54]。

(4)普及两化融合管理体系标准，创新企业组织管理模式

推进标准体系和管理体系的传播和应用。对两个标准不足的地方给予补充完善，建立合理的参考标准和应用机制，指导企业以此为基准实现转型，构造一批合格优秀的企业作为行业模板，建立点与点、线与线的对接，实现共同发展。加快形成市场的信用接受机制，对两化体系的评价结果进行分析、评估[51]。

开展两化标准的评价和指导。结合智能制造的新趋势，对两化评价指标体系和评价模型进行优化，完善国家和企业、地方和企业、人才和企业的多层次综合协同工作能力，建立航运业的高效、高标准的大数据平台，能让企业实现自我测评和反馈。提高政府的决策能力，提高企业的准确反馈能力、精确决策水平[51]。

(5)完善基础设施体系，提升支撑服务能力

提高基础设施水平，提高当地支撑能力。企业想发展，没有基础设施，没有政府引导，很难实现企业的自我突破，推动企业相关领域的发展和规模化应用[51]。发展核心工业软硬件，突破虚拟仿真、人机交互、系统自主等关键通用技术的发展瓶颈，为核心驱动控制软件、实时数据库、嵌入式系统等奠定工业基础。提高计算机辅助设计与仿真、制造执行系统、企业资源规划、供应链管理、客户关系管理、产品生命周期管理等的研发和产业化能力。加强软件定义和支撑制造业的基本作用，支持相关技术和系统以及智能设备的发展，促进核心技术的集成和广泛应用[53]。

针对智能设备接入工业云的数据采集和调度管理等关键环节，突破相关关键技术，提高工业云平台系统解决方案的供应能力，加强船舶工业的互联网络建设，建立整套的船舶工业的安全体系[52]。

(6)完善造船企业的信息安全工作

现在信息安全是个很重要的问题，如何加强企业的信息安全管理，是每个船舶公司需要考虑的问题，更是当地政府部门需要思考的问题。首先要支持企业进行自身的安全性能评估，对不合格的安全机构和系统进行升级，对不完善的制度进行完善，在底层上保证信息的安全。其次，政府部门应该在宏观上对安全进行把控，建立船舶行业的安全机制，促进船舶行业按照相关机制进行信息系统管理，加快评估小组的构建，定期对部门系统、机构机制进行分析，加强船舶企业的安全系统构建工作[54]。

5.3 保障措施

(1)完善规章制度

首先要特别注重各职责机构间的联络，协调不同部门间的关系，推进相关事项的进步和发展。其次，对相关问题建立合理的追踪机制，对各职责单位的行动和效果进行评分，对不及格的单位进行降级处理。最后是保证所有政策能够得到彻底执行，而不是广而告之就行了[51]。

(2)提高财政支持

有些科研项目因缺少资金的支持而取消，尽管这些项目可能对科技的创新、企业的发展、社会的进步十分有用。政府部门应该充分考察，对符合要求的科研项目给予大力支持，而对那些虚假项目进行严肃处理。对重大科研给予正确支持和奖励，同时，加大专项资金的投入也是十分必要的[51]。

(3)完善标准体系

如何提高国内企业在世界上的地位，以及如何增强国内企业在国际规则制定中的话语权，这是我们迫切需要注意的。同类行业中的企业实现共同发展，才是最有利的。只有制定一套完整的标准体系才能更有利于实现企业间的合作。

(4)制定人才培养细则

如何制定一套完整的人才培养细则，这是企业需要关注的。将人才培养当成一个准则去实施，推广人才政策，才是各企业应该抓住的重点[51]。

(5)加强合作交流

解决我国企业技术短缺的一个很好措施就是国际上的合作交流，加强企业在国际上的合作是我们需要关注的重点。国际企业间的合作可以让我们学到技术，远比自己埋头苦干强得多。我国企业需要把握住现在的大好机会，走出去，学回来[51]。

6　信息化与工业化融合的方法与策略

传统意义上的工业化，强调的是工业产值和就业人口。现在，随着经济的快速发展，生产要素不断变化，信息化成为工业化生产要素的重要组成。信息化是通过信息技术实现对信息资源的充分利用，通过信息交流和信息共享来促进社会经济发展[54]。信息化与工业化融合简称两化融合，对其方法和策略的研究具有重要意义。

6.1　两化融合的内涵及其意义

信息化与工业化融合的内涵，学术界有不同的表述。经济学家周苏莲认为，信息化与工业化融合可以在我国经济各个领域应用信息技术，在产品、管理、技术以及服务等各个层次间进行融合。这种融合会在产业结构、经济结构、社会形态、生产力、生活方式上实现转变。邹生则认为，信息化与工业化的融合可以充分利用信息资源以及信息技术，通过与工业化生产相结合，能够加快工业化发展，促进信息经济的转变过程，信息化与工业化的融合不仅仅在工业经济方面，还可以在农业以及服务业。龚炳铮认为，信息化与工业化的融合是指信息化与工业化发展战略的融合，其中包括信息技术与工业技术、信息资源与工业资源、工业设备与工业装备、虚拟经济与实体经济的融合[55]。

信息化与工业化的融合，要将两者的内在联系把握好，不能先实现工业化，后实现信息化，要将工业化作为基础，信息化作为发展方向[56]。信息化所需要的物质基础、资金、市场以及人才由工业化提供，工业化上的技术革新、管理创新、经济发展和环境质量则由信息化来完成。两化融合是将信息化与工业化在各个方面与各个层次进行结合，从层次上来说，包括生产方式的信息化与工业化的融合、战略的融合、虚拟经济与工业经济实体的融合、资源以及技术的融合等。从具体内容上来说，包括体制、技术、市场、产品以及业务的融合等[55]。两化融合示意图如图 6.1 所示。

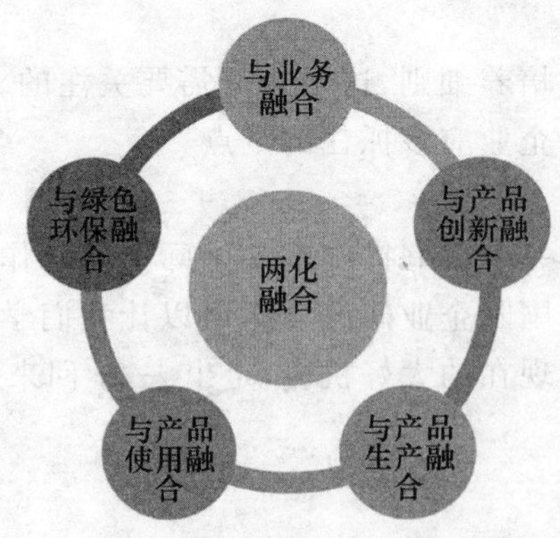

图 6.1　两化融合示意图

综合以上分析，信息化与工业化的融合是各个层次、各个方面的，适应我国的经济发展的内在规律。通过政策的引导，利用信息技术改造传统产业，加快转型速度；另一方面，利用信息技术创新应用，使新的产业形成新的经济增长点[56]。也就是说，信息化与工业化的融合形成产业发展的推动力，既能够解决工业化社会的内部矛盾，也可以带来新的发展机遇。

对信息化与工业化融合的内涵进行深入的理解，在企业转型以及开展两化融合工作中具有重要意义[56]。

党的十六大报告中明确指出，通过信息化带动工业化发展。现代制造业的信息化是将电子信息技术、工业制造技术以及企业管理技术相结合，改变和完善企业的制造环节，从而实现制造业信息化，带动企业技术、产品和管理的创新，全面提升企业核心竞争力。

在船舶工业方面，两化融合的意义体现在：

(1)促进节能减排

利用信息技术提升节能减排水平是推动技术创新的重要组成部分，加快环境友好技术、资源综合利用技术、信息技术以及资源节约技术之间的融合发展，形成低消耗、可循环、低排放、可持续的产业结构和生产方式。信息化与工业化的融合能够促进船舶企业的节能减排。在政府政策的引导下，通过环境监测和预警系统的建立，更有利于环境治理，也体现了信息化技术对工业化生产的带动作用[57]。

(2)促进区域产业转型升级

在船舶工业生产方面，信息化技术与设计研发、制造和管理等各个环节进行融合，不仅能够促进新产品的诞生，也可以促进信息化应用的开发。信息技术在船舶行业的应用比较成熟，目前，许多大型船舶企业的信息化应用逐渐增多，具体体现在产品维护、异地的协同研制以及大规模定制产品等业务模式中[58]。

(3)促进经济增长

信息化与工业化的融合，推动了船舶工业的快速发展，使其效率大大提升，有效地节约了成本，给船舶企业带来了较以往更为可观的利润，从而带动了经济的增长。

6.2 两化融合的现状与问题

船舶工业中，造船技术作为在船舶建造过程中的主体技术，是各种类型的产品达到期望的性能、周期、效率和成本的决定性因素[58]。造船技术水平发展概况及其特征如表 6.1 所示。

表 6.1 造船技术水平发展概况及其特征[59]

造船行业	传统船舶工业		现代船舶工业		未来船舶工业
技术水平	第一级	第二级	第三级	第四级	第五级
生产模式	整体制造	分段制造	分道制造	集成制造	灵捷制造
促导技术	铆接技术	焊接技术	成组技术	信息技术	智能技术
工程状态	船体散装 码头舾装 全船涂装	分段制造 现行舾装 预先涂装	分道制造 区域舾装 区域涂装	船体建造、舾装、涂装一体化	动态(虚拟)组合 建造过程仿真 全面模块化和数字化

续表 6.1

造船行业	传统船舶工业		现代船舶工业		未来船舶工业
管理特征	以"系统"导向分解船舶工程，按"库存量"控制生产过程	以"系统区域"导向分解船舶工程，按"系统"和"区域"的"库存量"控制生产	"中间产品"导向的分散专业化生产，按"区域/类型/阶段的库存量"控制生产	"中间产品"导向的分散专业化生产，按"区域/类型/阶段"和"流通量"控制生产	模块导向的分形生产组织的动态耦合，造船和船舶运营过程的瞬态监控
船厂类型	劳动密集型	劳动密集型	设备密集型	信息密集	知识密集，全球联网

20 世纪 80 年代中期，世界造船强国开始对一体化造船技术进行研究，并取得了一定的成果。日本的三井造船、韩国的现代以及大宇都研发了船舶制造信息系统，对船舶整体进行优化。20 世纪 90 年代初，对船舶设计、生成、管理信息的一体化，降低了造船成本，提高了造船质量，也将造船周期缩短了。如今，日本、韩国和西欧等先进船舶企业的造船水平能够实现壳舾涂一体化和设计制造一体化。国外的船舶建造信息化水平不断成熟，也向着智能化方向发展[57]。

20 世纪 90 年代中期，日本大型船厂已开始应用 CIMS 技术，使得人工减少 50%，工期缩短 20%，并逐渐向中型船厂推广。到了 21 世纪，CIMS 系统在日本先进船厂基本都能体现，并向数字化造船的方向发展。2003 年，日本的造船企业进行重组，共有六大专业化造船公司使用 CIMS 系统，分别为万国造船、三井造船、IMI 联合造船、三菱重工、川崎重工和日立造船[57]。这些船舶企业中，川崎重工和日立造船 CIMS 应用比较成功，其他造船公司对系统的维护更新较为落后，要解决的问题是引进新的系统还是继续进行系统维护。

韩国的船舶企业在生产设计方面使用 Tribon，通过对区域设计、单元模块设计等发挥其优越性。很多大型船厂都在设计与生产过程中使用了 CIMS 技术[57]。现代重工已使用"数码化产品生命周期管理系统"，旨在进一步提高船舶制造管理方面的效率；大宇造船研发了分段定位搜索系统，这大大减少了分段定位的时间，使整个项目进度管理更为有效。

随着国家对两化融合的不断推动，我国船舶工业信息化与工业化融合也更加深入，不断涌现出新的技术和模式。船舶企业的信息化水平提升较为明显，不仅在研发设计方面，在生产工艺以及经验管理方面也走向成熟。通过两化融合，在装备技术以及服务能力方面明显增强，中小型船舶企业的信息化体系也不断完善。两化融合管理体系贯标，是企业两化融合工作的提升和规范化。我国船舶行业两化融合管理体系贯标的企业数量为 95 家，其中启动评定的企业数量为 35 家，有 26 家企业通过评定。两化融合管理体系贯标的意义有以下几点：

①建立可持续优化的两化融合管理体系，规范企业两化融合工作。

②帮助企业打造信息化环境下的新型能力。

③更加明确企业使命、愿景和战略。

④诊断出企业信息化现状、问题和改进方向。

⑤推进企业的管理持续改善。

⑥实现有效的 IT 治理。

⑦提升企业信息化应用绩效。

⑧具备申报国家及各地智能制造试点示范项目的基本条件。

当然,我国在船舶工业两化融合的实践过程中,也存在着一些问题。

首先,我国各地区的实际情况各不相同,存在着各种各样的差异,所以两化融合的开展在不同行业、地区以及同行业的不同企业之间存在着很大的差距。例如:我国东部的发展高于中西部发展;大型企业两化融合高于中小型企业;规范的行业发展高于不规范的行业[57]。

其次,从总体上说,两化融合仍处于局部应用的阶段,在集成应用与协同应用方面水平较低。

再次,在具有自主知识产权的产品的质量与数量上存在明显的不足。在芯片、软件、电子元件等方面与发达国家存在差距[57]。

最后,相关政策以及资金等落实不到位。适应于两化融合的法律法规还不够完善,人才也比较欠缺。此外,政府的管理与公共服务能力比较薄弱,尤其是在新技术的应用和推广方面,两化融合工作体系还不健全。

6.3 两化融合的策略

信息化与工业化融合的促进,要依据“政府引导,区域展开,行业突破,企业主体”的思路,推动信息技术在各产业领域的自主创新,推动两化融合的各个层面发展[57]。两化融合各层面联动发展示意图如图 6.2 所示。

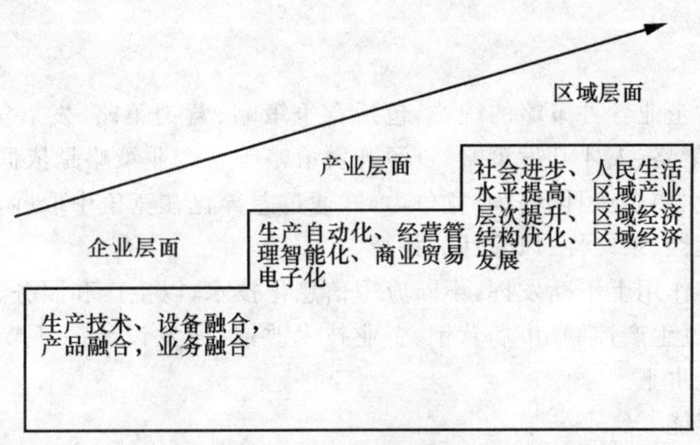

图 6.2 两化融合各层面联动发展示意图

(1)区域策略

区域策略是企业或组织在一定时期内对区域发展方面的选择、规划及策略。区域策略通常包括区域选择策略、区域组合策略、区域扩张策略和区域竞争策略等。其中,区域选择策略对企业来说非常重要。当策略选择正确时,更容易取得可观的利益,实现企业的发展以及信息化与工业化的深度融合,如果策略选择错误,则可能举步维艰,甚至失败。

区域策略的制定根据不同的企业实际情况,其中包括企业的生产、市场以及采购等,对开发方式以及开发区域采用不同的开发措施与开发策略,提出区域近期重点建设项目的地区安排。根据不同的区域发展状况设定不同的区域策略,通过解决区域在某一时期的发展目标与发展途径,相应地进行分析与谋划[60]。

采用区域策略以助力两化融合，首先，要虚心学习其他地区成功的经验，建设两化融合试点示范龙头企业，实施重点项目，示范地方特色创新，提升改造传统产业[60]。

其次，增强企业自主创新能力，促进工业发展。通过信息技术提升产业结构与产业层次。与此同时，改造传统产业，提高工业化水平，改善基础设施，推进信息技术在各个层面的发展，如污染控制、节能减排等，建造节约型、环境友好型工业，提高企业的公共信息技术服务平台建设。

最后，要结合实际，通过重点关注重大项目的方式，在项目的关键环节，运用先进信息技术，找准发展突破口，推进两化融合。

(2)行业策略

行业策略主要是对行业的市场结构、运行状况与竞争态势进行分析，为企业经营决策者和行业管理者制定企业策略与行业政策规范提供科学依据。根据行业发展需求，强化信息化应用，以促进产业升级。与此同时，要突破核心关键技术，以提升层次，建立符合船舶工业体系的融合发展体系。

围绕环境友好型工业，扩大信息技术在各个行业的应用。①研发设计信息化，生产设备数字化。在重大工程的基础上，研究所需关键性技术，提高自主产权比重与生产设备的研制水平。发展软件、数控技术、电路设计等产品的创新能力。②企业生产智能化与网络化。加强自动化技术与信息技术研究，将信息技术与制造相融合，推动企业生产过程的信息化与智能化。③对节能减排的信息技术示范项目进行扶持[60]。

对于船舶产品，以设计、生产、质量以及营销方面为重点，提高信息技术的应用范围，促使产品向智能化发展[61]。

(3)企业策略

企业策略是对企业各种策略的统称，包括竞争策略、营销策略、发展策略、品牌策略、融资策略、技术开发策略、人才开发策略、资源开发策略等。企业策略是依据企业自身的实力、经营范围以及环境，使企业具有核心竞争力，并通过差异化在竞争中取胜，其具有竞争性、全局性、指导性、长远性、系统性、风险性的特征。

在企业的主体作用上不断发挥，不断应用信息化技术，以生产和服务、管理和决策、研发和创新为主线，通过生产控制、市场营销、企业技术改造、研发设计等环节，提高信息化技术应用与企业信息化水平[60]。

①让生产更智能

改造企业信息化，提高生产设备与生产过程的自动化水平。通过实际经验，在生产过程进行信息化改造，能够提高我国船舶企业的生产能力[60]。

②让管理更高效

船舶企业管理方面也要利用信息技术，使管理信息化，帮助企业解决在战略管理、人力资源管理、财务管理、供应链管理和市场经营管理等方面的问题。根据统计数据，企业管理方面应用信息技术，成本降低 5%～10%，效率提高 20%～30%。对于客户订单以及数据报表等信息能够进行高质量分析，在物资管理方面也有很大的提升[60]。

③让营销更顺畅

在资金流、物流、信息流和工作流程方面应用信息技术能够推进企业的发展。在互联网时代，新型电子商务可以拓展商机，使企业营销模式开辟新方式，在服务平台的信用积累与交易记录可以给融资担保机构或金融机构提供企业数据，缓解企业融资难的问题[60]。

6.4 两化融合的方法

实施两化融合对于制造业企业的发展具有重要意义，如何实施两化融合，笔者总结了以下5种方法，需要政府、企业、科研机构、产业联盟共同努力。

(1)提高自主创新能力

船舶信息化与工业化进行融合，首先要以自主创新、资源配置和转型发展为基础，建立以信息化为中心的发展体系，在综合集成与资源管理的基础上，促进创新模式以及探索创新路径。指导船舶企业探索新业务，推动船舶企业管理与服务发展。通过信息技术与工业软件的融合，提高企业的研发能力和研发效率，加快新产品和新技术的开发，例如数字样机、三维建模、虚拟仿真、协同设计等新模式的应用，提高了研发水平，对于增强船舶企业的自主创新能力起着决定性的推动作用[62]。

首先，要提高船舶企业的自主创新能力。根据国家的战略需求，发挥政府的组织协调作用以及政策引导能力，通过“企业为主体、市场为导向、产学研相结合”的方式，建立信息技术创新体系，并在基础软件、集成电路、电子元件等领域，重点提升技术水平和自主创新能力[63]。

其次，对企业工业园区的建设以及发展，政府要进行扶持。例如从政府采购、工程带动、科研布局、资本运作等多个方面，建立一系列体系，促进船舶企业发展信息化。对中小型企业制订实施计划并鼓励企业开展协作配套，完善产业链[63]。

(2)发挥创新作用和倍增效应

信息技术在船舶生产环节中已经得到了重要的体现，例如在设计、研发、管理以及服务等方面，通过信息技术的融入，使船舶企业在技术开发、管理模式以及生产经验方面大大提升了竞争力。

信息技术不仅仅是经济增长的重要因素，也是发展方式和产业升级的关键因素之一。通过信息化与工业化融合，使企业的创新能力增强[63]，重点要做到以下几点：一要做好信息技术与工业的融合。船舶工业是我国重点发展的工业，要从根本上改善工业质量，使产品具有创新能力以及提高生产效率，将信息技术与船舶工业生产的各个环节相融合，重点发展船舶工业[63]。二是促使信息技术与船舶服务业进行融合。根据国家服务型经济的战略，发挥出信息技术的优点，提升服务业水平[64]。

(3)推动信息化重点领域的发展

对示范项目以及企业重点关注项目，支持企业在研发、内部供应链管理等方面应用信息技术。依据船舶行业的信息化需求，探索信息技术与船舶工业化的融合模式，在企业的环保、安全、节能等系统基础上，大力发展信息技术，加快信息技术在船舶行业的应用[65]。

首先，加强信息化与政务领域的融合。通过政府网站实现政府信息公开、在线办事，完善电子商务体系在船舶企业的应用，增大船舶企业的服务范围与服务质量[64]。

其次，促进信息化与文化的结合。通过信息技术和网络技术不断发展船舶文化的新方式，建立完整的船舶文化服务体系，营造健康向上的网络环境[64]。

最后，在经济社会各领域要加强信息化的融合与协调。不仅要在船舶工业领域进行信息化建设，还要在其他行业进行推广，提升工业化与信息化的融合深度。

(4)营造两化融合发展的良好环境

信息化与工业化的深度融合、协调发展，需要良好的环境。可以说，良好的环境是两化融合的前提和保障，所以营造两化融合的良好环境，必须重点做好以下工作：

第一，加强管理体制创新。对于两化融合的新形势、新任务和新需求，要快速调整适应，并加快整合优化相关船舶工业化、信息化管理机构，建立起与目前生产力水平相匹配的综合性两化融合管理制度，加强对两化融合的总体统筹规划、统筹协调和整体指导力度，不断加快两化融合的发展，实现向信息社会的跨越式发展[64]。

第二，加快投融资体制改革。采用能够适应信息化发展要求的运作机制，形成由多种投资主体和多元投融资渠道构成的投融资体制。制定实施信息化应用的投融资政策法规和财税政策，鼓励高科技信息企业与船舶企业针对船舶行业具体需求开展技术合作。进一步发挥市场配置资源的重要作用，优化资源配置与供给，提高两化融合发展的效率和效益[64]。

第三，完善政策法规体系。加快制定完善各方面的法律法规，如信息安全、信息资源、信息服务以及网络环境下知识产权保护等法规，营造安全、可靠、可信、规范的两化融合发展环境。应明确立法时间表，优先制定电信法、信息安全法、国家信息基础设施保护法、电子政务法、信息权法、无线频谱管理法等法律[64]。

(5)加强信息化人力资源建设

采用新一代的信息技术对人力资源管理中的各层次信息进行有效的整合处理，从而实现人力资源管理部门由信息整合提供转变成对人力资源管理的知识及方案的提供，最终提供人力资源的管理和决策全面、准确的信息服务，是企业管理的信息化应用系统中的一个重要组成部分[63]。信息化人力资源建设的基础是计算机软件技术和大容量的硬件设备。在这个基础上，通过各种信息处理和自助服务等健全服务模式，以降低企业人力成本，提高企业管理水平。加强信息化人力资源建设，必须抓好以下工作：

第一，积极构建信息化人才培养体系。在人才培养方面，要促进基础教育、高等教育和职业教育相互融合，商业培训与公益培训相互补充；要结合信息化发展要求和应用场景，创建一个“产、学、研、用”相协调的培养方案体系，从而培养真正的实用型 IT 人才，这也是行业所需要的[64]。

第二，认真贯彻执行人才引进激励政策，构建吸引人才、留住人才、用好人才的良好环境。应注重与国外制度、文化更好地相结合，通过“走出去，引进来”的方式来培养国际化的人才[63]。

总之，工业信息化与信息工业化在互动中，实现工业化与信息化的融合，在融合中将经济效益、社会效益和生态效益放在同等重要的位置，推进信息化与工业化的融合，也将增强产业发展的动力，使传统产业转换到高新技术产业中，加快产业结构升级，提高我国船舶产业的国际竞争力[63]。

7 工业互联网手段

船舶工业互联网是连接船舶工业全产业链、全价值链，支持船舶工业智能化发展的关键基础设施，是新一代计算机技术、通信技术和网络技术等信息技术与船舶制造业高度融合所形成的应用模式。它包括网络体系、平台体系和安全体系。其中，网络体系是基础，平台体系是核心，安全体系是保障[66]。

当前，船舶工业互联网的发展处于格局未定、规模化扩张的起步阶段，船舶工业互联网对于重塑船舶工业体系具有重要意义，也是船舶工业发展的必经之路。大力发展船舶工业互联网，对推动实体经济和互联网高度融合，促进"双创"和船舶企业融通发展，建设船舶工业强国具有积极而深远的意义。其一，船舶工业互联网的实施，与传统工业相比，其范围更广、效率更高、更加精准地改善生产和服务资源配置，为推进船舶企业供给侧结构性改革、提高船舶企业核心竞争力提供基础保障。其二，推动船舶工业网络基础设施改善升级，为加强船舶工业互联网建设创造重大机遇。其三，船舶工业互联网的发展，为船舶领域由自动化向网络化升级提供了强大的支撑，从而推动数字经济全面繁荣，助力制造业转型升级，由大变强。同时，全面推进我国工业互联网发展，支撑制造强国和网络强国建设。2016 年，工业和信息化部编制了《关于进一步推进中小企业信息化的指导意见》，于 2017 年 10 月 30 日经国务院常务会议审议通过[67]。

7.1 夯实船舶工业网络基础

船舶工业互联网网络是实现人、生产设备、生产厂房、生产企业等主体以及设计、研发、生产、物流、销售等产业链各环节要素互联互通的基础，是船舶工业智能化、集成化、平台化的核心。船舶工业网络包括企业内部网络和企业外部网络两个部分。船厂厂内作业设备、数据采集系统、生产管理系统和人等生产要素之间的互联是通过工业企业内部网络来实现的；生产企业与智能产品、行业用户、上下游协作企业等工业全环节的互联是通过工业企业外部网络来实现的[68]。船舶工业互联网标识解析体系作为船舶工业互联网网络的重要组成部分，包含标识和解析系统。标识如同机器和物品的"身份证"；解析系统则利用标识，对机器和物品进行唯一性的定位和信息查询，是实现全球供应链系统和企业生产系统精准对接、产品全生命周期管理和智能化服务的前提和基础。

目前，船舶工业互联网网络发展处于起步阶段。对于工业企业内网的建设，我国提出过工厂自动化以太网（EPA）、工业过程/工厂自动化无线网络（WIA—PA/FA）等技术，但产业化和商用水平低，市场占有率不高。在工业企业外网建设方面，高度重视新技术新网络的研究与应用落地，积极探索结合 IPv6、5G 技术、软件定义网络（SDN）、窄带物联网（NB—IoT）等技术建设，满足高可靠、广覆盖、低时延、可定制等要求的企业外网络。船舶工业互联网标识解码体系尚不完善，在 OID、Handle、Ecode 等主流标识解码方案中，技术、标准、产业、应用、管理等还有待进一步优化，急需对核心技术和应用方案进行有组织、大规模的验证示范推广。

因此,工业互联网网络的建设涉及多种问题的协同解决,包括工业和通信业间技术选择、标准规范、协议互联等。它是一项复杂的系统工程。根据《关于进一步推进中小企业信息化的指导意见》,夯实船舶工业网络基础需要从以下几点着手:

①推动工业企业内网改造升级。首先,对于现有网络,船舶企业要采用时间敏感网络、软件定义网络等新型技术进行改造升级,优化其网络分层次组网模式,实现企业管理控制系统扁平化,支持柔性灵活调整。其次,利用工业无线等技术建设企业内无线网络,实现生产环节网络全覆盖,使生产线的动态重构更加灵活[69]。再次,对研究机构和企业开展工业互联网新型网络的研究要给予大力支持。最后,加强新型工业网络交换机、通信芯片、物联网关等关键网络基础设备的研制和产业化。

②加快工业企业外网建设。首先,为实现船舶修造企业和船舶工业互联网服务企业的广泛、高质量宽带接入,要面向船舶工业互联网的骨干网络升级,以软件定义网络、网络虚拟化等技术对现有网络进行升级改造和建设。其次,利用窄带物联网(NB—IoT)等低功耗广域网(LPWAN)技术,建设满足船舶工业互联网海量设备接入高密度、低时延需求的蜂窝网[69]。

③推进工业领域全面部署IPv6。首先,在IPv6的IP化的基础上,推动船舶工业开展网络改造,实现船舶工业互联网更大范围、更深层次的互联互通。其次,加快工业企业网络从IPv4到IPv6升级换代,将IPv6作为发展NB—IoT等新型网络基础设施的必选项。最后,加强支持IPv6的智能工业设备、产品、通信模块的技术研发,解决船舶工业互联网海量终端接入问题[69]。

④构建工业互联网标识解析体系。首先,综合考虑各种因素,在国内外不同地区建设和部署各级标识解析节点及其镜像节点。其次,建设船舶工业互联网标识解析备案、监测、应急、托管、保障、灾备等管理系统,提升管理和服务能力;最后,促进标识解析应用和产业发展[69]。

7.2 打造船舶工业平台体系

船舶工业互联网平台作为构建船舶工业互联网生态的核心载体,是推动船舶制造业与互联网融合的重要抓手,是面向船舶制造业智能化、数字化、网络化需求,构建基于海量数据采集、融合、计算、分析和服务体系,支撑制造资源广泛连接、灵活供给、高效配置的平台,其核心要素包括数据采集体系、工业PaaS、应用服务体系。在数据采集体系方面,通过智能传感器、工业现场控制系统、物联网技术、智能网关等技术,把设备、系统、产品等方面的数据进行采集。在工业PaaS方面,基于工业互联网平台将云计算、大数据技术与工业生产实际经验相结合,形成工业数据基础分析能力,把技术、知识、经验等资源固化为专业软件库、应用模型库、专家知识库等可移植、可复用的软件工具和开发工具,构建云端开放共享开发环境。在应用服务体系方面,面向资产优化管理、工艺流程优化、生产制造协同、资源共享配置等工业需求,为用户提供各类智能应用和解决方案服务[69]。

船舶工业互联网平台对于打造新型船舶工业结构体系,促进“互联网+先进制造业”融合发展具有积极意义。第一,能够发挥互联网平台的集聚优势。船舶工业互联网承载了数以亿计的生产设备、监控系统、工艺参数、工业软件、企业业务需求和制造能力，是工业资源融合共享的平台，是网络化协同发展的重点。第二，是能够承载工业操作系统的核心角色。船舶工业互联网平台向下连接海量设备，自身承载学科理论、工业经验与知识模型，向上提供工业优化应用服务，是工业全要素连接的中间枢纽，是工业资源管理调度的核心，驱动着先进制造体系的智能运转。第三，能够有效利用云计算平台的巨大计算资源[70]。凭借先进的云计算架构和高性能的云计算基础设施，对于海量异构数据的集成、存储与计算，船舶工业互联网平台能够很好地实现，从而加快以数据为驱动的网络化、智能化进程。图 7.1 所示为工业互联网平台示意图。

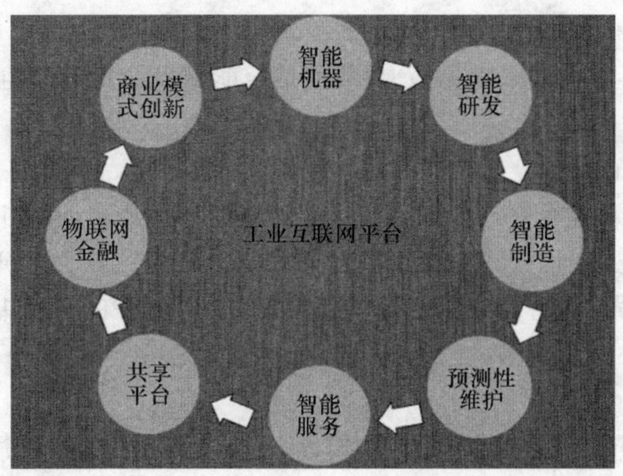

图 7.1　工业互联网平台

我国船舶工业互联网平台体系还有待夯实，与国外领先船舶企业的平台相比还有一定差距，主要有以下几点：①船舶工业信息化基础薄弱，平台数据采集、开发工具、应用服务等核心技术存在不足，自动控制与感知、云计算平台等基础有待进一步夯实。②不能满足实际业务需求，平台运营还不完善，缺乏专业的运维人员，工业 APP 数量、质量与工业用户数量的双向迭代和良性发展还尚需时日。③缺乏具有产业链集成整合能力的龙头企业参与建设，导致船舶工业互联网平台难以形成资源汇聚效应[70]。

我国是制造大国，拥有最全的制造业门类，数字化、网络化、智能化是企业发展方向，但行业间、企业间基础条件差异较大。推动船舶工业互联网平台发展，要重点考虑船舶的信息化和转型升级，并结合自身基础和需求，推进船舶工业互联网平台建设和应用推广。

(1)加快船舶工业互联网平台培育

将平台建设作为船舶工业互联网建设的核心内容，重点解决数据集成、平台管理、开发工具、应用服务框架、建模分析、仿真优化等关键技术难点，实现企业内部及产业上下游、跨领域生产设备与信息系统互联互通，打通“信息孤岛”，促进制造资源、数据等集成共享[68]。立足船舶工业互联网平台的长期可持续运营，强化船舶工业互联网平台的产品研发、生产工艺、制造模型、理论模型等制造能力，推动全产业链要素整合优化，提供满足行业与企业需求的多种解决方案。

(2)开展工业互联网平台测试验证

测试验证是实现工业互联网平台各组件高效适配、安全可靠的关键环节，是整合产业链优势资源的重要手段，是工业互联网平台大规模应用、良好运行的重要保障。通过支持产业联盟、企业与科研机构合作共建面向数据采集、管理服务（工业 PaaS 平台）、应用服务（工业 APP）等领域的测试验证平台，开展功能、性能、适配性、安全性、可靠性等技术验证与测试评估服务，有效规范平台发展秩序，推动平台功能不断完善，加快平台落地应用[69]。

(3)促进船舶工业企业上云

对于船舶企业开展的设备、生产、管理等业务系统进行云化改造，并对其研发设计、生产制造、运维服务等能力进行云端迁移，以降低企业数字化成本，促进业务集成与资源配置优化。积极引导船舶企业从软件上云到硬件上云的转变，加速以成本驱动和集成应用为导向的船舶工业互联网平台，向以能力交易、创新引领和生态构建为导向的船舶工业互联网平台演进，提高工业知识生产、传播、复用效率，形成平台能力提升与海量使用之间相互促进、双向迭代的良性循环。

(4)培育工业 APP

推动船舶工业技术软件化，加快 CAD、MES、ERP 等传统工业软件的云化改造和迁移。另外，推动船舶工业互联网平台开放共享工艺模型、知识组件、算法工具、开发工具等共性微服务组件，引导第三方开发者基于平台开发新型船舶工业 APP，形成基于平台的船舶工业 APP 开发者创新生态，壮大船舶工业互联网平台产业。

7.3 强化船舶工业安全保障

船舶工业互联网涉及众多关键技术，在大力发展船舶工业互联网的同时，应同步推进船舶工业互联网安全保障体系建设，从而有效防范因为网络攻击可能引发的安全生产事故和人民生命财产损失。

发达国家高度重视船舶工业互联网安全，采取了一系列措施提升船舶工业互联网安全保障水平。与发达国家相比，我国船舶工业互联网总体发展水平和现实基础仍然不高。船舶企业网络安全意识相对薄弱，安全防护水平有待提升。

(1)提升船舶工业互联网安全防护能力

从技术和管理两个层面入手，构建覆盖设备、网络、平台、管理和数据的船舶工业互联网安全防护体系。在技术层面，加强技术研发和科研成果转化支持力度，重点攻克标识解析系统安全、工业互联网平台安全、工业控制系统安全、工业大数据安全等核心技术难题，推动面向工业互联网的网络攻击、漏洞检测、入侵识别、态势感知、安全审查、可信芯片等安全产品的研发。在管理层面，通过构建工业互联网安全评估认证体系，依托产业联盟等第三方机构开展安全能力评估和认证，促进工业互联网安全产品研发、服务推广、应用落地，促使工业互联网企业安全防护水平不断提高[69]。

(2)建立数据安全保护体系

船舶工业互联网上所承载的大量价值巨大的工业数据是船舶工业互联网的核心要素，不仅体现了工业生产情况及运行规律，也承载了大量市场、客户、供应链等信息。因此，要推动建立健全船舶工业互联网全产业链数据安全管理体系架构，明确相关主体的数据安全保护职责和具体规范要求，加强数据在生命周期各环节的安全防护能力，避免用户隐私或重要工业数据遭到不法窃取或利用。此外，建立工业数据分级分类管理制度，形成船舶工业互联网数据流动管理机制，明确数据留存、数据泄露通报要求[68]。

(3)推动安全技术手段建设

技术手段建设是提升工业互联网安全保障水平的重要途径。从企业层面分析，要求相关企业贯彻落实网络安全主体责任与义务，加大安全技术投入，增强安全防范意识，通过加强技术手段建设提升自身安全防护能力，开展船舶工业互联网安全试点示范工程[71]。从行业层面分析，支持相关产业联盟积极发挥引导作用，整合行业资源，创新安全服务模式，构建安全服务体系，健全行业整体安全保障服务能力。从国家层面分析，充分发挥国家专业机构和社会力量的作用，增强船舶工业互联网安全技术支撑能力，着力提升隐患排查、攻击发现、应急处置和攻击溯源能力[70]。

7.4 培育船舶产业，促进融合

船舶工业互联网是涵盖从软件到硬件、从数字到实体、从厂内到厂外的复杂生态体系。其中，产业是重要支撑，包括工业互联网网络、工业传感与控制、工业互联网软件、工业互联网平台、安全保障以及系统集成服务六大重点领域。其应用主体多元化，并且应用形式也比较多样，已覆盖大、中、小型船舶企业。

在发展船舶工业互联网产业与应用的过程中，也面临诸多问题。一是产业基础薄弱，领域发展不均衡。例如在工业软件环节，许多厂商只能在国外产品和开源技术的二次开发和定制化基础上推出产品，创新能力不足。二是应用成本高，难以实现大规模推广。工业互联网前期研发应用部署投入巨大，企业自主投资建设的资金、技术、人才等要素和能力不足，特别是在当前经济下行压力下，企业研发、部署工业互联网的主动性仍待提升，典型应用标杆带动能力有限。因此，我国船舶工业互联网产业尚处于发展的初始阶段，船舶工业互联网应用初步开展且存在大量需求，应当有针对性地引导支持船舶工业互联网产业和应用发展。

(1)船舶工业互联网产业培育

在船舶工业互联网产业培育方面，聚焦加强关键技术、标准体系、产品与解决方案等三方面支撑能力。

①支持关键技术研究。针对船舶工业互联网发展近期需求，调动“产、学、研、用”各方力量，重点在无线物联、新型船舶工业互联网标识解析体系、软件定义网络、船舶工业互联网平台、现场数据采集与集成、数据分析、生产建模仿真等重点领域开展技术攻关，并尽快实现技术的产品化、实用化，解决网络升级改造、应用平台建设的紧迫需求。

②构建船舶工业互联网标准体系。按照“基础共性先行、产业急需先行、创新驱动先行、自主可控先行”的原则，优化推进机制，加快建立统一、综合、开放的船舶工业互联网标准体系。组织企业开展标准应用试验、示范和应用部署。推进标准公共服务平台建设，为业界提供检索、咨询、测试等标准相关服务。

③加快构建船舶工业互联网产业基础。围绕船舶工业互联网的重点领域，推动企业开展技术创新与产业布局，提升产品及解决方案的供给能力。为此，要重点关注船舶工业互联网关键软硬件产品，围绕高性能网络设备、芯片与智能模块、智能传感与控制设备、智能网关、虚拟仿真软件、操作系统、中间件、大数据、安全设备、虚拟现实/增强现实等重点产品与

解决方案，加快研发创新和产业化突破。

(2)船舶工业互联网应用融合

在船舶工业互联网应用融合方面，需要根据不同主体按照适合的路径和重点实施推广，就我国情况而言，应依托大型船舶企业实现全面提升，依托中小型船舶企业加快普及。

①全面提升大型船舶企业工业互联网集成创新。第一，对于一些信息化基础好、应用前景广的大型船舶企业，要加快推动其工业互联网的融合应用，打造全透明数字车间和互联工厂，构建新型生产模式和生产组织方式。第二，推进船舶工业设备联网与数据集成分析，加快物联网在船舶工业现场与生产设备中的应用，强化船舶工业生产过程的网络互联与数据采集能力，促进基于数据分析与反馈的生产优化与设备维护。第三，开展大数据智能管理，推动船舶企业依托工业互联网实现跨层级、跨系统的软件集成与数据互通，建立面向企业生产控制与运营管理的大数据模型与算法，实现基于工业大数据分析的智能管控与决策优化。第四，加强船舶企业间网络化协同，推动大型工程的并行设计与协同制造，促进基于统一标识解析系统的供应链集成与物流优化，构建网络化协同生产体系。第五，发展大规模个性化定制，通过船舶工业互联网与用户的紧密交互，实现用户个性化需求与产品设计、生产制造的精准对接，提升船舶企业规模化定制能力。第六，推动产品联网与远程服务，加快智能网联产品发展，建立产品网络服务平台，鼓励产品监测、产品溯源、远程维护以及增值服务等创新发展，延伸产业价值链，提升产品附加值，实现船舶企业服务化转型。

②加快中小型船舶企业工业互联网应用普及。首先，针对中小型船舶企业应用部署快、实施周期短的特点，主要推广船舶工业互联网应用新模式。开展中小型船舶企业工业互联网基础性改造，推动低成本、模块化船舶工业互联网设备和系统在中小型船舶企业中的部署实施，提升中小型船舶企业数字化、网络化的基础能力[68]。其次，推动船舶工业互联网关键资源与工具的共享，加快建设面向中小型船舶企业的数据模型库、软件工具库、行业信息库，依托船舶工业互联网平台资源降低中小型船舶企业智能化门槛。再次，培育中小型船舶企业工业互联网应用新模式，围绕采购、营销、设计等环节，鼓励中小型船舶企业开展供需对接、集成供应链、产业电商、众包众筹等应用，提升中小型船舶企业工业互联网应用水平。最后，开放中小型船舶企业的设计与制造能力，加快大型船舶企业或第三方开放式平台发展，引导面向中小型船舶企业开放专业知识、设计创意、制造资源，为中小型船舶企业创造新的市场和商业机会。

7.5 构建船舶工业互联网生态体系

船舶工业互联网涉及工业和互联网等信息通信技术领域的各个环节和各个主体，正在形成复杂和全新的生态系统。

船舶工业互联网生态体系建设是保证船舶工业互联网持续健康发展的重要支撑。在政府有关部门的积极引导下，我国“产、学、研、用”各方已开展了积极探索，跨界合作不断深化，发展成果逐渐显现。基于技术成果转化的创新生态开始出现，以成立创新中心为主要途径，加快推进关键技术联合研究与产业化。但由于船舶工业互联网整体生态体系仍处于发展初期，"产、学、研、用"跨界融合协作的深度和广度仍有待加深，需加快建设生态体系，助力船舶工业互联网发展。

(1)构建创新体系

创新是引领发展的第一动力。在网络、平台、安全以及工业软件、传感器、系统集成等方面，与发达国家相比，我国还存在较大的差距。当前，创新中心建设已经成为加强产学研用，加快技术转移和产业化的重要途径，应围绕船舶工业互联网的公共支撑能力加快建设。

(2)构建应用生态

船舶工业互联网的健康、持续、快速发展，归根结底还是需要应用来牵引。我国船舶企业积极开展应用探索，催生多种新业态和新模式。同时，船舶工业互联网平台正在加速生态建设，将会有大量新的应用创新。随着船舶工业互联网生态体系不断完善，将进一步促进资源聚集和开放共享，加速船舶工业互联网应用创新发展。

(3)构建企业和区域协同发展体系

船舶工业互联网是新一代信息技术与现代工业融合的产物。依托船舶工业互联网促进开放融通发展，推动船舶企业跨界融通，支持中小型船舶企业业务系统向云端迁移，形成服务"双创"的多层次公共平台。由于我国不同区域的船舶工业产业基础和特色存在较大差异，不同区域应以区域发展特点为基础构建与本地区船舶工业互联网发展要求相一致的发展体系，争创船舶工业互联网示范基地。

(4)推动开放合作

提高船舶企业国际化发展能力，加强多边对话与合作。通过进一步推动开放合作，有利于交流经验，联合商讨解决关键问题，推动船舶工业互联网技术、产品、平台和服务"引进来"和"走出去"，加速船舶工业互联网全球协同发展。

三、技术篇

8　两化融合管理体系

船舶工业是充分的全球竞争性的行业，也是国家的工业支柱性产业之一。纵观最近十多年来国家层面的政策引导方向，可以看出有明显的逐步推进的变化趋势。最初是引导建设单纯的信息化软件系统，如设计、物资、人事、财务等；再进化到引导建设信息化系统的一定程度的集成与互通。在这个过程中，发现没有一套规范化的方法体系的指导，企业在实施过程中很容易出现大的偏差，导致投资效益不明显、实施周期变长等不良后果，甚至导致项目实施失败。为了更好地引导企业进行相关项目建设，也是为了给中国制造2025提供相应的保障，工业和信息化部提出了工业化与信息化"两化融合"管理体系规范贯标工程。本章对两化融合管理体系的相关概念进行论述。

8.1　两化融合管理体系

针对传统企业信息化水平不高、流程管理缺位等一系列的问题，工业和信息化部借鉴成熟的企业管理体系，如ISO 9000和ISO 14000，制定了企业两化融合管理体系，这是一项符合性的企业认定，并不属于强制，该管理体系是我国新兴工业化道路上的一次重要实验和创新，该管理体系部分内容已被纳入国际标准，原先国际上是没有的[72]。

两化融合管理体系是一种通用方法，它能协助企业系统地完成两化融合过程中的管理工作，其作用表现在四个方面，即企业两化融合管理机制的建立、实施、保持和改进。它以帮助企业获取可持续竞争优势为指导，覆盖企业两化融合推进工作的全过程。利用发挥好两化融合管理体系的作用可以使得相关工作持续受控，从而打造企业信息时代下的新型竞争力[73]。

因此，两化融合管理体系的作用体现为帮助企业打牢工业化基础，同时围绕所提出的战略，通过对数据、技术、业务流程、组织结构之间互动关系的深入挖掘，并利用信息化的手段使之持续创新和不断优化，从而实现企业的可持续竞争优势和可持续发展，最终使企业完成现代化转型[74]。图8.1所示为两化融合管理体系贯标流程。

8.2　两化融合基本概念与内涵

两化融合工作重点要把握的是数据、技术、业务流程、组织结构四个要素之间的互动创新和持续优化，从而帮助企业实现现代化转型[75]。下面介绍四要素的内涵。

数据可以描述为与两化融合工作有关的所有可以信息化的要素，在今天的信息环境下，

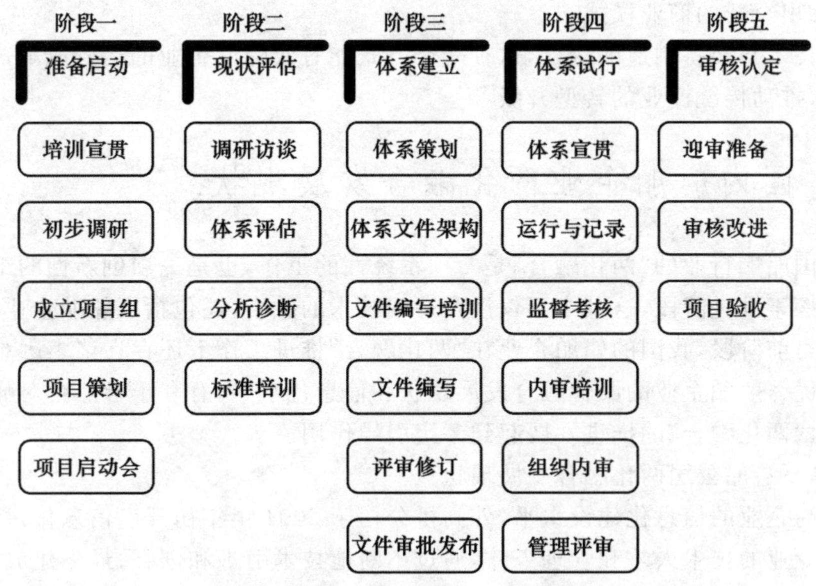

图 8.1　两化融合管理体系贯标流程

数据已经和物资及能源一样，成为企业最基本的生产要素。现代企业越来越需要强大的数据管理能力，只有数据管理能力与生产能力相匹配才能保证企业有序健康地发展。

企业的技术条件也是其赖以生存的根本。信息化技术极大丰富了企业创新的思路和空间。例如：飞机模型通过融入信息技术可以制造出消费级无人机；普通家电融入信息技术能变成智能家电等。

企业的业务流程是指企业所有部门机构开展工作的工作流程，包含企业管理和经营的方方面面。通过将信息化要素融入业务流程，可以帮助企业不断摸索建立更加现代化的企业管理模式。

通过将信息化要素融入企业组织机构，可以帮助企业建立更扁平、柔性、网络化的管理，使管理更加高效，各组织或个人交流能顺畅进行。

推进企业两化融合，不光是融合技术和设备，它还包括愿景、商业模式、目标、管理体制、企业文化等方面的融合。企业两化融合是企业全面实现现代化的进程。

两化融合的内涵有四个方面：一是指两化发展战略中信息化的部分与工业化的部分要保持协调一致，同时模式能高度匹配，规划能密切配合；二是指信息与材料、能源等工业资源的融合，其目的是利用信息技术实现节约能源、材料等一些不可再生资源；三是指将虚拟经济同实体经济融合起来，并在其中孕育发展形成新的经济产业和发展模式；四是指将信息技术与IT设备和工业装备等进行融合创新，这种创新一般会对应产生新的科技成果，同时也将培育新的生产力[75]。两化融合在社会经济中的体现方式主要包括以下几种。

①通过将硬件和软件结合起来，形成完善的行业解决方案或嵌入式系统[76]。

②将信息服务融入到软件中，比如国内很多信息服务业务都是在软件业外包的基础上发展起来的[76]。

③网络的融合，比如20世纪利用通信技术、计算机技术和媒体技术，将全产业链的业务模式上下游打通，进而形成效率更高的生产力[76]。

④运营业与制造业的融合，比如大型的通信运营商在制造领域开拓业务，融合上下游技

术条件，开发出全新的商业模式[76]。

⑤信息技术与装备制造的融合，这种融合方式能有效降低企业的运营成本，并增加企业的技术优势，推动传统产业的转型升级[76]。

8.3 国内船舶企业两化融合发展现状

推动我国船舶行业的“两化融合”是一项系统性的工作，也是一项创新性的工作，目前国内仍然处于探索推进阶段，这其中不仅涉及造船技术的融合，还包括了船舶企业内部管理流程的优化。目前阶段，我国的船舶企业在“两化融合”推进工作上还存在诸多困难与挑战，了解当前国内优秀船舶企业的两化融合发展现状和信息化水平，有利于各船企对症下药，挖掘自身不足，对“两化融合”的推进发展起到一定引导作用。

(1)外高桥造船公司两化融合发展现状

为了提高企业的信息化建设水平，外高桥公司于2004年年初开启信息化建设。公司聘请了一大批专业的技术人才和管理人才，通过不断地技术引进和创新，最终建成了一条完整的信息“大动脉”。该“大动脉”保障了外高桥公司造船管理信息的无缝流转，并且实现将国外先进的信息化建设理念及技术应用到公司内部系统，其研发的SEM系统已实现在全公司范围内的广泛应用。该系统将公司主要日常管理的信息全部集成到同一平台上处理，极大提高了生产管理水平[76]。

至2011年，外高桥已逐步完成了集合公司本部、上海外高桥造船海洋和长兴造船三地管理的合一。其党建、会议、物资调配、人力资源等许多方面的工作全部集成到此系统[81]。

目前此系统的功能更是多样，公司员工可以在此平台轻松地收发邮件、发布通知、查看各类消息和保存各类档案，连同企业日常管理中的流程派工、物资领料、余料管控都被纳入其中，真正实现搭建了信息化时代的高速公路[77]。

在造船生产管理的信息化方面，外高桥在多个业务领域实现了系统的组合应用，其开发有专门用于针对设计图档管理的系统、专门针对钢板管理的系统，还包括制造执行、参数化建模和自动出图等系统，这些应用已取得良好的效果。该公司尤其注重生产物资的精细化管控，其SEM系统中的剩余物资信息管理系统、焊材打卡领料系统及外协T排结算及电子签章等功能改变了各部门传统模式下相互脱节、相互孤立的面貌[77]。外高桥公司在两化融合方面的进展为全国领先。

(2)南通中远川崎两化融合发展现状

按照先进的管理标准，南通中远川崎于2008年1月份成功通过挪威船级社的ISO 27001:2005信息安全体系认证，成为国内船舶行业唯一一家通过该体系认证的企业，使该公司的信息化工作上了一个新台阶。近些年来，该公司继续跟进了ISO 27001:2005信息安全体系认证在企业信息化管理制度等方面的内容，涉及涵盖企业信息的保密性、完整性及可用性管理[77]。

1996年，南通中远川崎引进了Tribon软件，并将现代造船模式与原来的CAD、CAPP、CAM等系统高度集成，还完成了同企业资源计划(ERP)系统的无缝对接。在Tribon软件制造模块，该公司开发“甩图板”作业工程、管零件加工工程等子系统，有效缩短了设计周期[78]。

南通中远川崎在系统维护更新方面始终紧跟产业发展，2004 年，对公司的 CAD、CAPP、CAM 等系统进行了更新升级，2007 年对公司局域网进行了改造，2008 年对资源信息计划（ERP）进行了改造升级并使其与 Tribon 系统真正融合。通过此两者的融合创新，南通中远川崎不仅建立了公司产品的电子信息设计模型，还实现了工程的并行设计，基本实现了精益造船[82]。值得一提的是，该公司依靠自身完善的技术储备和人员团队，开发的各类管理软件大幅节约了软件从外部引进的支出[78]。

在智能制造方面，该公司也开展了大量工作，如焊接机器人、型材加工流水线等的广泛应用。“两化融合”使南通中远川崎的造船技术逐步向数字化集成模式转换，大大增强了公司的竞争力，逐步实现“数字化”造船，推进企业转型升级。

(3)国内船舶企业两化融合管理体系贯标现状

截止到 2018 年 1 月 31 日，参与船舶行业两化融合管理体系贯标的企业数量为 95 家，其中启动评定的企业为 35 家，已有 26 家通过。以下几家优秀船舶企业对应的贯标活动为行业提供了很好的示范作用。

2015 年 2 月 2 日至 3 日，经过两天的评估审核，上海外高桥顺利通过了中国船级社质量认证公司的审核，成为上海市首家完成两化融合管理体系贯标的企业，其参与评定范围内所涉及的新型能力为“船舶与海洋工程产品创新研发设计与精益建造能力”。2015 年 3 月 4 日至 5 日，武昌船舶也顺利通过了中国船级社质量认证公司的审核，成为湖北省首家完成两化融合管理体系贯标的企业，其参与贯标所涉及的新型能力为“信息化环境下船舶总装能力”。这两家船舶企业同时也是首批通过贯标的试点企业。

中国船舶工业集团下属的两家船舶企业——江南造船与广船国际则被授予“2017 年两化融合管理体系贯标示范企业”荣誉称号。江南造船作为“现代化生产制造与运营管理”方向的示范代表，在两化融合管理体系的框架下，围绕数字造船战略规划，在产品全生命周期管理、供应链管理、生产实施监控、综合维修保障等方面推进了工程应用和系统建设。广船国际则被授予“产品全生命周期创新与服务”方向的示范代表，表彰其在高技术船舶协同研发设计和精益制造能力等方面的研发投入和带头效应。

根据工业和信息化部公布的船舶行业两化融合贯标试点企业及其对应的新型能力建设示范方向，其他船舶企业可选择合适的目标企业进行实地考察调研，以便开展自身工作。

8.4 两化融合管理体系定位与作用

企业两化融合管理体系定位于我国工业化和信息化齐头并进的历史阶段，属于符合性认定而非强制性[78]。它借鉴质量管理体系，但又不同于后者，是在不断总结提炼的基础上，提出的一套工业化向信息化转变的新管理规律、方法和机制，形成可用的两化融合管理体系标准，它可以帮助企业实现融合创新，从而加速我国的产业升级和特色新型工业化进程。它是一种通用性的方法，由于应用时又覆盖到企业的所有活动环节，所以可以使企业两化融合的过程持续受控，进而帮助企业实现现代化转型，并充分发挥数据要素在过程中的驱动作用[79]。

两化融合管理体系有三项主要内容，一是“企业两化融合管理体系”国家标准的制定；二是推动市场建立第三方的认定服务体系；三是协助行业制定两化融合的技术标准规范。对于已经存在于市场的各项企业管理，目前已经具备一个成熟的体系。它包括了财务管理体系、质量管理体系(ISO 9000)、环境管理体系(ISO 14000)、职业健康安全管理体系(OHSAS 18001)、薪酬管理体系、战略管理体系、营销管理体系、风险管理体系、食品安全管理体系(ISO 22000)等。其中比较通行的是质量管理体系、环境管理体系、职业健康安全管理体系和食品安全管理体系，它们已经可以由市场的第三方认证机构来进行符合性确认。西方发达国家的许多咨询机构，像麦肯锡、IDC、SAP等，也曾提出过探索企业信息化管理体系建设的问题，但因为不同国家、不同企业的信息化发展水平不尽相同，最终也没形成一个通行的标准。我国于近些年提出的两化融合管理体系对以上其他管理体系是个很好的补充，对于培育创新型的企业具有深远的意义，企业在之前管理体系的基础上，另外再增加两化融合管理体系会产生重要作用。表8.1所示为两化融合管理体系与其他管理体系的关注点及作用。

表8.1　两化融合管理体系与其他管理体系的关注点及作用

管理体系	关注点及作用
质量管理体系	关注焦点为满足顾客需求，以实现加强质量控制、降低成本及改善现有产品质量管理的目标
环境管理体系	关注点为减少环境责任事故，实现提高企业环境管理水平的目标
职业健康管理体系	关注企业员工的职业健康管理，实现减少企业员工的职业安全卫生风险等所造成的损失的目标
能源管理体系	关注企业的能源管理，实现降低能耗、提高能源利用率、降低成本的能源管理目标
两化融合管理体系	关注企业战略竞争能力的获取，实现帮助企业获取可持续的竞争优势、支撑企业战略目标的落地实现的目标

通过以上管理体系的认证，能为企业树立良好的社会形象，且有利于企业获得政策方面的扶持。但要注意的是，一个企业只有在激烈的市场竞争中存活下来，才能进行其他的经营和管理活动，而恰好两化融合管理体系的关注点聚焦于对企业的发展战略的支持，对可持续的竞争优势的打造，从而使企业能够长久运营，因此可以说是所有企业管理体系的核心，其重要程度远超出其他管理体系[80]。

8.5　两化融合管理体系导向和指导原则

企业自身的两化融合管理体系建设应以战略目标作为导向，它将企业的业务发展需求作为驱动力，坚持信息技术的泛用性，通过不断强化企业的产品或服务的数字化、智能化、网络化，从而加强流程管理的信息化、规范化，以达到推动企业管理变革创新，实现持续改进的目的。该体系以信息化环境下新型能力体系的建设为首要目标，过程中明确融合创新的方法和路径，协助企业在逐渐激烈的市场竞争中生存下来。

企业两化融合管理体系的建立与实施必须建立在以下九项指导原则的基础上，才能保证推进工作获得稳定成果，表8.2给出了这九项指导原则。

表 8.2 企业两化融合管理体系的建立与实施九项指导原则[73]

原则	内容
原则一	将可持续竞争优势放在首位
原则二	与战略匹配
原则三	管理决策者的核心领导
原则四	全员参与,全员考核
原则五	关注过程
原则六	整体把控,全局优化
原则七	循序渐进,持之以恒
原则八	创新引领
原则九	开放协作

(1)原则一:将可持续竞争优势放在首位

获得利润是企业的最终目的,由于影响利润这个指标的因素众多,而信息化仅是部分影响因素,其贡献率难以测算。信息化的发展使得各行各业都逐渐融为一体,企业和信息间的联系也越来越密切。但光有信息化却不足以产生足够的经济收益,应思考如何将信息化与传统业务相融合,将企业培养成一个更具竞争力的综合性团体,从而实现企业的可持续竞争。

因此,企业应将实现自身的可持续竞争优势放在首位,结合两化融合,明确自身的战略目标和新形势下的竞争力需求,从而使得两化融合工作处于把控之中,再结合阶段评测,验证相关工作和过程是否帮助自身实现了综合竞争力的提升,是否满足了可持续竞争力的需求。

(2)原则二:与战略匹配

企业的两化融合变革问题涉及模式和理念的双重变革,是关于企业整体的问题,而不是单独某个人或某个部门的问题,企业只有将如何制定战略,如何匹配战略的问题思考清楚,才能更有效地实现自身改革和模式创新,如果关注点过于局限,便无法取得两化融合的稳定成效[86]。

(3)原则三:管理决策者的核心领导

两化融合应该作为企业的一把手工程来对待。由于传统企业的权力过于集中,领导人需要发挥良好的核心带头作用,企业领导人、部门负责人都要认清自身在变革中发挥作用的领域[86]。

企业的最高管理者是两化融合工作的保障,需要为企业制定出良好的战略路径,专职管理者代表是推进工作的执行者,需要具备较好的执行力和架构能力,而企业各个职能层次的领导成员则是相关的负责人,必须具备较好的职业责任心。以上各领导成员对待工作的积极主动性在两化融合工作中起到决定性的作用[82]。

当最高管理者能准确又及时地为企业制定好的战略决策,同时专职管理者也较好地完成了具体统筹任务,各级部门领导也积极配合各项工作的具体落实,这样的两化融合活动才会是有效和可持续的,即使此时会受到有限资源的条件约束,企业也能又快又全面地解决遇到的各种问题。

(4)原则四:全员参与,全员考核

两化融合工作需要不断收集整理企业各个职能层次的准确需求和遇到的问题,还需要使具体工作要求能够落实。因此,企业全员都是两化工作的具体执行人,并且他们的积极性和自觉性对两化融合工作的有效落地起到举足轻重的作用[82]。

所以，企业应建立良好的企业文化，制定完善的考核激励措施，并给予全员提出相关需求和流程改进意见的空间。

(5)原则五：关注过程

在信息化条件下，需要很好的部门协同才能为用户创造价值，所以组织结构需要由原来的纵向分工转变为横向协同[82]。同时，为了应对两化融合工作的高复杂度，和在过程中发生偏离或失误的概率，应对相关活动和资源获取采用过程管理的方式。

实施两化融合的过程管理，应该抓住三个要点，一是要紧紧抓住两化融合的指导方针，按照新型能力的打造规划，瞄准两化融合工作的目标，并明确与目标相关的过程的互动机制和作用条件，保证将所有必要过程都归入管理范畴；二是要保证过程的持续受控，使得四要素，即数据、技术、业务流程、组织结构能有效协同；三是要及时对两化融合工作进行阶段评估，从而发现不足，考核测量并记录结果，以便对问题进行诊断，进而使过程效果得到提升[82]。

(6)原则六：整体把控，全局优化

作为企业的战略任务，两化融合的实现需要采用系统、全面的管理方法，需要系统分析、识别并弥补企业两化融合这一有机系统中的短板，加强相关活动之间的关联性，实现全局的最优化，不能简单地将工作重点和资源集中在易出彩和相对容易完成的领域，而是要一步步攻克难关[82]。

要完成以上目标，需要依靠企业领导小组各成员分工协调，同时搭建完善的系统将管理活动集成在一个方便的平台上进行，也要求能系统地分析阶段绩效，优化两化融合工作的输出。

(7)原则七：循序渐进，持之以恒

企业两化融合推进工作需要循序渐进，不能想着一步到位，应该本着长期积累、不断优化的思路，推动成效逐渐提升[82]。

企业应不断确立适宜的阶段性目标，目标不能过大或过小，这样才有助于保持全员的热情和积极性，通过及时又高效地获取阶段性的成果，能坚定员工对两化融合推进工作的信心。

(8)原则八：创新引领

伴随着市场竞争越来越激烈，同时竞争边界也越来越模糊，要想赢得持续发展的空间，就必须不断创新。

在传统工业化中的创新主要结合技术、业务流程、组织结构三个要素，是由技术的创新和运用带动另外两者的优化调整，从而实现进一步工业化。而在信息化时代，应该特别注意的是数据的力量，此时的技术、业务流程、组织结构三要素被融入了新内涵，对数据的开发利用已经成为今后阶段竞争的核心要素[82]。

(9)原则九：开放协作

随着市场加速向更开放、更动态的个性化方向转变，企业为顺应这一潮流，必须对自身能获得的内外部资源进行整合，然后建立快速反应的组织结构，进而获得对市场快速反应的能力[82]。

为了能对市场做出快速响应，企业要在经营活动中，通过相关过程，与供应商、研究机构、政府机构以及用户等上下游的价值相关方一同演化形成一个开放的网络，避免过去的零和博弈，开发新的合作分享模式和机制，进而使得整个价值网络具备更优化配置资源、更高效协作、更低成本、更快反应的供需对接的能力。在价值网络中，各个企业都能按照自身定位的不同，从而获得网络中的不同位置，并长期产出价值。

对我国的传统企业来说，在过去很长一段时间，因为国营垄断的问题，致使企业形成了"资源独占、组织臃肿"之类的企业病。而面对新时代，在相关行业中，大企业应做好示范带头作用，为市场提供更好更廉价的基础设施，探索并建立完善动态的合作共赢机制，从而使供应链上下游占得先机[82]。

8.6 两化融合管理体系基本框架

企业两化融合管理体系的基本框架包括四个方面，如图 8.2 所示。

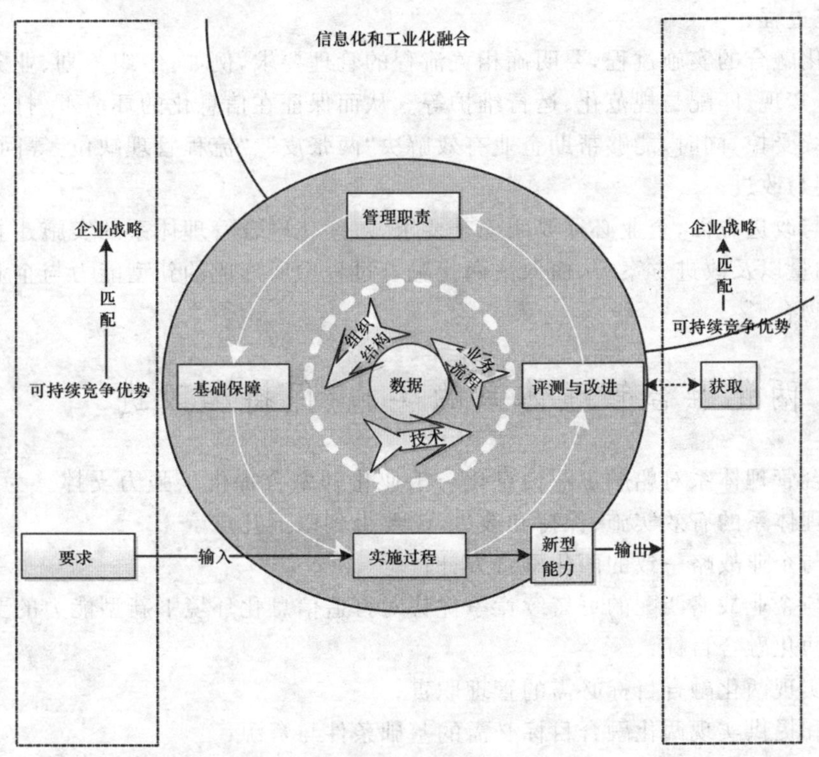

图 8.2 两化融合管理体系的基本框架

从图 8.2 可以看出，在整个企业两化融合管理体系中，输入是要求，输出则是两化融合实施后所产生的新型能力。准确认识输入与输出的关系，对于确保企业两化融合的实施具有重要作用[81]。

通过发挥其技术的作用，对业务流程进行优化，对组织结构进行调整，不断加强对所属技术领域的开发利用，从而实现技术、业务流程以及组织结构三要素的改进，进而推动两化融合的发展[82]。

企业两化融合包括的管理域主要有 4 个：管理职责、基础保障、实施过程、评测与改进。它们是相互作用的，遵循"策划—实施—测评—处置"的 PDCA 方法。管理体系通过这四个管理域来优化企业两化融合管理，进而实现其螺旋式提升，以及随内外部条件变化而动态变化[83]。

(1)管理职责

在两化融合管理体系中,企业要明确建立管理职责,并加以实施和改进。这些管理职责主要包括:最高管理者职责、CIO职责、部门职责、业务流程职责以及专职职责。此外,对于机制的不足之处,也应加强管理,并对其进行审查。充分调动员工积极性,以保证领导部门和业务流程能够协同,从而能够很好地解决所遇到的问题,如高阻力、低参与等,使得管理职责与企业的战略相吻合[84]。

(2)基础保障

企业两化融合的基础保障部分,明确其人员、财务、物料、信息资源、安全资源等方面的要求,从而保证资源的可用性、资源的及时性以及资源的适度性。同时,也保证环境的可持续性[84]。

(3)实施过程

企业两化融合的实施过程,要明确相关流程的管理要求,例如,组织策划、业务流程与组织优化、技术实现、匹配与规范化、运行维护等。从而保证在信息化的环境下,打造新型能力的过程能持续受控,同时,能够帮助企业有效解决“两张皮”、“流程管理缺位”等问题[84]。

(4)评测与改进

在评测与改进方面,企业必须要明确其要求,对两化融合管理体系的实施建立相应的审核、监视与测量以及改进方案,从而保证两化融合过程中所形成的新型能力与企业的可持续竞争优势相吻合[84]。

8.7 两化融合管理体系的实施、保持和改进

两化融合管理体系对船舶工业信息化与工业化的融合提供了强力支撑。为此,要确保两化融合管理体系的有效实施、保持和改进,需要做到以下几点[73]:

①确立与企业战略一致的两化融合方针;

②识别与企业战略匹配的可持续竞争优势对打造信息化环境下新型能力的要求;

③确定两化融合目标;

④确定实现两化融合目标必需的管理职责;

⑤确定和提供实现两化融合目标必需的基础条件与资源;

⑥确定和管理实现两化融合目标必需的过程;

⑦确定两化融合管理体系的评测与改进方法;

⑧应用这些方法确保两化融合管理体系及其实施过程的有效性;

⑨持续改进两化融合管理体系。

因此,工业和信息化部要做好宣传推广,营造氛围集中培训,健全服务体系提炼成果,加强经验交流起步引导,资金政策支持完善标准,建立市场机制。对于企业,做好一把手工程总体部署,分步实施明确贯标范围,建立贯标实施队伍,用好第三方咨询,加强培训,提高认识务求实效,逐步完善;对于服务机构,加强培养专业咨询人员,明确优势专业领域价值导向,深化认识,积累经验,逐步提升能力;对于地方政府,加强交流,深化认识,沟通协调,形成合力,跟踪服务资金,政策支持,积极引导。

8.7.1 两化融合管理体系的实施

两化融合管理体系的实施过程中,具体要关注两个重点的环节,一个是实施前期的准备,另一个是实施的具体过程。

(1)实施前期准备工作

实施前期准备工作要首先关注如下内容:

①组织主管领导和前期工作人员参加两化融合管理体系知识培训,了解建立两化融合管理体系的必要性、步骤、可能遇到的问题,并向最高管理者汇报。

②与咨询机构接洽,初步明确自身需求、此次工作目标。

③进行咨询机构招标,签订合同。

④进行总体工作进度规划。

⑤确定两化融合管理体系的管理者代表。

⑥确认当前管理体系组织机构的情况。

⑦确定两化融合管理体系推进领导小组和工作小组。其中领导小组应由组织的一把手挂帅,工作小组应由信息化主管部门负责人牵头、相关部门负责人参加。

⑧落实咨询单位咨询工作组人员名单和职责清单。

⑨拟订两化融合管理体系专项绩效考核奖惩办法。

⑩全企业范围内召开启动大会,保证企业的相关人员都对贯标的目的、意义、具体要求等有充分的了解。

这其中最为关键的要点如下:

①明确领导机构和工作小组的职责范围。领导机构和常设的工作机构是对推进工作能否顺利实施并达到预期目标的强有力的组织保障。领导机构的成员应在各自分管的领域内配置资源、组织协调、督促检查;工作小组的成员应承担起上传下达、组织推动的职责,工作小组成员应避免单纯包办。

②注意内审员的培养。各部门相关工作的内审员培养人选由工作小组确定,最好确保每个部门都有一定数量的骨干人员接受过相关标准和审核知识的培训,从而使各部门的管理体系建立和推进工作可以齐头并进。条件允许时尽可能将内审员人选纳入工作小组(实际开展内审时,可由上述参加过培训的内审员轮流参加,因此确定内审员人选时切忌局限于少数人,同时建议管理者代表应参加内审员的培训)。

③开展培训活动。培训应结合内审员培训、管理体系知识强化培训,由咨询方或企业内部培训师来讲解,内审员、文件编写人员、相关业务及管理人员参加学习。

培训活动要具体围绕如下主要内容进行:

a. 两化融合管理体系建立、实施、保持和持续改进的基本流程;

b. 各阶段的关键活动和注意事项;

c. 文件编写技能培训,学习结合本公司实际编制有关文件;

d. 学习体系运行过程中的常见问题处理;

e. 审核培训,包括标准条文的要求、审核步骤和方法、审核技巧;

f.学习有关程序文件、工作文件，了解相关记录的使用。

以上培训的具体内容不固定，企业可根据自身实际调整。

④培训结束后进行效果自评估，并根据结果确定管理体系诊断报告的内容。效果评估的目的是为了帮助识别后续培训的需求，培训工作应长期、持续地开展。效果评估的方法可以是笔试、问答、实操、个人总结、实际工作效果评价等，但不论采用哪种方式，都应保留效果评估的记录。

自评估也是为了定量地评价自身现有的两化融合真实水平，定位自身与行业标杆水平及平均水平的差距，寻找改进的方向，同时也为后续的定期再评估提供初始本底值。企业在依据自身特点和需求制定自评估体系时，应考虑指标的科学性、导向性和激励性，并保持GB/T 23020—2013 标准所要求的评估框架的完整性。评估指标应覆盖与两化融合目标相关的所有职能和层次，自评估体系一经建立，应保持其相对稳定。在了解自身总体及各项关键指标与行业标杆和平均水平的对比情况等信息之后，应明确自身两化融合所处发展阶段、关键环节、重点、切入点和发展方向等。

咨询机构根据对组织调研、自评估的情况，汇总分析，对企业两化融合管理体系进行诊断，提出管理体系诊断报告，企业应对咨询机构提出的诊断报告进行评审，与咨询方共同确认最终内容。

诊断报告的内容应包括：

①企业建立两化融合管理体系的覆盖范围；

②提出企业当前在机构设置、职责分配、资源配置、内部管理方面存在的问题；

③结合企业目前的发展战略、管理现状、两化融合管理体系标准，提出两化融合体系建设方案；

④梳理、显现和分析目前企业的核心管理过程和业务流程，结合企业两化融合目标、两化融合水平自评估结果，提出组织机构优化需求、管理过程和业务流程优化需求、技术实现需求、运行维护需求、数据开发利用需求、基础条件和资源需求；

⑤提出项目推进中可能存在的瓶颈、障碍点及解决建议；

⑥进行下一阶段具体工作计划安排。

(2)实施具体过程

两化融合管理体系实施过程的要求包括企业两化融合策划、业务流程与组织优化、技术实现、技术流程组织匹配与规范化、运行维护与动态调整等 5 个方面的内容。实施过程要重点抓住以下几点目标[73]：

①体现过程的全程受控；

②突出实施前的策划以及后期的运行维护，避免企业盲目上项目、实施后运维不足等问题；

③强调业务流程和组织优化的设计环节在安排上优先于技术实现，防止实施过程过度依赖技术，忽视业务流程和组织的相应改进；

④加强技术、业务流程和组织的适应性匹配和良性互动，解决两化融合难以取得实效以及成效不稳定等问题。

企业两化融合管理体系实施过程步骤分解如图 8.3 所示。

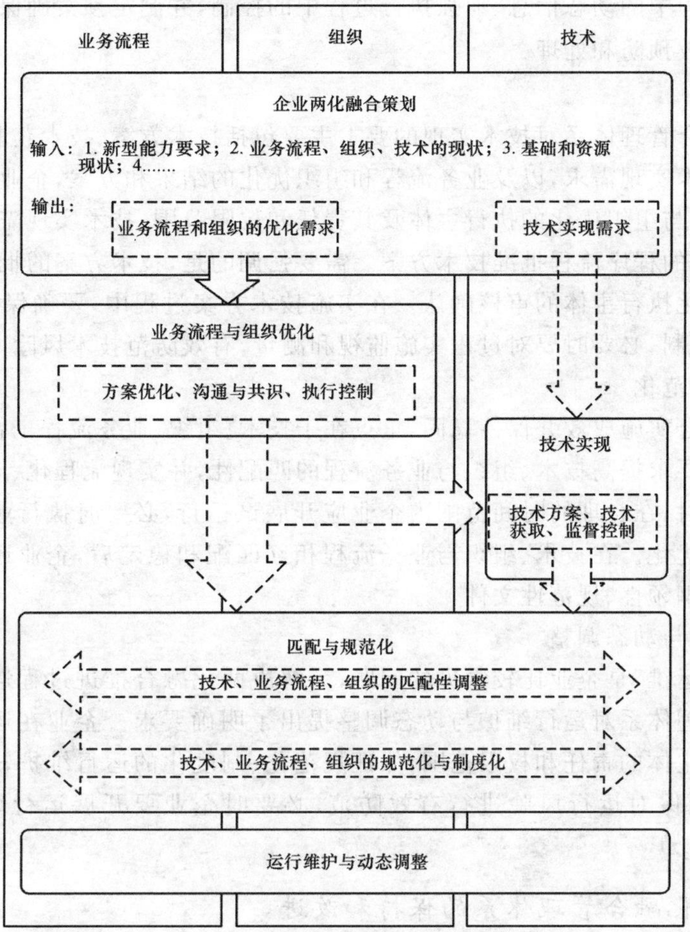

业务流程　组织　技术

企业两化融合策划

输入：1. 新型能力要求；2. 业务流程、组织、技术的现状；3. 基础和资源现状；4.……

输出：业务流程和组织的优化需求　技术实现需求

业务流程与组织优化

方案优化、沟通与共识、执行控制

技术实现

技术方案、技术获取、监督控制

匹配与规范化

技术、业务流程、组织的匹配性调整

技术、业务流程、组织的规范化与制度化

运行维护与动态调整

图 8.3　企业两化融合管理体系实施过程步骤分解

(1)企业两化融合项目策划

企业两化融合管理体系对策划的要求包括策划的输入、策划的输出、策划的评审与批准、策划的更改与控制。对于信息化环境下新型能力的构建要求，无论任务轻重、利益多寡必须要先制定策划，要保障执行时遵守两化融合的政策和目标，对科学技术、业务流程、资源状态要全面掌握。详细策划后，要弄清业务流程与组织优化、技术实现等需求，确定两化融合的实施步骤，防止局限于单一的技术路线，影响工作成果的获得。策划制定完毕后，要组织有关的职能人员和行业专家就企业两化融合的实施过程进行评审，经由管理者批准后实施。在策划需要更改时，也要重新加强评议、论证和批准，并在整个过程中注重记录[84]。

(2)业务流程与组织优化

业务流程与组织优化部分的内容充分彰显了 BPR、组织变革等理论和实践经验，它包括方案优化、沟通与共识、执行控制等内容。根据策划所制定的业务流程与组织优化需求，企业应制定优化方案，明确业务流程与组织优化的执行主体及其责任和权限范围，使业务流程与组织优化的需求得到合理安排，并依据规定的程序流程评议和批准优化方案。在执行过程中，业务流程与组织优化相关执行主体需要加强沟通，确保达成一致、兼顾相关方权益、及时获取执行过程中的动态信息、加强执行过程中的控制，并制定预案确保执行过程中的干扰和风险得到有效预防和处理[84]。

(3)技术实现

企业两化融合管理体系对技术实现的要求主要包括技术方案、技术获取、监督控制等内容。根据策划技术实现需求，以及业务流程和组织优化的结果和方案，企业需要制定技术方案，明确业务流程与组织优化的执行主体及其责任和权限范围、技术实现需要的沟通和合理安排，并按照预定的程序流程批准技术方案。需要强调的是，技术方案的批准流程应得到业务流程与组织优化执行主体的审核确认。在实施技术方案过程中，要确保技术获取的有效性，并加强监督控制，必要时要对过程实施监视和测量，有效防范技术风险[84]。

(4)匹配与规范化

获取两化融合实施成效并保持稳固，重点在于技术、组织、业务流程三者的匹配，企业两化融合管理体系要求提高技术、组织与业务流程的匹配性，并实现流程化、规范化和制度化。进行匹配性改善时，在合理的时间范围内企业应开展试运行，必要时执行业务流程与组织、技术实现的调整优化。在技术、组织与业务流程相互匹配和稳定后，企业还应确立技术、组织与业务流程的纲领性、规范性文件[84]。

(5)运行维护与动态调整

“重建设、轻运维”是企业比较常见的问题，为解决两化融合推进过程遇到的该类问题，企业两化融合管理体系对运行维护与动态调整提出了明确要求。企业在运行维护过程中，应清晰运行维护主体的责任和权限范围，保证规范化、制度化的运行维护，建立问题解决与应急处理备案，确保对运行风险进行有效防范，必要时企业要开展运行维护的监测和抽查[84]。

8.7.2 两化融合管理体系的保持和改进

两化融合管理体系的保持和改进需要对其进行定期或不定期的评测并对不足的地方加以完善，这就要求企业应策划并建立起一套完整、有效的评测与改进体系，以对两化融合及其管理体系的绩效性、有效性、符合性以及适宜性进行全面分析和评价，确定两化融合方针和目标，追求能够改善的机会，并不断改进两化融合的绩效及其管理体系的合理性、有效性，不断提升信息化环境下的新型能力[84]。所谓新型能力既可以是通过信息化实现对原有能力的提升改进，也可以是在信息化条件下催生的全新能力，包括市场响应能力、成本控制能力、研发创新能力、质量保证能力等。

(1)评估与诊断

企业应按照国家标准《工业企业信息化和工业化融合评估规范》(GB/T 23020—2013)的相关要求，制定企业两化融合评估方案体系，确定、收集和分析适当的数据，定期组织整体性评估，并依据评估结果，分析诊断两化融合实施过程没有形成新型能力、所形成的新型能力不符合可持续核心竞争力获取的要求的原因[73]。

(2)监视与测量

企业应采用合适的方法对影响两化融合战略成效的重点指标进行监测和分析。监测的重点指标应涵盖与两化融合目标和实施框架相关的职能与层次，以及技术、业务流程、组织结构等相关方面，至少应包括：两化融合目标的实现程度，两化融合实施框架的执行情况，以及技术、业务流程、组织结构和数据开发利用等方面的同步改进和提升情况[73]。

(3)考核及内部审核

为确保企业两化融合管理体系的有效执行，企业应确立涵盖企业、部门、岗位及业务流程的两化融合考核制度；以业务流程为落脚点制定考核指标，并分配到相关的部门和岗位；将两化融合考核指标、考核制度纳入企业绩效考核体系，确保考核的整体有效性[73]；考核依据至少应包括评估与诊断结果、监测结果、审核结果。

企业开展内部审核，主要用于评价企业两化融合管理体系的符合性和有效性。企业内部审核应按策划周期进行，以确定两化融合管理体系是否符合企业对两化融合管理工作的安排，并获得有效执行和维护。

(4)改进

企业应根据两化融合的政策、要求和目标，以及评估与诊断、监视与测量、考核、内部审核等结果，制定纠错措施和预防措施，不断改善企业两化融合管理体系[84]。

9 船厂两化融合体系建设案例分析

两化融合及两化融合管理体系的基本概念在前面已经进行了比较详细的论述,但具体实施两化融合管理体系,特别是在船舶制造企业实施两化融合管理体系,还是有很多技术问题,特别是两化融合管理体系从 2015 年才开始真正进行布局和引导实施,虽然有其他体系的一些做法和手段可以进行参考和借鉴,但该体系又和其他管理体系有很大的区别,因此本章利用某船厂的具体实施案例进行论述,帮助对具体的实施过程进行深入了解和把握。

9.1 K 公司基本情况与企业发展战略

(1)K 公司简介

K 公司以前为国有企业,后面进行了改制,该公司以建造各类机动船舶为主。公司已通过工业和信息化部及省经济和信息化委员会一级 1 类船舶生产企业条件评价,获得环境管理体系、质量管理体系、能源管理体系和职业健康安全管理体系的认证,且是首批进入工业和信息化部《船舶行业规范条件》"白名单"企业。

公司从 2000 年初开始进行信息化建设,先后引进了 CAD 平面设计系统、Tribon M3 数字化三维设计系统、PDM 系统、钢板套料软件、物资管理系统、财务管理系统、考勤系统、办公自动化系统等,并进行了相应的软件开发和整合,自主开发了数据集成管理、人事管理、能耗管理、设备管理、数据抽取集成利用等系统,已实现企业两化融合水平的全面升级。公司拥有 5 万吨级船台 2 座、1 万吨级船台 1 座;长江岸线近 3000 m,长江内陆深水岸线 1000 m;拥有各类起重设施 100 多台,其中 600 t 门吊 1 座、500 t 门吊 2 座、400 t 门吊 1 座、200 t 门吊 6 座;有 550 t、250 t、200 t、150 t 重型平板运输车;有六喷十二涂分段涂装房;有 QXY 5.2 m 和 QXY 4.2 m 钢板预处理流水线、10.5 m×0.025 m 大型弯板机、高精度门式切割机、等离子切割机、管道放样、电缆放样、管道预制、各类焊机、400 t 数控肋骨冷弯机、数控切割机、数控弯管机、全站仪、涂装房温湿度监控系统、半自动切割机、多用途切割机、仿形切割机等配套自动化设施和设备。

(2)K 公司发展战略

船舶制造行业是全球充分竞争的行业,这些年行业国际标准、规范要求也在逐步提高。从 20 世纪 80 年代起,世界造船中心从西欧转移到了东亚地区,2002—2007 年间,世界造船业出现前所未有的兴旺期,中国依靠劳动力成本、原材料成本等因素承接了大量订单,成为手持订单量、建造交船吨位最大的国家。但随着经济危机的爆发,世界航运市场严重不景气,而国内的人员工资成本大幅上升,在人民币汇率、原材料价格、融资成本等多因素的综合作用下,国内船舶建造行业的成本竞争优势已无法持续。

在2002—2007年这一波市场上扬的行情中，出现了很多船舶制造企业盲目扩大产能，投入大量资金扩张场地、扩大生产规模，使国内船舶制造行业很快进入到产能相对过剩的阶段。这种情况一直持续到今天，不过有一点需要注意的是，这里的相对过剩是指低端船舶产品的建造能力严重过剩，而海洋平台、特种运输船舶等高技术附加值的产品建造能力又严重不足。

在此背景下，K公司根据其对市场行情的准确分析和差异化竞争的理念，提出了“淡化量的扩张，追求质的提升”的“小而精”的发展战略。

该战略的重点是“小而精”。“小”是一个相对的概念，生产关键资源还必须不断地进行适宜性改造和提升，不能使其成为制约发展的瓶颈。K公司制定企业战略的时候，就坚持不盲目地扩大生产规模，不单方面为了产能的扩大盲目承接高风险的订单。而与此同时，这几年国内很多船厂都由于订单风险管理方面的问题导致严重的经营困难。“精”则是要全面练内功，从研发设计、建造效率、建造质量、工艺工法、交付后的服务保障等全方位进行提升。跟随日、韩先进船舶建造企业的主流做法，改变以前单纯的低价竞争模式，以船舶产品建造、营运、后期维护等全生命周期成本综合考虑为出发点，提升产品的市场竞争力。近些年来，K公司依托此战略定位，将企业的首要关注点放到特定目标市场和特定船型上，计划通过两化融合管理体系的建设，逐步打造在这些细分市场的可持续竞争优势。

为保障战略的实施，K公司采取了以下的具体措施：

①坚持长期持久地提升企业高中层领导干部的业务能力、战略思维和管理能力，对一线工人进行业务技能的培训。

②深入推行文化教育理念，利用提炼出的公司文化结合相关文化活动对员工进行感召，使员工群体自发形成凝聚力，并使其在日常行为中有良好表现。

③大力发展两化深度融合，引进相应软件，结合设备设施的改造、人员业务技能和素质的提升，对业务流程进行梳理和优化，对组织结构进行调整。

④建立数据分析利用机制，对从构建的软件系统和日常管理中收集来的数据进行分析挖掘与利用，帮助企业决策，提高管理精细化程度。

9.2 K公司两化融合实施过程

9.2.1 K公司两化融合项目策划

(1)新型能力打造策划一般流程

根据工业和信息化部2014年发布的《信息化和工业化融合管理体系要求(试行)》文件，新型能力打造策划流程如图9.1所示，两化融合实施过程策划的输入与输出如表9.1所示。

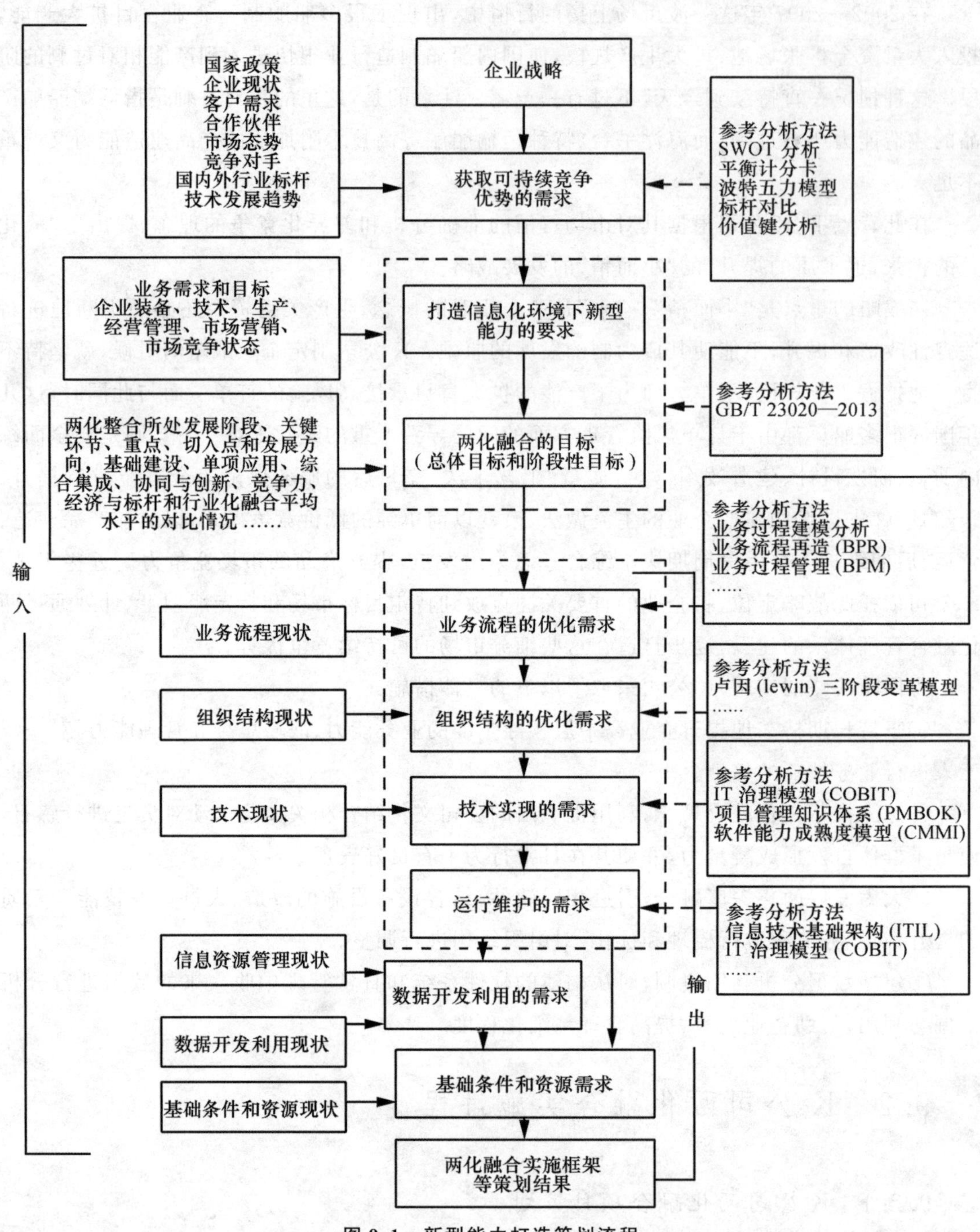

图 9.1　新型能力打造策划流程

表 9.1　两化融合实施过程策划的输入与输出

	输入		输出
输入	两化融合的目标	输出	满足策划的输入所提出的要求
	市场环境分析结果		确定业务流程与组织结构的优化需求
	适用的法律法规要求		确定技术实现的需求
	可持续竞争优势获取对信息化环境下新型能力的要求		确定运行维护的需求
	外部技术发展趋势		确定数据开发利用的需求
	业务需求和目标		确定基础条件和资源的需求
	技术、业务流程、组织结构现状		明确两化融合实施框架，包括职责、方法和进度等
	数据开发利用现状		
	基础条件和资源现状		

(2)K 公司 SWOT 分析

SWOT，即 S：优势（strength），W：劣势（weakness），O：机会（opportunity），T：威胁（threat）[88]。SWOT 分析是指把与企业密切相关的内部优势、劣势和外部的机会、威胁，通过调查和分析罗列出来，然后依照矩阵形式排列，把各种要素匹配起来加以系统分析，得出一些结论。而这些结论往往具有一定的指导性。SWOT 分析法经常被用于制定企业发展战略以及分析竞争对手情况，是一种最常用的战略分析方法。

K 公司的 SWOT 分析结果如表 9.2 所示。

表 9.2　K 公司 SWOT 分析

优势(S)：	劣势(W)：
①企业文化成型 ②团队稳定 ③具有优良传统 ④劳动力成本相对较低 ⑤设计和研发水平较先进、稳定 ⑥交付能力较强 ⑦精度控制水平较高	①设备设施竞争力不强 ②露天作业环境对生产有影响 ③作业受制于历史条件
机会(O)：	**威胁(T)：**
①政府导向作用大，受到当地政府支持 ②一带一路带来的可能机遇 ③互联网＋带来的可能机遇 ④上市 ⑤调整股权，优化配置 ⑥进入了“白名单” ⑦生产模式转变有可借鉴经验 ⑧精度管理有可借鉴经验	①经济大环境处于寻底期 ②内部管理粗放 ③劳动力资源使用价格提高 ④原材料的价格具有不确定性 ⑤行业安全隐患突出，制约快速发展 ⑥国外造船竞争优势明显 ⑦节能减排、环保安全的新要求、新规范不断出台 ⑧船舶企业规范条件要求提高

(3)K 公司新型能力的选择

基于对行业现状、公司已经具有的优势的分析，结合公司发展战略定位，确定 K 公司需要获取的可持续竞争优势为：

①在长三角经济圈的民营船舶建造企业中，对多用途船、客滚船、海工辅助船等船型保持设计的领先优势，并不断优化和创新。

②在激烈的市场竞争环境下，通过信息化技术的应用和集约化管理保持成本优势。

K 公司根据自身的战略定位和已有的基础优势，结合已分析得出的所需可持续竞争优势，提出了在信息化环境下企业拟打造的新型能力，如表 9.3 所示。

表 9.3 可持续竞争优势需求与拟打造的新型能力

序号	需求的可持续竞争优势	需求状况	拟打造的新型能力
1	研发技术优势	当前打造	船舶优化设计能力
2	成本优势	当前打造	船用物资精细化管控能力
3	精益制造优势	2019 年开始打造	精益制造能力

K 公司为保证当前阶段两项新型能力的打造工作能按时推进与评估，分别为这两项拟打造的新型能力制定了阶段性目标。

新型能力一：船舶优化设计能力

该能力打造阶段性目标设定为以下几项内容：

①能够建立全船的三维模型，实现数字仿真漫游、自动干涉检查，提供设计阶段船东和船舶建造企业方便交流的平台，尽可能在设计阶段就充分满足船东的个性化需求，显著减少与船东因为沟通不充分而导致的后期设计更改。促使企业可以最大限度地提高客户满意度及忠诚度，发掘并牢牢地把握住能给企业带来最大价值的客户。

②建立船模数据库及船型技术资料数据库，借助 IT 系统，与设计所、设计院协同，实现异地同步设计，提升生产设计工作效率。

③提升所设计船型的原材料利用率，降低建造工时消耗，提升船舶产品在营运过程中的市场竞争力。

④使数控切割机、数控肋骨冷弯机及数控弯管机等智能化生产设备与设计系统通过接口串联，实现信息在设计系统与智能化设备之间完整、准确无误的传递。

⑤对现场制造精度进行精准测量并反馈至设计系统，用于后续船舶设计参数的调整优化。

⑥根据行业设计特征进行设计系统二次开发，实现基于 Tribon M3 参数化直梯建模软件、船舶设计数据集成利用软件、船舶涂装面积计算与统计软件、型材自动套料及优化等软件的开发和运用。

⑦建立设计知识收集整理复用机制和系统。

船舶优化设计能力主要考核计划指标如表 9.4 所示。

表 9.4 船舶优化设计能力主要考核计划指标

考核指标	2015 年	2016 年	2017 年
船舶设计周期/天	200	195	180
设计图纸修改率/%	5	4.5	4
设计人员和工艺人员数量占比/%	6.0	6.3	7.0

新型能力二：船用物资精细化管控能力

该能力打造阶段性目标设定为以下几项内容：

①建立公司统一的物资编码体系、供应商编码体系、船舶工号编码体系等各类基础编码；实现物资需求、采购、入库、领用、退料、报废等常规物资管理流程；通过严格的权限管理实现内部信息的授权共享；实现物资成本的及时准确核算。

②利用信息管理系统实现船用物资的精准到货，避免不必要的库存物资资金占用。

③开发钢板堆场管理子系统，实现每张钢板的库龄分析、翻动次数优化、预处理次数优化，降低人工工时消耗和设备能源消耗，避免不合理存放导致的材料报废，提升可管控的钢板原材料品种规格的数量，为优化套料利用提供基础。

④建立系列船舶物资领用差异分析系统，为后续产品更准确合理地使用原材料提供参考依据。

⑤建立余料库管理系统，反馈余料信息给设计模块，进一步提升材料综合利用率。

⑥对设计系统数据进行挖掘利用，进行诸如焊缝数据抽取管理软件的开发。

船用物资精细化管控能力主要考核计划指标如表 9.5 所示。

表 9.5 船用物资精细化管控能力主要考核计划指标

考核指标	2015 年	2016 年	2017 年
精准到货率/%	98	98.3	98.5
库存物资资金占用率/%	24	23.5	23.0
船用物资领用控制率/%	98	98.5	98.8

(4)两化融合实施进度计划

对照新型能力打造的要求，K 公司联合咨询企业制定了两化融合管理体系实施进度表，如表 9.6 所示。

表 9.6 K 公司两化融合管理体系实施进度计划表

阶段	内容	准备	策划	编写培训	运行	改进	咨询	企业
项目启动	项目启动会	3.10						
调查诊断	调查诊断，完成报告	3.28						
组织落实	任命管理者代表		3.12					
	落实公司贯标领导小组		3.24					
	落实工作小组		3.24					
人员培训	两化融合体系培训			3.24				
	文件编写培训			3.25				
	内审员培训				4.20			
	体系试运行培训				4.05			
体系设计	确定战略		3.30					
	确定业务流程		3.30					
	制定体系方针、目标		3.30					
	确定人员职责		3.30					
	确定两化融合发展规划		3.30					

续表 9.6

阶段	内容	准备	策划	编写培训	运行	改进	咨询	企业
文件编写	手册及程序文件编制与审核			4.10				
	手册及程序文件批准发布			4.10				
	作业文件的编写与审核			4.10				
	文件评审			4.10				
体系运行	体系全面运行				4.10			
	两化融合实施过程				4.10			
	实施过程策划				4.10			
	实施过程业务流程与组织结构优化				5.10			
	实施过程技术实现				5.10			
	实施过程匹配与规范				5.10			
	实施过程运行维护				5.10			
	实施过程数据开发利用				5.10			
	实施过程动态调整				5.10			
评测改进	内审					6.10		
	不符合项纠正					6.10		
	不符合项纠正措施验证					6.10		
	管理评审					6.20		
审核认定	认证机构现场审核					6.22		
	纠正不符合项报认证机构验证					6.25		
后续服务	按合同或商谈							

(5)新型能力打造内容与计划

2015 年,为追求并形成具有可持续竞争优势的船用物资精细化管控能力,K 公司提出要进一步提升船用物资的管理水平,提高材料的综合利用率。2015 年公司组织到外高桥船厂、沪东中华造船厂进行了相关调研,了解到行业内的标杆企业在已经建立的物资管理的基础上,又进一步延伸到钢板堆放过程的管理与优化,进一步压缩船舶建造中原材料的运营管理成本。因此公司在打造船用物资精细化管控能力时,决策利用已有的物资管理和财务管理模块为基础,增加建设开发钢板堆场管理、系列船物料差异分析等软件模块。主要建设内容包括:

①对生产场地进行重新规划,建设单独的船用钢板堆场和预处理线,购买电磁吊车、平板运输车等设备设施。

②开发基于多层架构的钢板堆场管理软件,该软件应实现如下具体功能:

a. 实现对钢板堆场布置形式(分跨信息、基础堆位信息、起吊设备信息等)的维护管理;

b. 利用该系统实现对每张钢板的入库时间、入堆时间、翻动历史记录、钢板的物流编码、供应商、船舶工号、区域类型、炉批号、材质、规格等信息的全程跟踪管理;

c. 建立条码系统,实现对每张钢板的条码身份识别,加快现场信息检索的速度;

d. 以无线网络连接,结合 Windows 操作系统的平板电脑,实现在钢板堆场现场操作时信息的及时更新,平板电脑上的操作以拖拽方式为主,保证操作的便利;

e. 实现根据入堆时间等信息进行查询，以图形化方式列出相关查询项，对入堆时间即将超过设定日期跨度的钢板进行报警，提醒优先使用或预处理；

f. 实现对重要钢板材料的余料信息及堆放位置管理，提高钢板材料的整体利用水平；

g. 实现钢板存储使用过程的业务流程优化，运用优化算法，最大程度减少翻板次数，同时保证预处理后的钢板能被及时使用，不出现二次预处理甚至报废的情况。

③在软件系统的支持下，提高可管控的钢板品种规格数量，进而增加单船设计过程中采用的钢板品种规格，在优化套料软件的支持下，提升钢板等原材料的综合利用率。

④在软件系统支持下，根据生产计划中不同船舶后续钢板使用的计划要求进行优化入堆布局设置，从而降低后续使用过程中的总起吊翻动次数，提升效率同时降低运营成本。

⑤实现下料后余料钢板的信息登记，将信息传递到之前引进的金蝶物资管理系统，使在后续订单进行备料计划、采购计划时能查看到相应信息，减少不必要的原材料采购。

⑥获取钢板堆放现场每台电磁吊车的运行次数和时间等信息，提供必要数据给设备管理系统，作为设备维修和保养的决策依据。

⑦实现系列船舶物资消耗的差异分析和成本分析，为设计优化提供更多参考依据。

⑧设定相应接口，在生产计划管理系统成熟后，实现绝大多数物资的精准采购，降低库存占用成本。

⑨物资采购和领料出库采用同一源头“备料计划”进行控制，“备料计划”由工艺部或设计部内部审核下达，其他部门无权涉足，确保物资采购和领用得到有效控制，从而实现成本精细管控。

K 公司计划在 2015 年 11 月到 2017 年 7 月期间实现船用物资精细化管控能力打造的功能为以下 3 项：

①实现钢板堆场管理系统软件开发。

②完成系列船舶物资领用差异分析模块的规划、技术实现、上线运行。

③实现余料管理和精准采购管理，同时钢板等原材料物资入库数据能传递到物资系统，自动形成入库单。

项目开发实施由公司信息管理部负责牵头，公司设计部、供应部、储运部等相关部门进行配合。

9.2.2　业务流程与组织结构优化

K 公司首先对公司所有涉及物资管理的流程进行了梳理，形成如下种类的流程管理项目：

①船用物资管理整理流程；

②备料计划来源流程；

③发料计划流程；

④备料计划流程；

⑤采购管理流程；

⑥到货管理流程；

⑦采购合同兑现处理流程；

⑧领料流程；

⑨客供物料管理流程；

⑩采购资金管理流程；

⑪油漆管理流程；

⑫钢板入库管理流程；

⑬钢板领用管理流程。

出于全方位统筹优化物资精细管理方面的考虑，K公司专门成立储运部，负责所有原材料的管理与领用审核，将所有物资在仓库的堆放管理从原来归属采购部与库管人员调整到全部归属储运部，以下给出专门设置储运部的原因分析。

①从船用物资领用控制的角度考虑，由于公司开发的交流平台消除了实际领用物资的施工操作人员与技术部的沟通障碍，在双方沟通低成本的条件下，规定所有的船用物资都必须由技术部或工艺部下达领用计划才可以领用，避免了物资冒领乱领的现象，双方与系统一经确认，库存管理系统便自动生成领用签单，同时，储运部会收到系统发出的协调物资领用的指令。

②从钢板套料利用的角度考虑，设计部成立专门的套料利用小组，定期与技术部协同研究套料利用方案，同时，需要储运部下设的套料管理小组提供支持。

③从钢板的库存堆放与调用的流程优化角度考虑，需要储运部下设的钢板管理小组经过培训后提供支持。

④从建立公司物资编码体系的角度考虑，需要储运部下设的物资编码小组经过培训后提供支持。

通过对公司现有相关项目流程的把握了解，工作小组挖掘出诸多流程管理的改进方向，在经过广泛讨论后，重新编制了每种项目的流程图。K公司钢板领用管理流程图如图9.2所示。

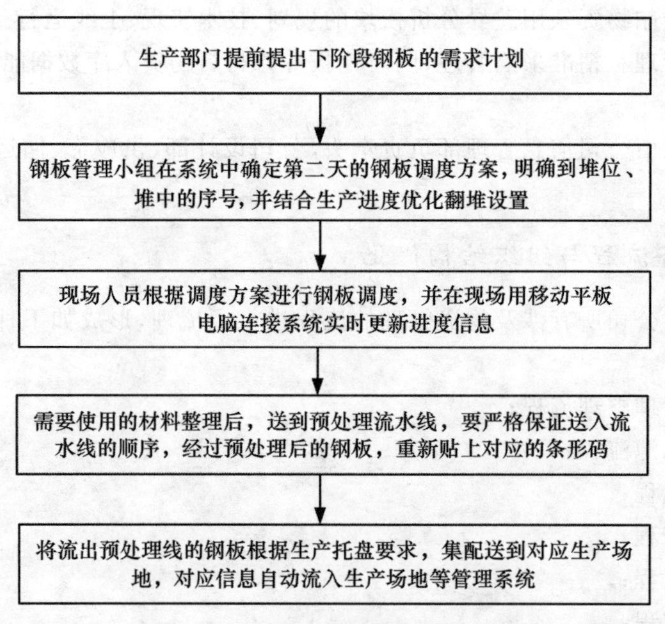
生产部门提前提出下阶段钢板的需求计划
钢板管理小组在系统中确定第二天的钢板调度方案，明确到堆位、堆中的序号，并结合生产进度优化翻堆设置
现场人员根据调度方案进行钢板调度，并在现场用移动平板电脑连接系统实时更新进度信息
需要使用的材料整理后，送到预处理流水线，要严格保证送入流水线的顺序，经过预处理后的钢板，重新贴上对应的条形码
将流出预处理线的钢板根据生产托盘要求，集配送到对应生产场地，对应信息自动流入生产场地等管理系统

图9.2　K公司钢板领用管理流程图

分析图 9.2 流程图可知，生产部门提前提出的钢板需求计划可以通过系统平台直接传达到钢板管理小组，同时钢板管理小组需要每天对调度信息汇总处理，确定第二天的钢板调度与优化翻堆方案，此过程若无钢板堆场系统数据的支持，该方案便无法实现，此处很好地体现了技术与业务流程的互动创新，同时，此流程图下新增的工作量，如现场平板电脑调度指挥，预处理后更换条形码等工作，需要操作人员配合完成，而这样的配合工作任务一旦多起来，又会引发组织部门设置的调整。如本章介绍的船用物资精细管控能力打造过程直接催生出 K 公司新增设储运部的实际需求。通过此例，可清晰地分析出在数据驱动下，技术、业务流程、组织结构四个要素持续互动融合创新的机理。

在初步明确当前拟打造新型能力方向的所有业务流程改进方向后，K 公司拟定了新设置和需调整的部门，同时按照两化融合管理体系的要求，对两化融合组织结构进行了搭建。K 公司两化融合组织体系结构如图 9.3 所示。

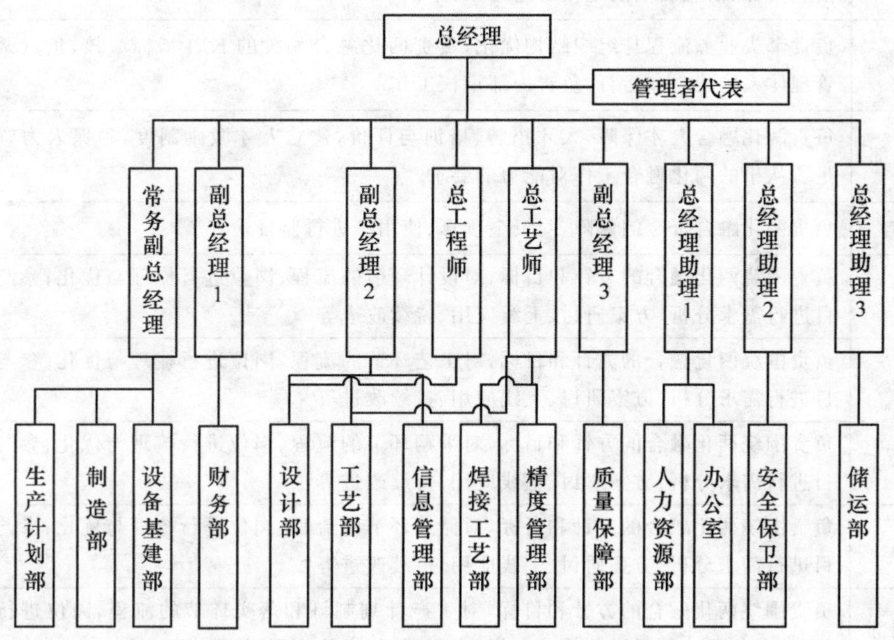

图 9.3　K 公司两化融合组织体系结构

需要注意的是，这里的组织体系结构是服务于当前新型能力打造过程的，后续若有业务流程的更改变动或新型能力打造方向的重新设置，则在此组织体系的基础上进行优化调整。例如当某项新型能力打造已取得一定成效，面对更换新型能力打造的方向时，可由上级授权更换对拟打造新型能力方向更加熟悉的管理者代表。同时，若有业务流程优化调整，也可以对应调整下属部门设置与职责分配。具体实施方法的指导思想用通俗的语言概括，即以业务流程优化为方向，考虑作为路径的实际技术条件的限制，通过调整优化组织结构记录下过程足迹。从本质上来看，这里提出的组织结构调整与优化是结果而非原因。

搭建好初期公司组织架构之后，K 公司及时明确了相关个人及部门新型能力打造过程中的职责，如表 9.7 所示。

表 9.7　K 公司两化融合职责分配

组织	职责
最高管理者	向全员传达本企业推进两化融合以打造信息化环境下新型能力的重要性和必要性；在企业战略层面统筹推进两化融合，制定两化融合方针和目标；任命两化融合管理者代表；建立健全两化融合的职责与协调机制；组织两化融合管理评审；确保基础条件和资源保障到位
管理者代表	向最高管理者提出本企业两化融合相关的决策建议，报告两化融合管理体系的绩效和改进需求，调动资源确保两化融合管理体系得以建立、实施、保持和改进；提升企业全员对打造信息化环境下新型能力的意识；应用信息化手段推动技术、业务流程、组织结构的优化、创新和变革，持续提升数据的开发利用能力
信息管理部	负责公司两化融合的建设、开发、运用、维护和员工培训等具体工作；负责 IT 设备设施、信息资源、信息安全的建设及运行维护
办公室	负责牵头业务流程与组织结构优化，负责两化融合相关的 KPI 指标考核，负责两化融合管理体系的建立和运行，负责内部审核工作
人力资源部	负责两化融合人才保障，人才招聘、培训与评价，建立人才激励制度，确保人力资源能满足所从事的两化融合工作对能力的要求
财务部	负责两化融合资金的保障，对资金预算、使用等进行监督检查
设计部	负责围绕两化融合的方针和目标，对设计环节的流程、岗位进行梳理与优化；参与具体项目进行需求分析、方案研讨、上线应用、持续改进等
工艺部	负责围绕两化融合的方针和目标，对工艺环节的流程、岗位进行梳理与优化；参与具体项目进行需求分析、方案研讨、上线应用、持续改进等
采购部	负责围绕两化融合的方针和目标，对采购环节的流程、岗位进行梳理与优化；参与具体项目进行需求分析、方案研讨、上线应用、持续改进等
储运部	负责围绕两化融合的方针和目标，对储运环节的流程、岗位进行梳理与优化；参与具体项目进行需求分析、方案研讨、上线应用、持续改进等
生产计划部	负责围绕两化融合的方针和目标，对生产计划制订和落实环节的流程、岗位进行梳理与优化；参与具体项目进行需求分析、方案研讨、上线应用、持续改进等
设备基建部	负责围绕两化融合的方针和目标，对工业化和信息化有关的设备设施保障环节的流程、岗位进行梳理与优化；参与两化融合能力打造项目的需求分析、方案研讨、上线应用、持续改进等相关环节
其他相关业务部门	负责围绕两化融合的方针和目标，对各自业务领域的流程、岗位进行梳理与优化；参与具体项目进行需求分析、方案研讨、上线应用、持续改进等

9.2.3　技术实现

下面以“船用物资精细管控能力”打造过程为例进行介绍。

基础保障方面，K 公司首先对生产场地进行重新规划，部署了单独的钢板堆场场地，引进了 6 台电磁吊车、1 台平板运输车、1 条钢板预处理流水线等，构建了钢板堆放和处理的硬件条件。购买条码打印机、生产现场使用的平板电脑、条码扫描枪等硬件设备，为信息软件在生产现场的运行建立硬件基础。

软件开发方面，使用 VB. NET 2010 作为开发工具平台，该平台为微软公司提供，可以提供持续的技术改进和维护服务。数据库采用微软公司的 SQL Server 2008 版本。该技术已经在系统前期应用中得到验证，技术上完全可行。

人才获取方面，K 公司通过双创人才计划、研究生人员引进等方式构建了项目开发实施的人才团队。团队骨干力量都有多年从事船舶行业信息化应用系统的相关研发工作经历，具有丰富的相关专业知识，同时对船舶建造的主营业务非常了解。公司为人才团队提供合适的报酬待遇和人文关怀，保证人才队伍的稳定。

由于钢板堆位现场的网络通信条件受限，原计划在生产现场运用平板电脑调度操作由在线模式改为离线模式，数据在办公室通过网络从服务器导入到平板电脑，现场的输入操作通过条码枪扫描获取钢板信息，通过在平板电脑触摸屏上图形化选择目标堆位等实现定位，实现数据交互。在人员到达办公室后再通过网络将现场保存的数据导入到中心数据库系统。实际运行效果显示，该离线模式不影响钢板调度。

在办公室的用户使用 Windows 操作系统的电脑，通过运行 winForm 的程序界面进行操作，相关数据可以集成到公司 OA 系统，以网页形式进行呈现。图 9.4 所示为 K 公司自主开发的钢板堆场管理系统的界面示例。

图 9.4　K 公司自主开发的钢板堆场管理系统

此外，为了保障该新型能力打造过程的有效运转，根据工艺部、采购部、储运部等部门的需求，同时保障全公司所有信息化系统能够统一、正常地对接，K 公司先后制定了一批制度性和规范性文件，如《技术管理办法》、《信息化管理办法》、《QMW 10—09—2016 船舶工程号编码规定》、《QMW 10—07—2016 物资代码》、《MWDD—TZ001—2017 关于设计研发部订货、托盘和定额规范使用的通知》、《钢板调度现场执行手册》等。

9.2.4　运行维护以及数据开发利用

钢板堆场管理系统开发完成后，在正式上线之前，根据软件测试的相关标准，在测试环境下对系统进行了充分的测试，并形成了测试报告，如图 9.5 所示。此外，公司对原有的物资管理等系统可能产生的影响也进行了测试和验证，制订了相应的应急响应预案，对风险进行了评价和控制。

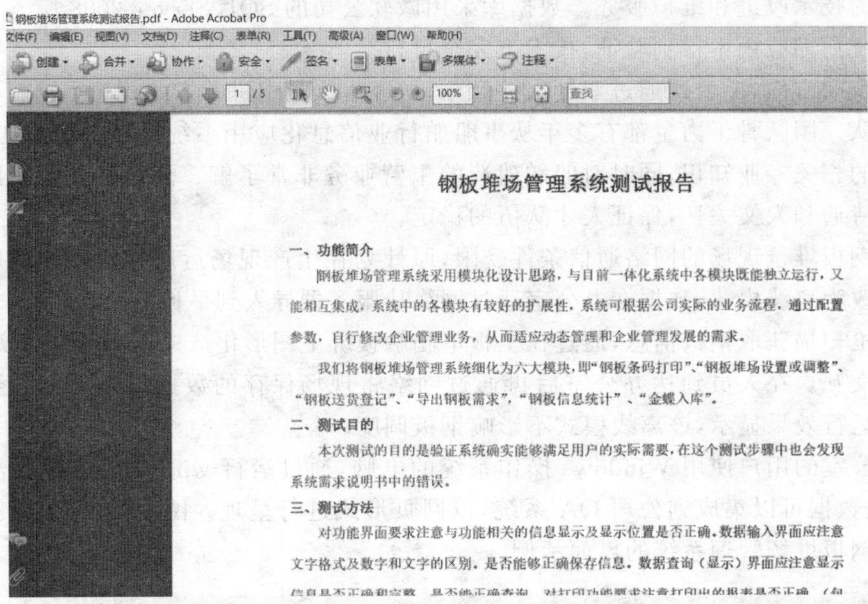

钢板堆场管理系统测试报告.pdf - Adobe Acrobat Pro

钢板堆场管理系统测试报告

一、功能简介

钢板堆场管理系统采用模块化设计思路，与目前一体化系统中各模块既能独立运行，又能相互集成，系统中的各模块有较好的扩展性，系统可根据公司实际的业务流程，通过配置参数，自行修改企业管理业务，从而适应动态管理和企业管理发展的需求。

我们将钢板堆场管理系统细化为六大模块，即"钢板条码打印"、"钢板堆场设置或调整"、"钢板送货登记"、"导出钢板需求"，"钢板信息统计"、"金蝶入库"。

二、测试目的

本次测试的目的是验证系统确实能够满足用户的实际需要，在这个测试步骤中也会发现系统需求说明书中的错误。

三、测试方法

对功能界面要求注意与功能相关的信息显示及显示位置是否正确。数据输入界面应注意文字格式及数字和文字的区别。是否能够正确保存信息。数据查询（显示）界面应注意显示

图 9.5　K 公司钢板堆场管理系统测试报告

2017 年 2 月，公司自行开发的钢板堆场管理系统正式运行。信息管理部制订了相关的系统运维管理制度，系统技术问题由信息管理部提供技术支持，储运部、采购部等对平板电脑、条码扫描枪等设备进行日常维护，并对运行维护过程进行记录。在运行过程中暴露的诸如软件操作方便性、与供应商数据交流便捷性等方面的问题都得到了修改和完善。K 公司钢板堆场管理系统运维记录如图 9.6 所示。

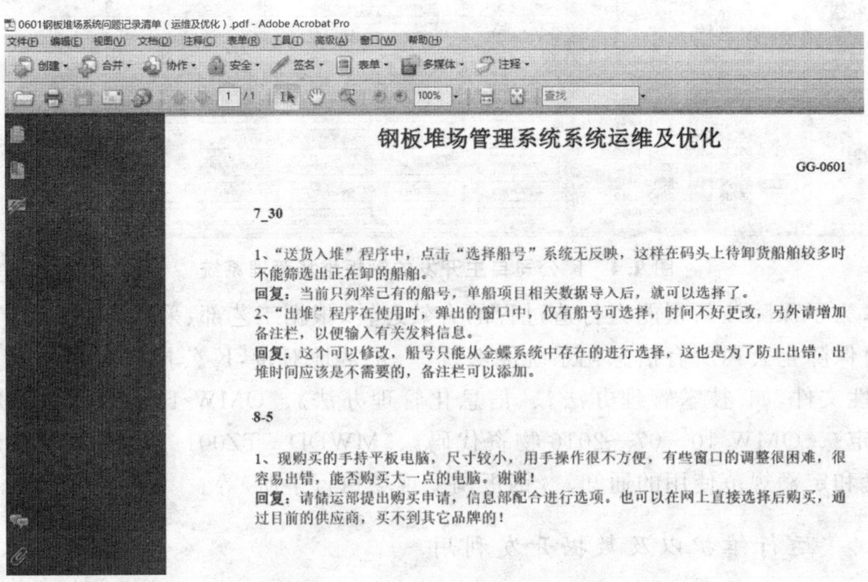

0601钢板堆场系统问题记录清单（运维及优化）.pdf - Adobe Acrobat Pro

钢板堆场管理系统系统运维及优化

GG-0601

7_30

1、"送货入堆"程序中，点击"选择船号"系统无反映，这样在码头上待卸货船舶较多时不能筛选出正在卸的船舶。

回复：当前只列举已有的船号，单船项目相关数据导入后，就可以选择了。

2、"出堆"程序在使用时，弹出的窗口中，仅有船号可选择，时间不好更改，另外请增加备注栏，以便输入有关发料信息。

回复：这个可以修改，船号只能从金蝶系统中存在的进行选择，这也是为了防止出错，出堆时间应该是不需要的，备注栏可以添加。

8-5

1、现购买的手持平板电脑，尺寸较小，用手操作很不方便，有些窗口的调整很困难，很容易出错，能否购买大一点的电脑，谢谢！

回复：请储运部提出购买申请，信息部配合进行选项。也可以在网上直接选择后购买，通过目前的供应商，买不到其它品牌的！

图 9.6　K 公司钢板堆场管理系统运维记录

在系统平稳运行之后，根据系统优化和业务部门的需求，进行了相关的数据利用，主要包括数据整合和二次开发，以下为部分实例：

①通过自主开发，在购买引进的OA办公自动化系统中开发了物资管理模块，实现了物资到货信息跟踪、库存情况查询等功能，避免了原引进的金蝶系统使用模块人事限制带来的障碍，方便公司有关业务部门对信息的跟踪。

②开发了系列船用物资领用的差异分析功能，能具体获取系列船用物资消耗方面的信息，并进行具体分析，改进设计和管理控制的力度。

③实现了在生产现场通过平板电脑查询钢板的库存状态、每张钢板的具体入堆存放时间、总的翻动次数，进而得出电磁吊车的使用频度，为设备的状态管理等提供一定的辅助数据信息。

④通过自行开发的功能软件，能自动将物资备料计划按照供应商进行过滤提炼，导出形成Excel文件格式的订购清单，并发送给供应商。在供应商补充实际供应数量并发送给公司相关部门后，导入形成入库单，简化工作流程，提高工作效率。

⑤通过开发的船舶焊缝类型及长度统计软件，能准确获取单船焊接理论物料消耗信息，该信息一方面作为外包工时计价的重要参考依据，同时提供作为船舶焊接材料成本考核的参考依据。

⑥实现了钢板的平均库龄分析，按照单船项目的平均库龄比较分析、单船钢板物资采购准确性分析等，形成相应的分析报告，提供给公司领导、采购部门、设计部门、生产计划部门等，作为降低物资成本、提升精细管理水平、动态调整建造计划等的参考依据。

⑦开发了钢板余料管理系统，根据形状特征提炼出多种余料类型，余料类型可动态修改和扩充，以使各种余料能被充分利用。余料信息发布到企业局域网，实现共享，可实时跟踪余料使用状态。

9.2.5 动态调整

根据钢板堆场管理的现阶段需求和现场的客观条件，为降低初始投资成本，将原定的在生产现场部署无线网络系统、实时连接数据库服务器的运作模式改为现场平板电脑运行系统，支持离线运行和实时连接网络两种运行模式。

为保证条码标签的可靠粘贴，更改了条码标签纸，对应的条码打印机型号进行了更换。为适应不同的钢板厚度，系统开发中调整了打印设置程序，可以由使用用户自行设定标签纸的长宽尺寸，扩展了系统的通用性。

为了加快信息传递方便性和准确性，通过对物资管理系统的仔细分析，在开发钢板管理系统的过程中，实现了将物资需求数据导出给供应商的功能，在导出形成的Excel格式文件中，包括了所属船舶编码、分段编码和物资编码、需求数量等关键信息，在供应商填写实际送货数量信息并反馈后，能进行格式判断和数据验证，自动导入系统形成入库单和钢板送货记录，增加了系统使用的便捷性。

9.3 K 公司两化融合的实施效果

9.3.1 降低管理风险

K 公司在实施两化融合管理体系之前，各方面管理缺乏系统性，各项制度不够完善，执行力度也较弱，主要体现在部门的各项文件，包括工作制度、技术资料、相关台账等没有进行有效整理和使用。这些文件作为部门的资产，不仅对部门的运营和业务管理非常重要，甚至对公司的发展也有着不可忽视的影响。如果不重视管理这些文件，容易导致工作上产生疏漏、业务问题的处理缺乏指导，对部门和企业造成较大的损失。

两化融合管理体系实施之后，公司各部门都有了完善的程序文件和作业指导文件，如图 9.7 和图 9.8 所示。通过公司管理层的重视和部门负责人的把关，各部门员工严格按照文件的要求进行日常工作，并及时记录各项有价值的信息，文件记录要求如图 9.9 所示。

01文件管理程序.pdf	Adobe Acrobat 文档	850 KB
02记录管理程序.pdf	Adobe Acrobat 文档	791 KB
03两化融合实施过程策划管理程序.pdf	Adobe Acrobat 文档	1,069 KB
04业务流程与组织结构优化管理程序.pdf	Adobe Acrobat 文档	953 KB
05两化融合技术实现管理程序.pdf	Adobe Acrobat 文档	869 KB
06实施过程匹配与规范管理程序.pdf	Adobe Acrobat 文档	875 KB
07内部审核管理程序.pdf	Adobe Acrobat 文档	850 KB
08管理评审控制程序.pdf	Adobe Acrobat 文档	874 KB
09持续改进控制程序.pdf	Adobe Acrobat 文档	837 KB

图 9.7 K 公司两化融合管理体系程序文件列表

301两化融合项目管理制度.pdf	Adobe Acrobat 文档	890 KB
302两化融合职责.pdf	Adobe Acrobat 文档	805 KB
303资金投入管理制度.pdf	Adobe Acrobat 文档	828 KB
304人才保障管理制度.pdf	Adobe Acrobat 文档	839 KB
305信息设备管理制度.pdf	Adobe Acrobat 文档	861 KB
306信息资源管理制度.pdf	Adobe Acrobat 文档	856 KB
308两化融合实施过程管理指导书.pdf	Adobe Acrobat 文档	887 KB

图 9.8 K 公司两化融合管理体系作业指导文件列表

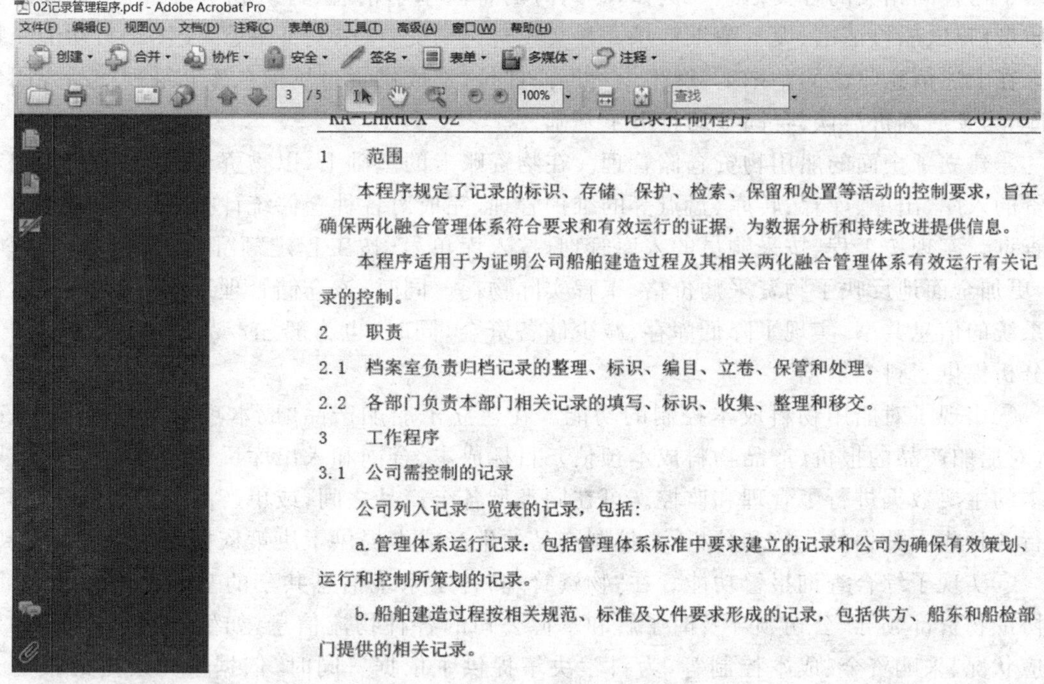

1　范围

本程序规定了记录的标识、存储、保护、检索、保留和处置等活动的控制要求，旨在确保两化融合管理体系符合要求和有效运行的证据，为数据分析和持续改进提供信息。

本程序适用于为证明公司船舶建造过程及其相关两化融合管理体系有效运行有关记录的控制。

2　职责

2.1　档案室负责归档记录的整理、标识、编目、立卷、保管和处理。

2.2　各部门负责本部门相关记录的填写、标识、收集、整理和移交。

3　工作程序

3.1　公司需控制的记录

公司列入记录一览表的记录，包括：

a. 管理体系运行记录：包括管理体系标准中要求建立的记录和公司为确保有效策划、运行和控制所策划的记录。

b. 船舶建造过程按相关规范、标准及文件要求形成的记录，包括供方、船东和船检部门提供的相关记录。

图 9.9　K 公司文件记录要求

具体来说，比如对于信息管理部，在两化融合项目实施之前，系统开发项目的相关资料一般比较零散，在系统开发和运维过程中，经常出现资料找不到或者找资料花费较长时间的情况，影响到项目进度和处理问题的效率。自从两化融合管理体系实施后，所有的项目从立项、技术研究、技术档案、系统实现、系统运维和数据开发利用等方面都严格按照管理体系的要求进行，使项目开发经验和技术资料得到了很好的重复使用。此外，还建立了各个系统的问题处理台账，所有问题的现场描述、问题原因、问题解决方法等信息都及时进行了记录和提交，部门人员之间实现共享，避免了由于人员流失导致问题处理需要重新开始的风险。

9.3.2　提升管理效率和经营业绩

自从打造船用物资精细化管控能力以来，不仅完成了船用物资的备料、采购、领用、成本统计分析，还达成了领用控制和精准到货率控制等目标，总结这一阶段取得的主要成果如下：

①建立了船用物资有关的基础编码体系，包括物料编码、人员编码、部门编码、船舶工程编码、供应商编码、仓库编码、场地堆位编码、核算编码等体系，为项目管理软件的实施、与供应商之间的数据交换、与其他管理系统的信息集成等奠定了基础。

②建立了船用物资的精细化领用控制管理。通过“备料计划—采购计划—到货跟踪—入库”和“发料计划—物资领用—统计分析”这两条主线建立了船用物资的全流程计划管理体系。在系统软件的支持下，结合相关部门的及时调整和跟踪，有效避免了船用物资采购提前、采购不及时、采购不准确、领用不准确等诸多问题，降低了库存物资占用的资金。

③实现了订货合同的有效管理。从合同签约到合同执行、从到货通知到货物验收，全面

记录了与合同相关的各类信息。例如，签约时的合同基本信息、订货物资明细信息、进货验收质量信息、船检证书、设备图纸信息。并实现对逾期交货、未交证书、未交图纸自动催交报警。在上述信息收集的基础上，产生供货厂商评价，形成供货市场信息库和系列产品合同信息库，为今后询价洽谈、合同签约打下了基础。

④建立了全面的船用物资仓储管理。在物资账卡的基础上，以物资台账为核心，实现对物资的入库、出库、库存、转库、盘点等的维护管理，完成对各种仓储统计报表、仓储管理的日常查询。实现按工程、按采购员的入库管理，按入库单号、按工程定额“限额发料”的出库管理，更加全面地反映了物资采购价格、工程实际物耗。同时，该仓储管理系统与财务、成本核算系统的信息共享，实现了降低库存、减少储备资金，同时，也为船舶产品成本的监控、核算和分析提供了科学依据。

⑤实现了对船用物料成本控制的功能。在建立了船舶产品“成本项目数据库”的基础上，对船舶产品的报价(产品物料成本预估)、目标成本、合同和入出库反馈的采购成本、实际成本的主要数据进行了管理和监控。可在同类型各个产品之间，或单产品与类似产品之间，进行各种成本数据的比较和分析，为控制产品的生产成本提供了决策依据。

⑥实现了综合查询报警功能。在“物资管理”各子系统信息共享的基础上，“综合查询”可协助物资部领导、公司领导及时了解和掌握公司的各种物流信息，如生产物料需求、物资供应状况、采购资金、成本控制等，为科学决策提供了依据。同时，依据事先设定的报警条件，对已经发生的、可能会影响物资供应和物资管理的事件，在开机或进入物资系统时给出提示报警信息。报警提示的事件归类有：物资的延期订货，库存积压或不足，物资、图纸、证书未按期到达，物资采购成本接近或超过预期。

⑦建立了原材料精细利用的能力。通过引进钢板优化套料利用软件，提升了钢板原材料的综合利用率。通过添置等离子切换机、切割指令优化，改善了钢板切割时的余量额度，减少了材料浪费。

⑧建立了钢板堆场的信息管理。细化优化了钢板堆放的管理流程，避免了不必要的多次预处理，避免了由无谓堆放积压导致的库存报废。通过自行开发的管理系统软件，实现以可视化的方式查看每张钢板的相关信息，如库存周期、翻动次数等。

⑨建立了系列船物资领用差异分析功能模块。该模块的功能是从金蝶物资管理系统中获取单船的物资领用明细数据，再通过设定的系列船信息，进行物资领用的差异分析，在给出相应的比较数据的基础上，由相关技术人员进行差异分析，诊断差异原因，为之后的改进提供帮助。

通过“船用物资精细化管控能力”的打造，K公司自行开发了一系列软件，使物资管理的精细化程度得到显著提高。目前K公司单船使用的钢材规格品种已从以前的几百种提升到接近2000种，避免了拿高规格钢材去替代低规格钢材使用，提高了钢材利用的经济性。

此外，K公司打造的另外一个能力——“船舶优化设计能力”，自打造实施后也取得了一定成效。公司设计的琼州海峡营运的客滚船，实现对比同类型产品的多项指标竞争优势：如自重减少500 t；主甲板车道线增加28 m，能多装两部13 m长的大拖车；从一层小汽车甲板变成两层，车道线增加115 m，能多装26部小汽车。通过建立两化融合管理体系，K公司目前在客滚船产品市场的占有率已超过50%。图9.10～图9.12所示为K公司设计建造的琼州海峡客滚船效果图和实物图。

图 9.10　K 公司琼州海峡客滚船 1

图 9.11　K 公司琼州海峡客滚船 2

图 9.12　K 公司琼州海峡客滚船 3

9.3.3　两化融合实施的体会和经验

两化融合是国家层面及公司战略层面的选择，通过将相关活动规范化、流程化，可以有效减少无效劳动，避免人为失误，从公司战略选择、新型能力提炼、能力打造步骤、相关活动的落实等全流程为新型能力打造过程提供方法性指导。

K 公司通过此次两化融合管理体系的建设，有以下经验总结：

(1)公司高管层要正确认识两化融合

两化融合体系不仅仅需要完成“手册、程序、作业文件、记录”四层次文件体系，更重要的是围绕“战略—优势—能力—目标”主线，提炼挖掘形成公司在信息化环境下拟打造建设的新型能力。在这个过程中，需要提炼公司的使命、愿景、核心价值观，形成公司具体的战略描述、战略目标，并充分论述为保障战略的实施，采取的具体措施手段，与战略一致的差异化可持续竞争优势，提出在信息化环境下拟打造或已打造的新型能力等。这些涉及公司战略层面的东西，必须要有公司高管层的高度重视与全力参与。

(2)确定咨询服务机构

两化融合管理体系是一个全新的体系，在这个体系建立过程中，作为主管部门的工业和信息化部也在对体系的要求和精神进行不断的调整和优化。因此，企业实施过程中最好要有相应的咨询服务机构提供咨询指导，这样可以少走弯路。

(3)明确绩效考核目标

积极配合咨询公司对整个业务流程、对全过程的诊断，找出存在的问题，制定相应措施；结合体系要求，编制适合企业两化融合的有关文件；制定明确的工作目标、节点计划，把节点计划落实到每个单位、每个人。

(4)总体提炼“战略—优势—能力—目标”主线

这个过程需要根据行业特征、自身的客观实际情况，提炼符合公司自身定位的目标，不能过大过空，也不能过小过细。因为两化融合体系毕竟是公司战略层面的东西，过空的目标无法实现等于没提，过细的目标必然缺少宏观的分析。两化融合体系与其他体系的主要差别也体现在这个方面，在两化体系中，一定要围绕公司的战略，提炼需要打造的能力，并围绕能力的打造开展相关活动，记录活动过程及成果。

(5)总结能力打造过程的证明性文件

这个过程也是体系管理过程中最重要的一个环节，在以往实施信息化建设过程中，因为缺乏管理要求，实施过程的管理都不够规范，必要的文件、记录可能都缺失，这样也会加大系统实施失败的风险。因此，在系统实施中，必须及时地建立严格的文档管理系统。

在这里介绍一个案例，2009 年时公司曾经实施物资管理系统，在项目实施过程中因为当时没有管理体系要求，文档记录就完全不到位。在项目试运行过程中就出现过某个应用数据无故丢失的情况，但没有记录在案，也没有对该问题进行跟踪。在实际运行后，又发生了同样问题，后果就非常严重，导致有大量数据丢失，带来比较严重的影响。如果按照管理体系要求进行管理，该问题本质上是可以提前发现和避免的。

(6)总结能力打造的效果

对每个打造能力都需要设定考核指标，需要按照设定的时间单位对这些指标进行收集整理，并评价通过能力打造后，这些指标是否达到了设定的目标，以此评价能力打造的效果。

(7)两化体系建设常态化运行

两化融合是一个持续发展、不断深化的过程，只有起点，没有终点。目前两化融合管理体系的精神已经得到全公司上下的认可，并在日常工作中得到了贯彻执行。按照两化融合管理系统的要求和思想，制订了符合公司实际的信息化与工业化发展规划，提炼了阶段性能力打造目标和远期能力打造目标，并确定了能力打造的阶段性计划，目前已按照计划开展工作，顺利完成了阶段目标任务，获得省、市相关科研项目立项资助，目前正在开展智能制造、小组立焊接机器人等方面的前期调研准备工作。

10　船舶企业信息化管理系统组成

船舶企业可以分为两大类型——船舶制造企业和船舶修理企业。在信息系统的组成方面，两类企业有类同点，也有较大的差异。本章论述船舶制造企业信息系统的组成，每个相关子系统或子模块的主要功能目标等。

10.1　造船企业信息系统组成

船舶制造过程是典型的计划性生产，即在确定了要承接的订单后才会进行生产过程的组织，该组织过程是可以高度计划的，但并不能保证真实的生产过程和计划能严格一致，即在生产过程中，计划还可能根据实际情况进行相关调整。但如果有相关信息系统的支持，相对来说会减少修改调整过程。船舶制造企业信息管理系统组成如图10.1所示。相关系统的主要功能目标如下：

(1)生产设计管理子系统

生产设计管理子系统和数字设计软件不是等同的，比如CAD、CAE等软件是属于数字设计软件。在船舶制造企业中，数字设计软件应用最广泛的是TRIBON M3版本，目前有逐步应用TRIBON AM版本的趋势。而生产设计是船舶制造企业的灵魂，所谓数字造船的核心也就是生产设计的全数字化。

该子系统的核心是在TRIBON等三维船舶设计软件的基础上，通过数据导出与利用，实现设计任务计划的拆分、分派、预警、跟踪和质量评审，并能实现基于设计任务的图纸附件上传、校核及审批，能进行设计变更的跟踪管理。并从产品文档管理系统、生产设计管理子系统中协同对业务人员的设计质量进行分析，建立设计基础数据库。在该系统的支持下，每个业务人员可以对指派给自己的任务进行拆分，并请求相关人员进行协助或提供相关资料，实现设计协调等功能。

(2)工程计划管理子系统

工程计划管理是船舶制造企业信息化管理的核心，该子系统要实现相关船舶建造计划的编制，生产场地、人力、物资和资金能力负荷计算，计划的下发，计划修改调整的提醒，计划完成进度的跟踪、分析等功能。

(3)工时物量管理子系统

工时物量管理是进行负荷能力计算、计划编制等的基础性数据。在该子系统中，可实现船舶工时的估算，为经营提供决策依据。并能每天进行船舶工种工时物量消耗数据的输入，自动进行单船分类的工时物量累计消耗统计，并与预计估算进行比对，进行消耗控制。能按照时间段、工艺阶段及工种生成需要的统计分析报表。

(4)生产设备管理子系统

生产设备是船厂完成生产制造任务的重要支撑，个别设备更是船厂制造的瓶颈资源。该子系统应关注船舶制造企业的生产设备信息化管理，实现对各类生产设备的台账、供应商

图 10.1 船舶制造企业信息管理系统组成

基本信息资料和供应商能力评估、设备采购信息及合同等文档资料、设备的备品备件采购及库存、设备维修信息记录、设备使用计划等综合信息进行管理等功能。

为实现该目标,需要建立企业设备的基础编码体系,各数据之间通过设备编码建立关联。通过该子系统,可以生成各类需要的统计报表,能直观方便地统计出各设备的利用率、检修率等,方便对生成能力进行评估,也能对设备供应商进行直观的评价。同时,今后将广泛利用工业互联网思想,实现设备的实时运行状态参数信息的采集,为工业大数据应用、设备的视情维修建立基础。

(5)人力资源管理子系统

人力资源是企业发展维持的根本,在技术手段日新月异的信息化大环境下,人才更是企业获取竞争优势的核心。人力资源管理系统是落实公司发展战略,对人才和人力分布状态进行管理和分析的系统。

该系统应能实现对相关船舶制造企业自身的员工进行基本人事信息管理,如人员基本信息、学历信息、健康状况、基本的家庭信息等。同时,通过该系统应能编制培训计划及跟踪落实情况,进行人员考勤管理、人员绩效考核和薪酬管理,并能进行人力资源的测评。同时,考虑到船舶制造企业以外包劳务工、协力工为主的情况,该子系统除了能对本厂职工进行信息管理,还应能对外包或外协工程队人员的基本情况、职业资质、人员培训、每日出勤工时、保险购置等信息进行记录管理,并能根据需要生成各类需要的统计分析报表[85]。

(6)生产场地管理子系统

生产场地管理是船舶制造企业具有行业特色的子系统之一。主要是因为船舶制造企业一般生产场地资源比较有限,场地的功能无法完全固定,会在一定范围内进行修改调整。同时,因为船舶制造周期比较长,为单件生产组织模式,为了方便直观地进行相关计划进度情况的查看,需要通过生产场地管理系统作为直观的信息查看入口。

生产场地管理子系统应能对船舶制造企业的生产场地平面图进行直观展示,能对不同场地资源进行颜色区分,能划定加工工位,能按照时间段制订生产分段的场地部署计划,能绘制特定时间点的场地状况,能对场地使用情况、空置情况等进行统计分析,以辅助进行场地能力测算。

(7)质量管理子系统

质量管理子系统应能实现有效质量管理文件发布、入库验收检验、建造过程中产品项目质量检验(包括部门检验、对外报验)等的管理。该子系统应可以按产品名称、班组名称、工程队、部门统计生成月、季、年合格产品图表。能登记因为质量问题导致的损失情况,能按产品名称、损失分类、部门、班组生成月度、季度、年度损失费用图表。

(8)生产物流管理子系统

该系统实现对物资采购、到货入库等信息的跟踪,并实现托盘管理、内部集配等功能。通过该子系统能对设计系统中导出的托盘进行管理,能从物资管理系统中检索外购件是否已经采购到位,能由人工反馈中间自制加工件的状态,在这两个信息的基础上能直观显示托盘的完整性,以对生产制造及计划系统提供支持。能记录托盘物资的流传、集配及发送信息。

(9)外协管理子系统

船舶制造是一个多专业、多工种协作加工和生产制造的过程,不仅是内部多工种、多部门的协作,还需要利用外部的专业公司技术力量完成一定的生产加工或设计。外协管理子系统主要实现外扩分段、舾装件、管子加工、大型铸锻件等相关的外协管理功能。包括外协申请、外协审批、验收入库管理、领用管理、外协合同管理、外协供应商管理、外协质量管理、外协进度跟踪管理等功能。该子系统应能根据需要生成各类统计分析报表。

(10)能源管理子系统

在目前强调绿色发展、重视能源消耗的大背景下,船舶制造过程中的相关能源消耗获得了越来越多的关注。能源管理子系统应能实现对船舶制造企业的能源消耗按照电、水、气体、油等自定义类别进行登记,能建立需要的各计量点能源基础信息。并可以根据实际情况对个别计量点设置每月消耗的考核指标。能按照每天、每月等时间单位输入各计量点的能源消耗,能生成需要的能源统计报表。

在船舶工业互联网的发展趋势下,今后将开发相关的信息采集设备装置,实现各计量点消耗数据的自动信息采集,一方面可以加快信息采集数据获取的速度,同时也可以提高数据获取的准确度。

(11)客户关系管理子系统

该子系统应能实现售后服务信息登记、客户相关信息收集、客户资信评价、顾客意见收集调查登记等相关管理。其中顾客意见调查可以采用“走访、邮寄调查表、电话询问、现场”等方式,能按照“故障情况、维修性、配(备)件更换、服务的及时性、服务的有效性、服务人员态度”等项目提请顾客进行评价,在此基础上可以按月、季、年统计生成“评估项目”平均分及平均分月度曲线。

(12)企业决策支持管理子系统

该子系统应能将其他各子系统中的相关信息汇总在一起显示,能根据需要的查询维度及粒度进行交叉统计分析,提供给公司管理层直观形象的分析统计数据。

(13)数字化设计工具

数据化设计工具从传统观念上不认为其属于信息化管理系统,而是一个专业的工具,一般用于进行产品图纸设计。目前主要有二维平面设计软件和三维设计软件。二维软件目前应用最为广泛的是 AutoCAD,它可以对产品进行二维的图纸绘制和表现,虽然它也具有三维设计的能力,但在船舶行业上,进行三维设计应用更多的是 Tribon 软件。Tribon 软件最初是由国外的一家造船厂组织力量进行开发的,因此,它对船舶设计过程中的一些特殊性要求有比较充分的考虑。

船舶产品是比较复杂的产品,零部件多、管系复杂,在设计过程中需要对管系、布局是否合理,是否安装方便、是否会干涉等进行辅助分析和判断处理的能力。而三维设计软件具备解决这些问题的基础,而二维的设计软件则不可能实现这些功能。

随着设计管理程度的提高,对数字化设计软件也提出了更高的要求。特别是在工业互联网的管理模式下,要求能从设计软件中导出很多的设计信息,比如焊缝的长度、电缆的长度、不同规格零部件的数量等,以提供对计划、采购、成本核算、外协计算价格的相关依据和支持。

(14)成本管理子系统

船舶制造企业的生产成本主要受两个方面的影响,一个是外界环境因素成本,另一个是企业内部的生产建造过程的组织管理导致的成本。船舶制造过程受外界环境情况而变动的概率很大。主要是建造周期比较长,而订单价格是在合同中约定好的,在1年多的设计建造过程中,外界的原材料价格、人工价格、相关货币汇率等很可能发生非常大的变动,导致成本变动。

船舶建造成本管理子系统主要管理企业内部建造过程中的成本消耗情况,包括物资采购成本、人力资源消耗成本,无法分解单一船舶的生产经营成本则采用相应的分摊方法分解计算到对应单船。

从系统管理功能角度,目前大部分的成本管理系统只是实现了针对已经发生了的成本的登记功能,而对成本过程管控、动态成本监测和预警、成本分析等方面则较少涉及,但这些才应该是该系统的核心功能。

(15)物资管理子系统

物资管理系统应该是工业行业企业都需要的功能,船舶企业的物资管理系统与其他行业相比没有太大的差异。物资管理子系统实现对物资的基础编码体系、物资手册、供应商信息、物料计价方式、采购合同管理、单船物资定额计划管理、库存管理、物资领用、退料、报废、盘点等相关管理功能，能按照单船输出相应统计分析报表。

(16)财务管理子系统

同样，船舶行业的财务管理系统与其他行业相比没有太大的差异，可以采用标准化的财务管理软件实现，比如国内的金蝶、用友等财务管理软件。基本必需的管理模块有总账管理、财务类别管理、费用管理、采购管理等。如果采用专业公司的财务软件，要特别关注其和其他系统之间如何方便地进行信息的交互和集成。

(17)技术文档管理子系统

该子系统按照设定的分类方式对产品设计、建造过程中产生的文档(如设计图样、技术文件、规格书、船东往来邮件)等进行管理。能按照权限设定上传及下载文档，能对同一文档的不同版本状态、下载过的人员、文档状态等进行更精细的管理控制。

(18)办公自动化

办公自动化管理系统应该是所有组织机构都需要的功能，船舶企业的办公自动化系统与其他行业相比没有太大的差异，一般需要具备公文组织、审批、发布、内部邮件交流、内部论坛交流、流程审批等功能。

(19)系统管理

系统管理是所有信息应用系统都需要具备的功能，一般实现对系统用户、组织架构、基础信息、权限、系统参数、数据备份/还原等进行管理的功能。

随着对系统安全性、保密性等要求的提高，一般要求系统管理模块能实现对关键敏感信息采用加密存储的模式保存，并要能实现即使是系统管理员也不能查看其不能查看的内容。为提高系统安全性，系统要能统计关键用户账户的密码安全性、密码使用的时长，并强制要求超过规定时间要修改密码。

图 10.2 所示为采用加密存储的模式示例。

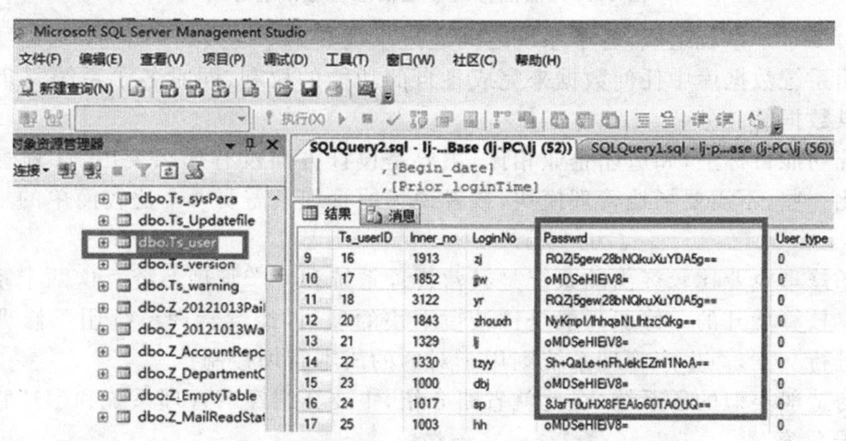

图 10.2 采用加密存储的模式示例

10.2 船舶修理企业信息系统组成

与船舶制造企业相比，船舶修理企业生产过程的计划性要差很多，生产过程的随机变动性很强，对物资采购的速度有更高的要求，瓶颈资源的冲突可能性更高。反映在信息系统的组成上，也有较大的差异。船舶修理企业信息管理系统组成如图 10.3 所示。

图 10.3　船舶修理企业信息管理系统组成

系统由多个子系统组成，各子系统之间通过系统数据库连接成一个整体，即所有子系统均享有调用系统数据库中任何数据来完成各自的功能的权利，同时各子系统又负有向系统数据库提供数据的义务。

在系统功能目标上，和造船企业相比，主要是设计方面没有那么突出，计划管理的重要性也要淡化一些，不需要场地管理模块，或者说场地管理只需要一个比较简单的场地看板就可以了。

但船舶修理企业比较突出的系统是经营管理系统和生产管理系统。这两个系统的核心是围绕成本核算展开的。修船一般是比较短平快的项目，经营管理系统用于修理经营过程中与船东进行交互，而生产管理系统则用于对内的成本管理控制。

对于与造船类似的子系统，在此就省略介绍，主要介绍经营管理系统和生产管理系统这两个关键子系统。

(1)经营管理系统

为了更好地理解船舶修理企业的经营管理子系统功能，需要对船舶修理企业的整体业务流程有一个比较准确的认识，船舶修理企业整体业务流程如图 10.4 所示。

经营管理子系统是船舶修理企业的核心子系统之一，船舶建造企业则基本不需要该子系统。经营管理子系统主要是对修理船舶的船东进行报价管理，对船舶进行基础资料收集与输入，对确定修理的船舶进行工程编号生成、工程管理小组确定等管理，对修理完工的船舶进行工程价格结算(包括对外结算和对内结算)，对企业进行经营状态分析等。

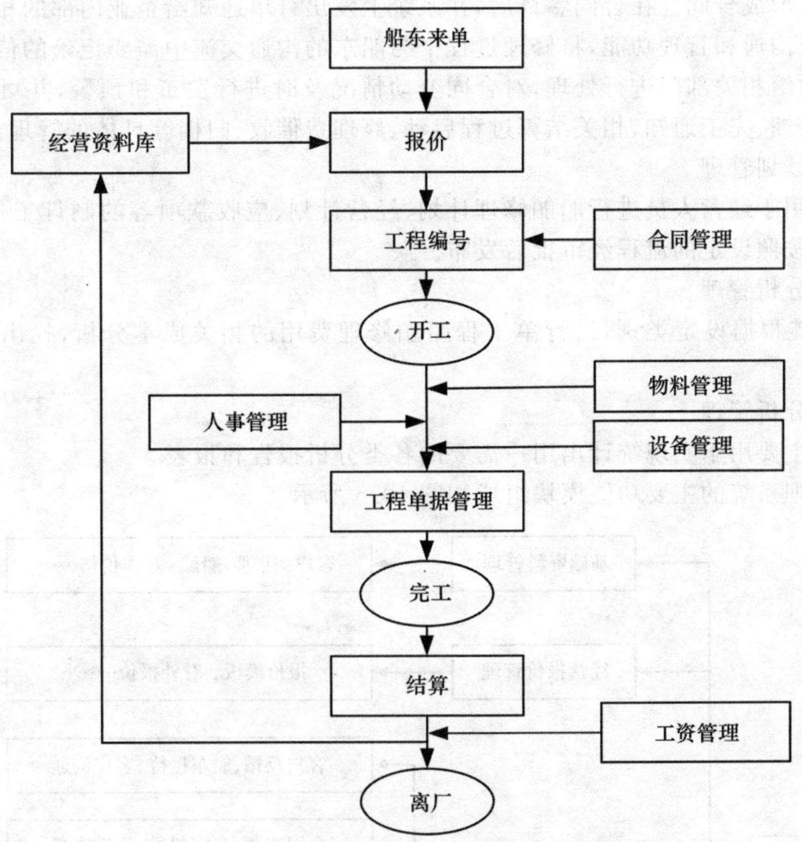

图 10.4 船舶修理企业整体业务流程图

该子系统具体又包括如下几个具体的功能模块：

①基础资料管理

基础资料是经营管理子系统顺利运行的基础，主要实现对经营过程中涉及的船东客户基本信息、船舶经营代理商基本信息、船舶产品的基本信息、基础修理价格信息、基础标准术语、船东分布国家地区编码等进行管理，但最核心的是对每个企业自己特有的基础报价模板项目进行管理和维护，包括项目的分类、基础报价、调整系统等进行管理，该系统必须可以对基础信息进行维护，包括增加、修改、删除。

在该模块中，有些信息字段要求具有按照设定时间进行提前预警的功能，这些字段一般为日期类型字段，如"下次坞检时间"、"下次特检时间"等字段，在提前预警信息发布后，会提醒相关人员和相应船东及时联系和沟通，加强经营工作的主动性。

②经营报价管理

经营报价子模块是该子系统的核心模块，主要为经营人员实现电子报价提供技术帮助。根据设定的报价模块，经营人员根据从船东处获取的修理项目预计内容（在报价前，船东会将修理项目清单发送给修船企业），通过勾选项目、输入补充项目、设定相应系数等方式生成相应的报价单，并可以将该报价单发送给船东确认。对确认后的报价单，可以作为下一步工程管理的依据。

③合同履行管理

合同履行模块是一个信息的动态跟踪及输入管理模块，该模块一般在双方确认的报价基础上，签订形成合同。在合同签订后，在系统上发出订单通知给企业内部的相关部门。同时，提供客户沟通和管理功能，将修理过程中与船东的沟通交流中需要记录的信息进行及时输入，并传递给相关部门进行处理，对合同变动情况及时进行发布和预警，并可以实现船东接待、客户反馈、完工通知、相关结算过程启动、修理费催收、归档等具体的管理。

④经营计划管理

该模块用于经营人员进行船舶修理计划、经营计划、应收款项等的制订工作，并可以将制订的计划按照设定的流程经审批后发布。

⑤成本分析管理

该模块能根据设定类别，进行单工程船舶修理费用的相关成本分析，找出改进提高的方向。

⑥统计分析管理

该模块主要用于实现统计出用户需要的各类分析报告和报表。

经营管理系统的主要功能模块组成如图 10.5 所示。

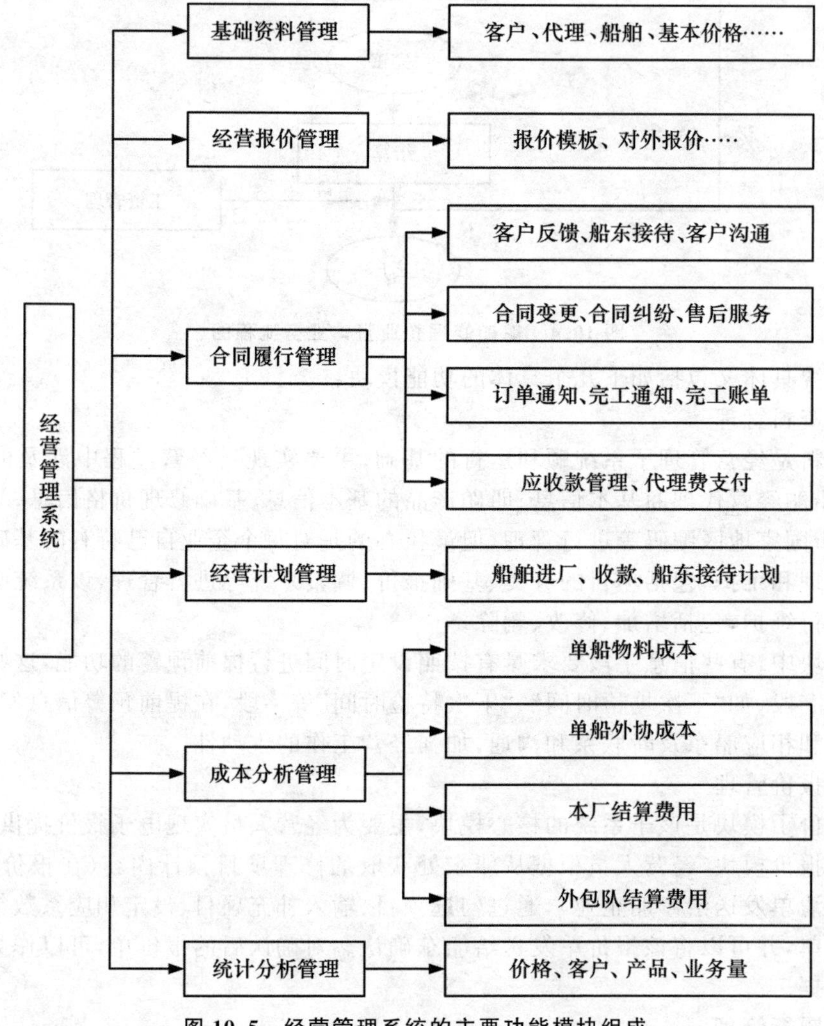

图 10.5　经营管理系统的主要功能模块组成

(2)生产管理系统

生产管理子系统在船舶修理企业的信息化管理系统中是数据量最大的子系统,主要用于对每天的修理过程中产生的物资消耗、人工消耗、安全质量、项目修理内容变更、工程修理资料文档等进行管理,是船舶修理业务系统中最复杂的子系统。

从具体应用角度,应包括船舶修理工程编号及相应工程编号下的项目编号的管理,实现对工程编号及项目编号的启用、暂停、停用、完工等状态的管理,并以工程状态准则来控制物料的领用、人工数据的输入、工程修改单据的编辑等。

从单据的角度,生产管理子系统应包括最初工程单、勘验后工程单、工程指派单、工程追加调整单、派工单、工程联系单、完工单、结算单等[88]。

生产管理子系统中,物资管理业务流程如图 10.6 所示,数据流程示意图如图 10.7 所示。

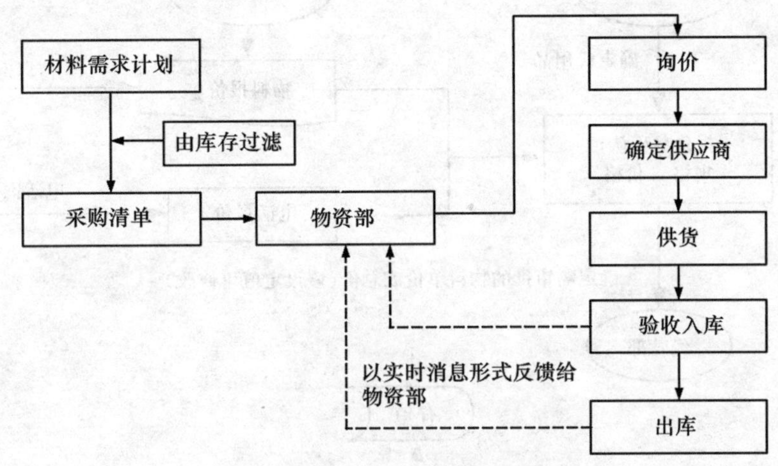

图 10.6　物资管理业务流程示意图

生产管理系统的功能模块组成如图 10.8 所示。

①基础资料管理

工程的基础资料信息管理主要实现对船舶工程的基础信息进行维护。在具体的管理上,船舶修理是以单船项目管理为主线。

②单据管理

对单船修理全过程中产生的单据进行综合信息管理,要求能将工程单据中不同状态的行以不同颜色进行显示,要求能多人协同编辑和操作,要求能按照记录行进行权限的控制等。

③安全质量控制管理

船舶修理过程中,安全必然也是重点关注的问题。在生产管理方面,需要安全质量控制模块进行相关信息的跟踪、登记和分析。

④报表统计管理

这个相对是比较标准化的功能。

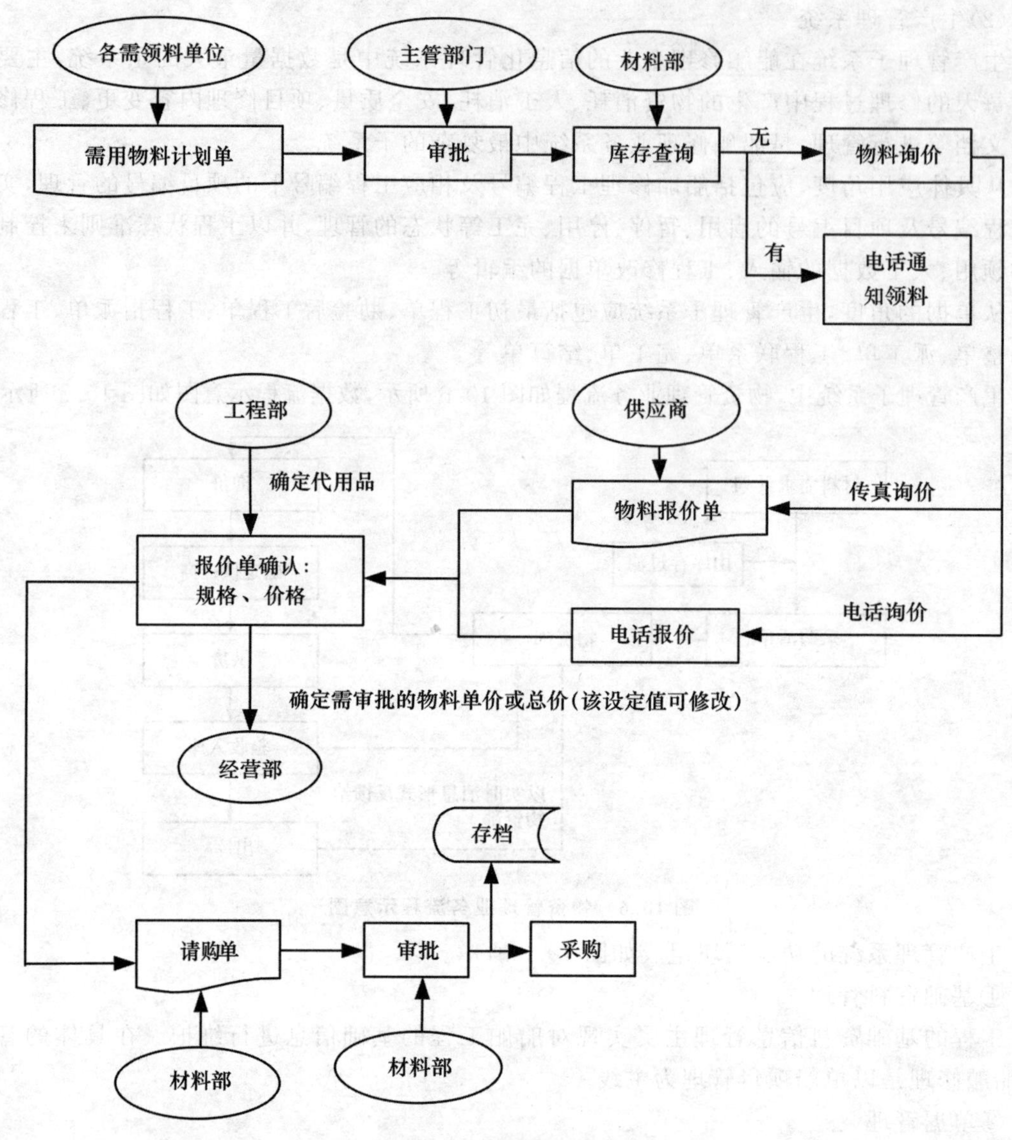

图 10.7　数据流程示意图

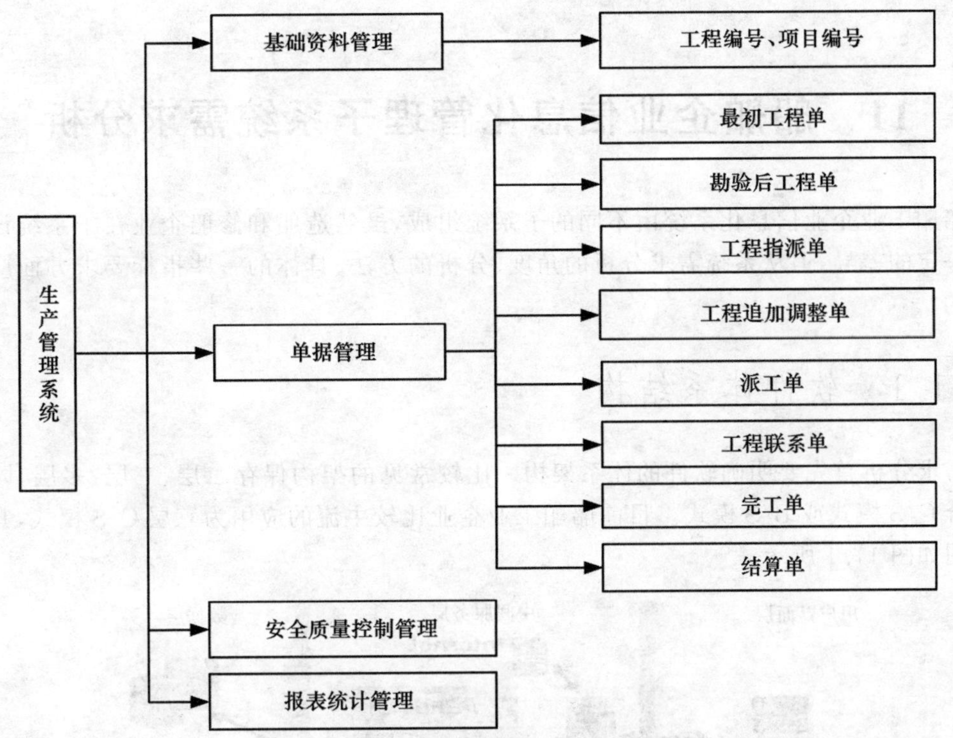

图 10.8 生产管理系统的功能模块组成

11　船舶企业信息化管理子系统需求分析

船舶工业企业信息化系统由不同的子系统组成，虽然造船和修船企业在子系统设置方面有一定的差异，但从系统需求分析的角度、分析的方法、具体的一些指标要求方面应该是类似的。

11.1　软件体系结构

需求分析首先要明确软件的体系架构。比较常见的架构保存二层、三层、多层，同时又会组合 C/S 模式或 B/S 模式。目前船舶工业企业比较主流的应用为三层 C/S 模式，其结构示意图如图 11.1 所示。

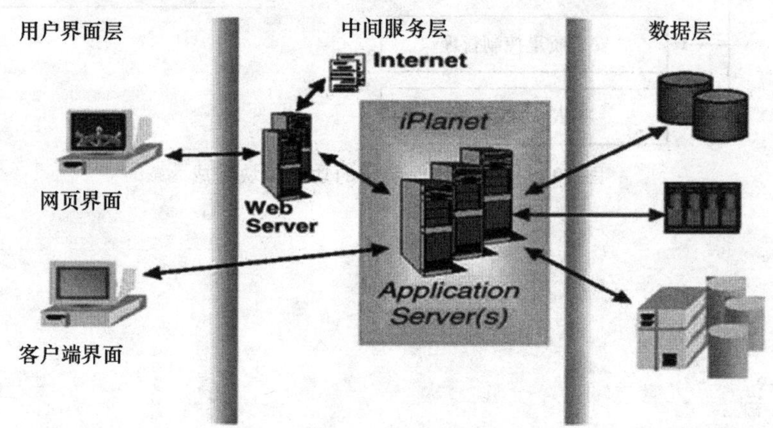

图 11.1　三层分布式结构示意图

三层分布式 C/S 模式结构一般包括客户端、中间层和数据层。其中，客户端推荐采用由 1 个主应用程序及相关的 DLL 文件组成的组合插件结构；中间层则采用分布式技术，一般用于对数据库进行访问，一般应支持多种数据库的访问，也可以部署一些影响面比较大的业务处理逻辑；数据层则进行数据的物理存储和逻辑访问，比较常见的数据库工具软件包括 SQL Server、MySQL、DB2 等中、大型数据库，也包括 Access 等小型数据库。也有在客户端将数据呈现和业务逻辑分开的模式，即多层模式。

采用三层或多层的软件体系结构有很多相应的优势，最主要体现在系统的灵活性方面，可以比较容易地支持用户数量规模的变动；同时也方便部署软件为不同的应用模式，如部署为单机版本、网络版本，则只需要通过部署配置进行调整，软件本身不需要大的修改变动。具体的优势体现在如下几个方面：

(1)能有效简化管理和降低建设及维护成本

和单层、二层结构相比，三层或多层结构更容易对每层次上的业务功能组件进行单独的局部更新替换或增加，因此可维护性更好，相关的维护代价更低。同时，在三层或多层结构中，运行在客户机上的界面端可能不需要执行比较大型或复杂的相关处理，所以可以降低对客户机电脑配置的要求，甚至瘦客户机都可以满足。同时，在目前云计算的模式下，该类结构更容易部署为云端的模式。在采用运行在中间层的业务逻辑层模式下，可以比较方便地对用户需求进行响应修改，而只需要在中间层对业务逻辑进行修改，而不需要对客户端进行操作，这样系统扩展调整就非常容易。

(2)对复杂应用需求能更加适应

在采用三层或多层结构后，必然可以将数据处理从客户端的界面层迁移到业务逻辑处理的中间应用服务器层。因此，虽然客户端界面与应用中间服务器层之间存在超多的连接，但中间应用服务器层和数据库服务器层之间仍然保持只有少量的连接，这样可以更容易切换后端的数据库服务器。这样的模式大大提高了系统的可伸缩性，能更好地适应用户数量的大规模急剧增加，这时，只需要部署更多的中间层，再结合扩展数据库层的处理能力就可以了。

(3)访问异构数据库

在采用三层或多层结构后，只需要对中间层进行处理就可以切换后端的数据库层，因此可以支持更多的异构数据库。

(4)能有效提高系统并发处理能力

传统非多层结构模式下，随着数据处理量的扩大，很容易形成系统性能瓶颈。而多层模式采用功能错开的模式，因此可以将负载压力分散，进而提高系统的整体性能。

在客户端操作界面的推荐模式方面，客户端界面形式有多种，目前比较推荐的是采用类似于 Outlook 操作形式的信息桌面。其主要特点是：

①不采用 MDI 多文档界面；

②主界面最上端为菜单栏，但其菜单栏的功能相对于 MDI 多文档界面的菜单栏的功能已经大大简化；

③菜单栏下面为快捷按钮栏，这个快捷按钮栏中按钮项是根据不同的功能模块而变化的；

④快捷按钮栏的下面是主要区域，主要区域分两部分，左边是类似 Outlook 的快捷图标按钮栏，右边是概要数据页面；

⑤界面的最下方，是状态栏。

信息桌面的界面表达的主要优点是“单击即得”，而不需要客户进行过于复杂的操作。

客户端采用一个主程序调用若干 DLL 的构架，这种方式能大大减少对用户客户端计算机的内存资源占用，基本只需要 10MB 的内存消耗。同时，界面需要能支持用户自己配置相关的信息，如颜色、字体、位置等。客户端界面示意如图 11.2 所示。

11.2 安全性方面需求

安全是信息类管理系统必须要考虑的关键问题，一般推荐采取如下的措施手段：

(1)信息加密存储

信息系统中数据的安全、保密是很重要的方面。安全性不仅指限制企业外部的入侵等行为，还要能限制操作人员对内容的误操作、越权操作等行为。保密性方面除了要限定普通

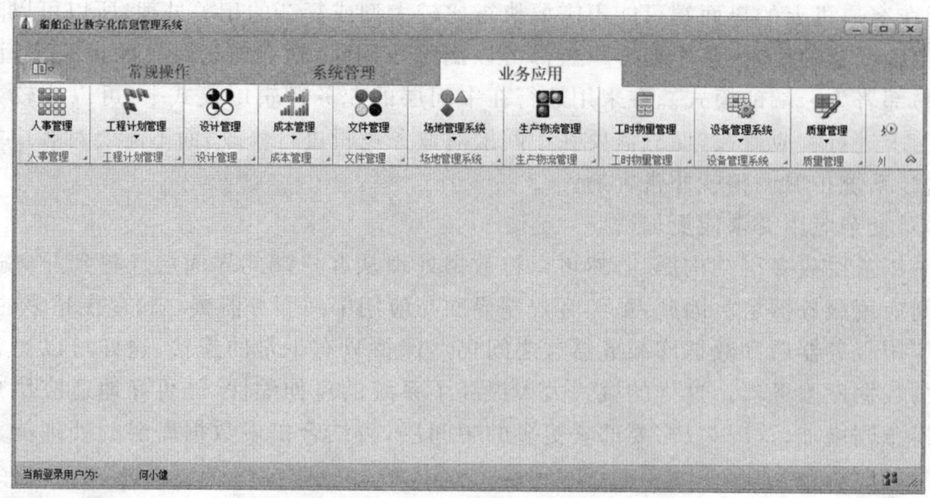

图 11.2　客户端界面示意

用户通过系统能查看的数据内容外,对重要的数据还应该能限制系统管理员等维护人员的查看,因为现代企业的人才流动性很大,这一点就显得格外重要。对数据采用加密存储后,即使数据库管理员也无法查看,更不能随便修改,大大提高了系统的安全性和保密性。同时,为了方便对数据进行配置,还应该开发相关的工具,支持对数据库中用户自己设定的关键信息进行加/解密。

(2)操作日志的记载

在信息系统中,数据的变动记录,即某一用户对数据的修改情况,也是非常关键的记录数据,在必要时,可以借助这一记录进行责任认定和误操作数据的恢复。最好能实现用户可以根据需要设定要进行日志记载的行为,大大提高安全性。图 11.3 所示是某修船企业信息化管理软件中一个操作日志的查看界面。通过该界面,能按照不同用户、指定时间段、特定的操作表或者操作类型(新增、修改、删除等)等对操作情况进行日志显示。

被修改表名	被修改列名	修改类型	修改前值	修改后值
T5_1_Employers ...	Attend_card_no ..	修改		32
T2_Cus_Datum ...	Cust_Name ..	新增		韩博志
T2_Cus_Datum ...	Cust_Type ..	新增		私人
T2_Cus_Datum ...	Credit_Level ..	新增		中
T2_Agents_Datu...	Agent_No ...	新增		HBZ
T2_Agents_Datu...	Agent_Com_Nam...	新增		中国代理
T2_Agents_Datu...	T2_CountryID ..	新增		8
T2_Ship_Datum ...	Ship_No ..	新增		HBZ001
T2_Ship_Datum ...	T2_Cus_DatumID...	新增		6
T2_Ship_Datum ...	Company_Name ...	新增		放大
T2_Ship_Datum ...	Ship_Eng ..	新增		大修
T2_Ship_Datum ...	Ship_Name ..	新增		营养
T2_Ship_Datum ...	Ship_Name_O ..	新增		HBZOil
T2_Ship_Datum ...	Ship_Type ..	新增		淡定
T2_Ship_Datum ...	Build_Date ..	新增		2009-8-5 0:00:00

图 11.3　操作日志的查看界面

(3)误操作数据的恢复

在保存数据操作记录的基础上，能支持误删除数据的恢复，这也是提高数据安全性的一个重要的手段。

11.3　操作性方面需求

经常听到电脑操作人员抱怨某软件使用不方便，一个有良好设计的信息系统软件，还要重点考虑操作人员的感受，这一点应该在软件开发中进行重点关注和考虑。根据相关开发经验，应采取如下的方法：

(1)自定义登录信息

在信息系统中，需要通过用户身份识别来进行限定，一般是由系统管理员为普通用户分配一个登录名和密码。在很多信息系统中，普通用户就只能修改自己的密码而不能修改自己的登录名，这无形中给普通用户的操作带来不便，也降低了系统的安全性。因此应该能由用户自己来定义登录信息。图 11.4 所示为登录信息的修改界面。

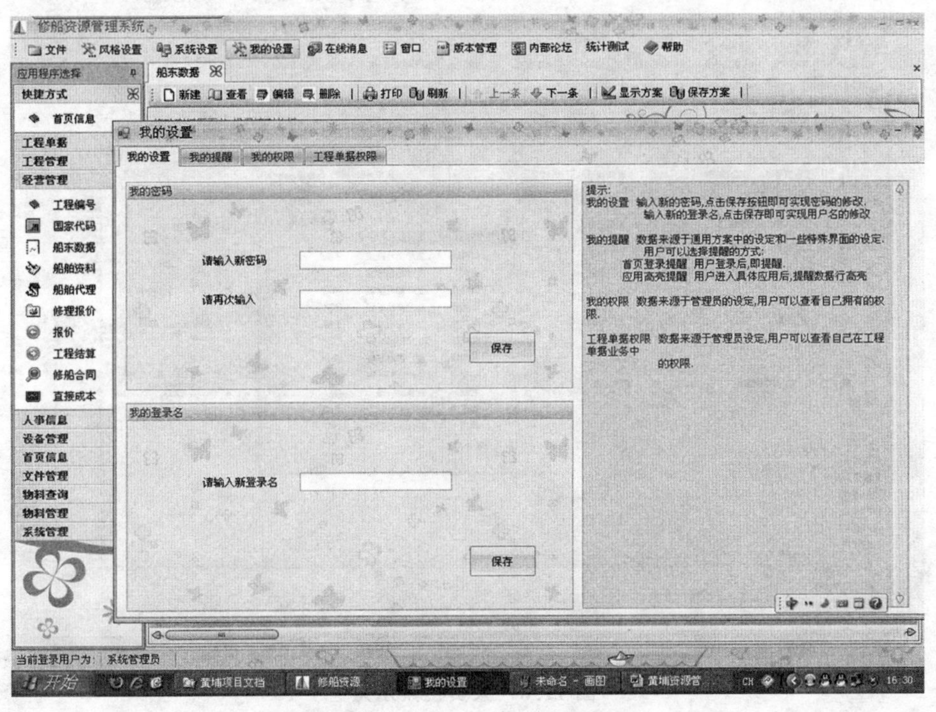

图 11.4　登录信息的修改界面

(2)自定义显示位置和操作快捷键

信息系统软件的操作主要以键盘和鼠标为主，普通用户的第一感觉是鼠标方便快捷，但对于经常进行重复操作的输单员等用户，用键盘绝对比鼠标快捷。一般的系统都规定了快捷键码，因此，在软件操作需求方面，应该考虑如何支持具体用户根据自己的需要来定义熟悉的快捷键，进一步方便操作。图 11.5 所示为设定快捷键示意图。

图 11.5 设定快捷键示意图

(3)用拼音首字母快速输入

在信息系统软件使用中,大量的工作是信息的输入。因此,要重点考虑如何提高输入的便捷性。一种可行的手段是用拼音首字母快速输入的功能,在输入过程中会动态提示,使用户的输入更加得心应手。图 11.6 所示为用拼音首字母快速进行人员搜索。

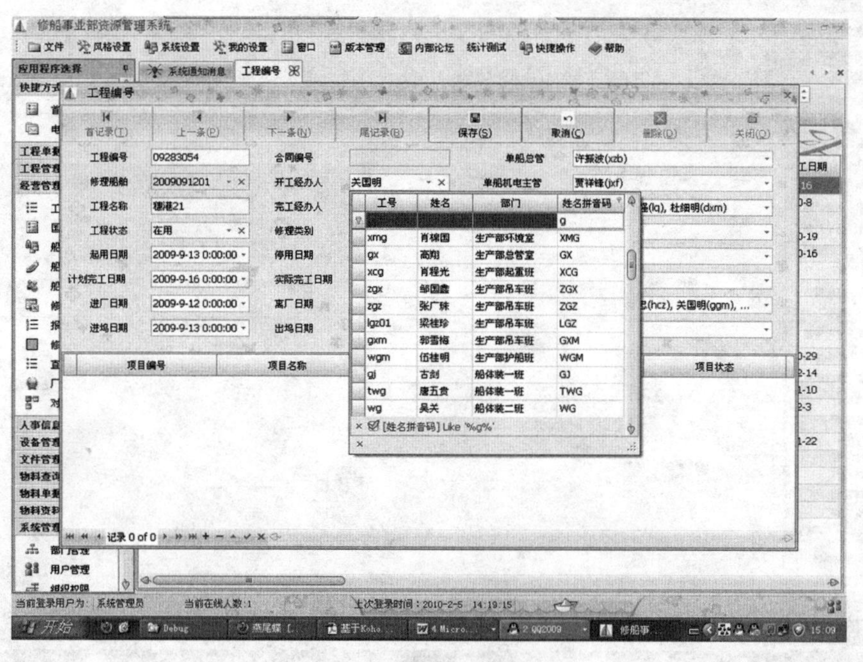

图 11.6 人员搜索示意

(4)日期数据输入

日期数据是信息类软件中最常见的数据类型之一,如何快速输入日期数据也是软件需求设计阶段要充分考虑的。目前主流的做法是采用第三方开发或自行开发日期输入控件,一般这类控件不仅能支持键盘输入和鼠标选择,还能支持数据输入时的自动补 0 和输入验证,比如在月份处输入"3"就直接会跳到日期输入处,输入不存在的日期会给出提示,这些功能不仅方便操作,同时减少了输入错误的发生。图 11.7 所示为日期输入界面示意。

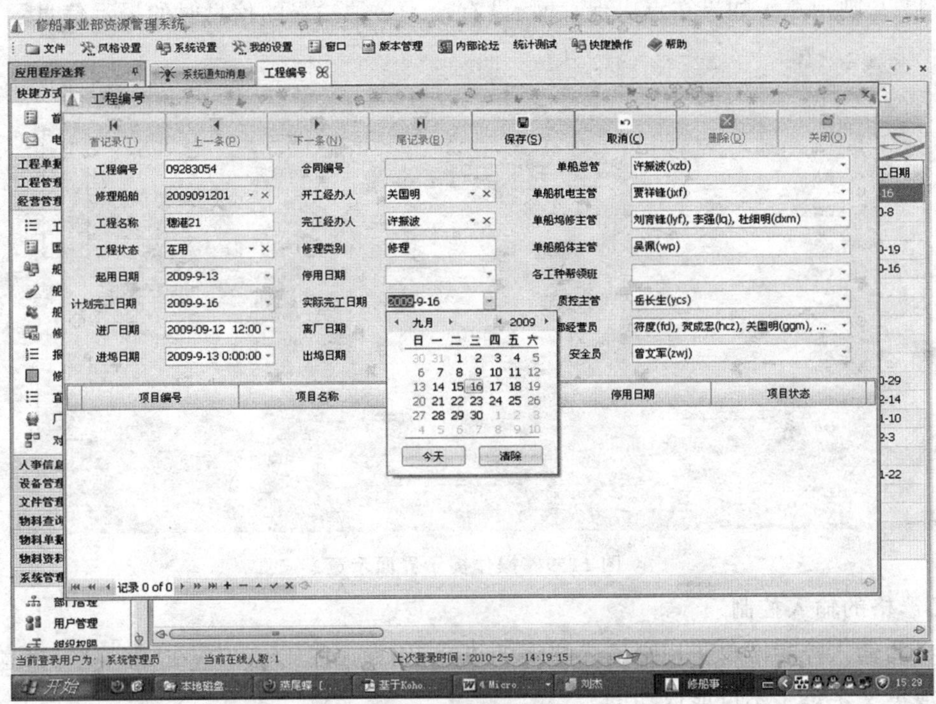

图 11.7 日期输入界面示意

(5)丰富直观的提示信息

在具体的操作过程中,用户难免会发生错误操作,因此良好的提示环境不仅会让用户在愉悦的心情中工作,而且会加快操作员对软件熟悉的进度。软件需求中,应对信息的提示进行精心设计,不仅要直观,而且还应简捷准确。图 11.8 所示为信息提示界面示意。

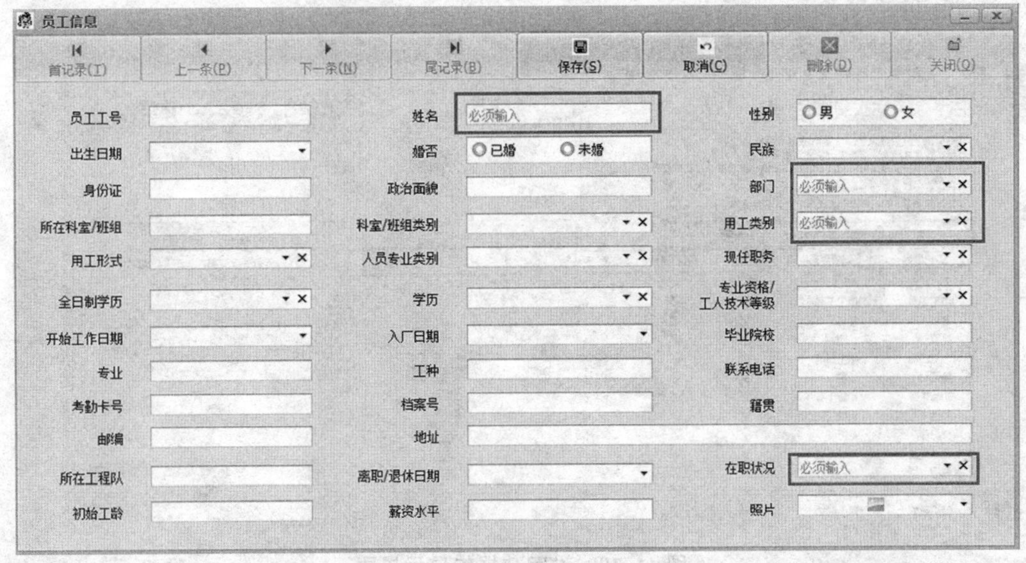

图 11.8 信息提示界面示意

图 11.9 则示意了如果在点击保存时，没有输入必须输入的信息时的提示信息示例。

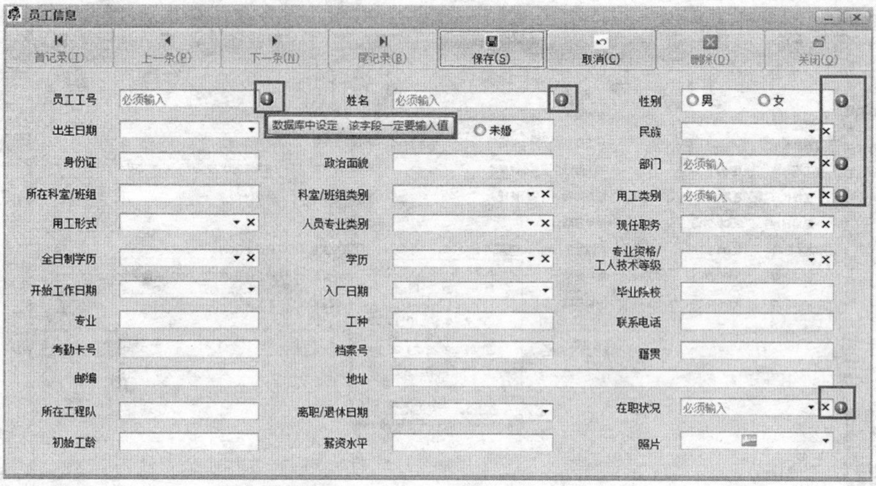

图 11.9　操作提示界面示意

(6)严格的输入控制

严格的输入控制减少了用户输入错误的机会，比如在图 11.9 中，在“邮编”等信息栏，输入中文或英文字母是不可能成功的。

(7)显示方案设置

每个具体的用户可以定制自己关心的数据显示内容，这一定制应和具体用户关联，即能实现不同用户用不同界面显示，所以更加人性化，也能加快数据加载的速度。图 11.10 所示为设定数据的显示界面，对人员的多条记录显示界面，可以设定只显示自己关心的数据，加快数据下载的速度。

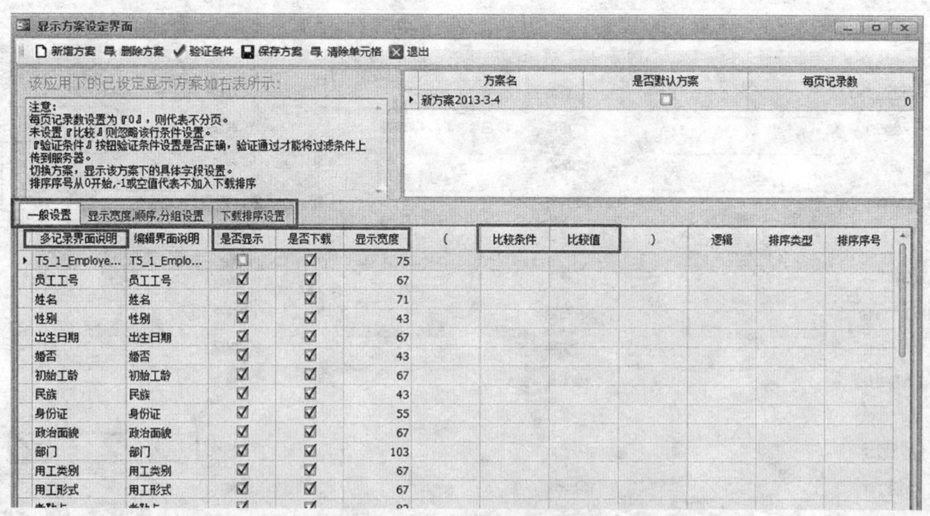

图 11.10　设定数据的显示界面

图 11.11 所示为在设置显示方案后，用户再打开该应用时将按照个人设置的风格显示数据。

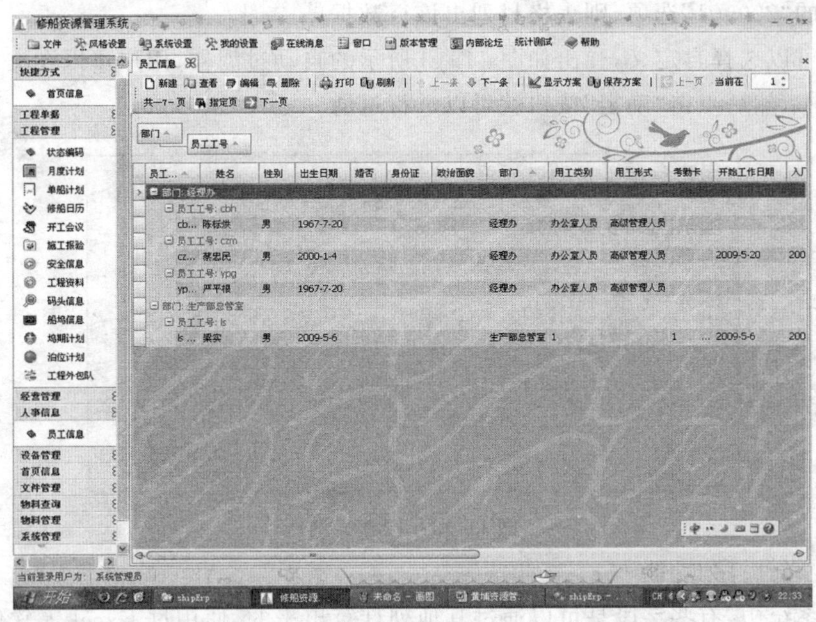

图 11.11　个性化显示效果(自定义了 2 层分组)

(8)方便的搜索功能

在信息系统软件中，随着使用时间的增加，数据量会变得越来越大，在众多的数据中查找到您所关心的信息就要借助方便快捷的搜索功能。图 11.12 所示为搜索实例效果。

图 11.12　搜索实例效果

当用户需要快速查询某数据时，可以将鼠标移动至表格列标题的地方，点击“过滤标识”，则可弹出如图11.12所示的下拉框，用户可以通过选择列出的数据进行过滤，比如选择该下拉框中的“200901”选项，则表格只列出该行数据。

用户也可以选择自定义，弹出如图11.13所示的自动过滤器，用户可以在文本框输入需要匹配的文本，然后点击“确定”按钮就可以进行过滤。

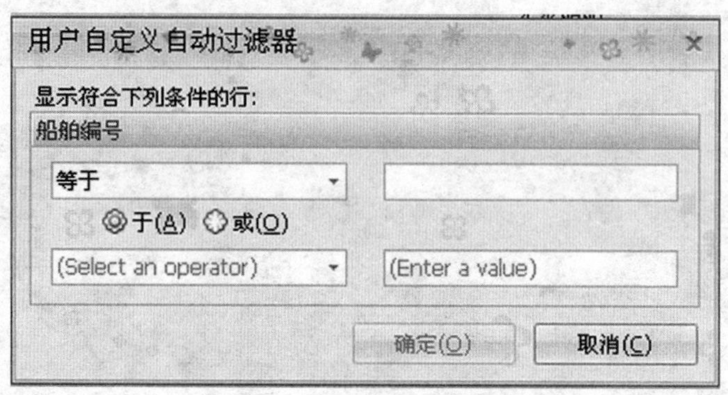

图 11.13　搜索实例

(9)自定义计算列功能

在信息系统中，有些字段是可以通过其他列计算出来的，使用过Excel等软件就有很深刻的体会，软件应该能提供这一计算功能，由用户来设定这一计算信息，并可以保存下来。图11.14所示为设定计算列的信息示例界面，在该界面上，用户设定通过领料单价和实发数量计算出一个费用显示，还可以在这个费用上统一给予一个折扣等。

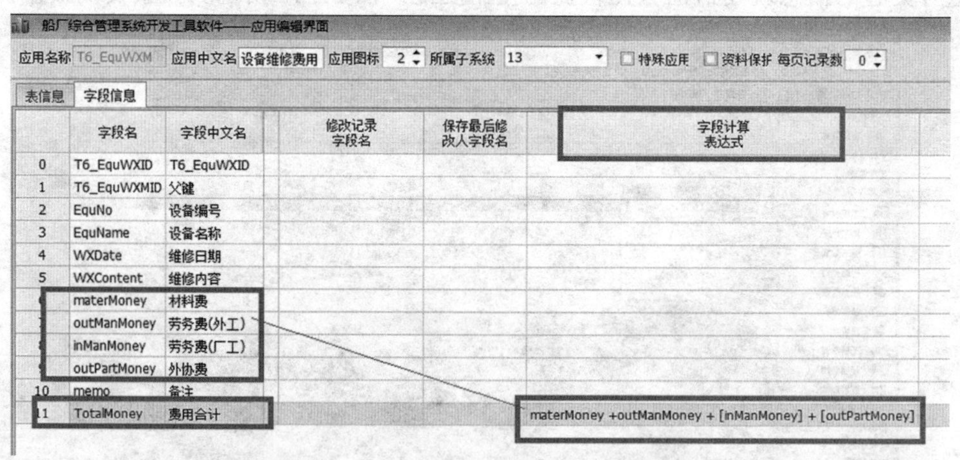

图 11.14　设定计算列的信息示例界面

(10)方便地切换系统界面

船舶企业信息化软件如果长期是一种颜色布局方案，时间长了以后难免会审美疲劳。因此，在软件需求设计上，也要考虑如何能实现用户自定义颜色方案等。

目前比较主流的做法是采用自定义皮肤方案，并有专业的软件公司提供标准化的软件产品皮肤解决方案。图11.15和图11.16所示是同一个软件产品的两种软件皮肤方案。当然，在该软件产品中，远远不止这两种皮肤方案，因此就提供给用户更多的选择，也愉悦了使用者的心情。

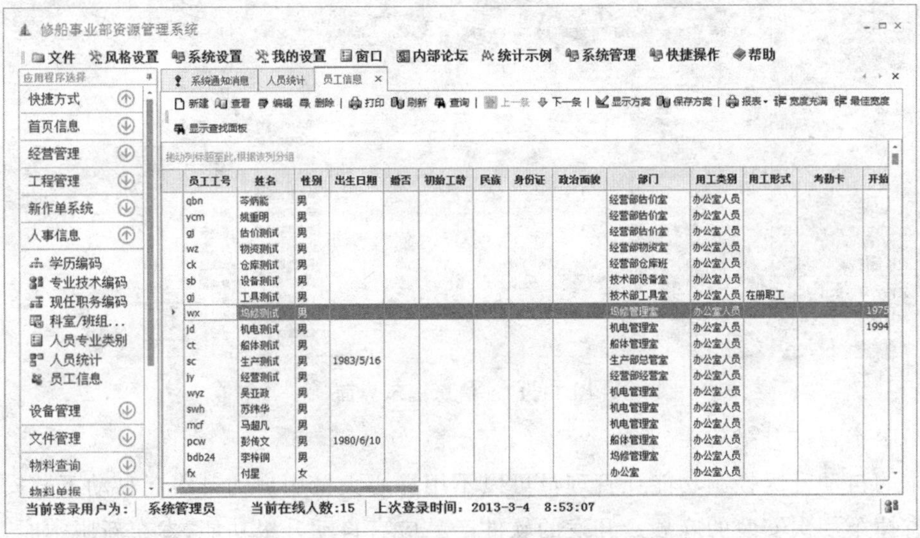

图 11.15　软件皮肤方案一

图 11.16　软件皮肤方案二

用户可以自行选择自己的界面显示风格，下次登录会自行按照所选择的风格进行显示。

(11)方便、美观的提示界面

通过信息系统平台，可以进行简单的消息传递、文件传输、邮件收发等类似 QQ 软件的功能，在收到这些消息时，应给予美观、友好的提示，而且这些消息应支持离线保存功能，即使用户没有登录相应的系统，发给用户的消息在用户登录后应能收到。在信息系统中，还要有大量的审批行为，在开发的系统中，需要某用户审批时，应该有信息提示该用户，在该用户审批通过后，会有信息提示申请者，这样能保证信息的及时沟通。图 11.17 所示为信息提示界面。

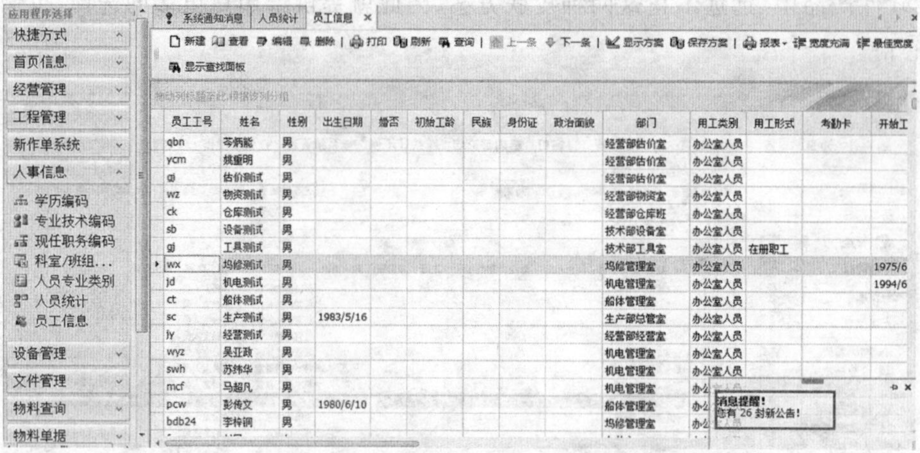

图 11.17 信息提示界面

(12)版本自动升级功能

版本的自动升级控制功能让管理员可以不用操心大量用户的升级。自动下载安装的方式也能省掉第一次安装的麻烦。开发的软件产品应有自动升级功能,发布新版本时,可以避免为每个客户端重新安装。一般在启动开发的产品时,会连接服务器自动进行是否有新版本的检测,如果检测到有需要更新的版本,会自动更新到当前的最新版本。同时,为了提高下载效率,应只下载必需的文件。图 11.18 所示为系统管理员的升级设定界面,该界面是提供给系统管理员使用的,其将需要升级的文件上传到服务器,再通过某种机制分发给相关的终端电脑。

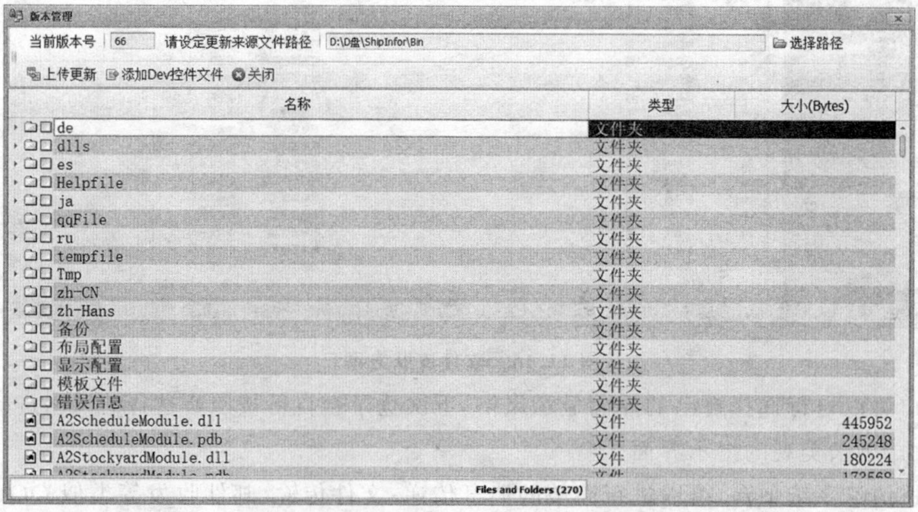

图 11.18 系统管理员的升级设定界面

(13)简单方便的系统信息提醒

系统自动将一些个人设定的提醒信息和系统自带的提醒信息在系统启动后自动加载,方便用户针对性地进行相关业务的处理。图 11.19 所示为系统信息管理界面。

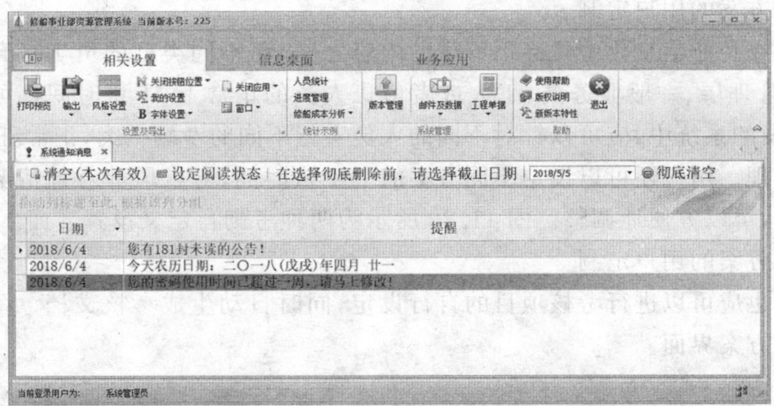

图 11.19 系统信息管理界面

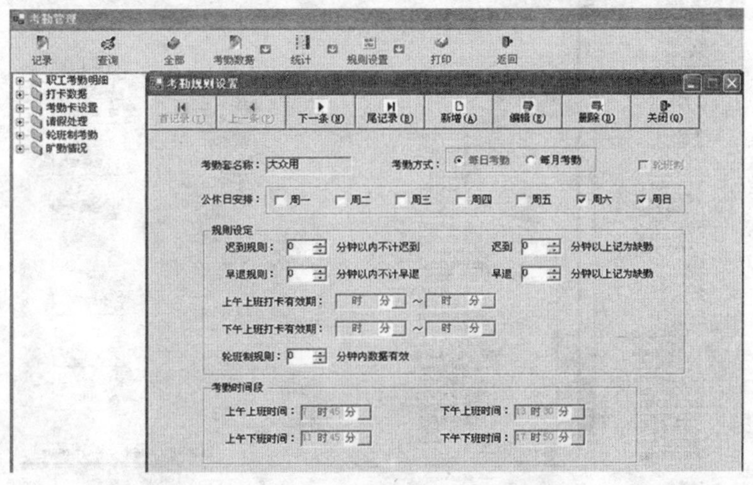

(a)

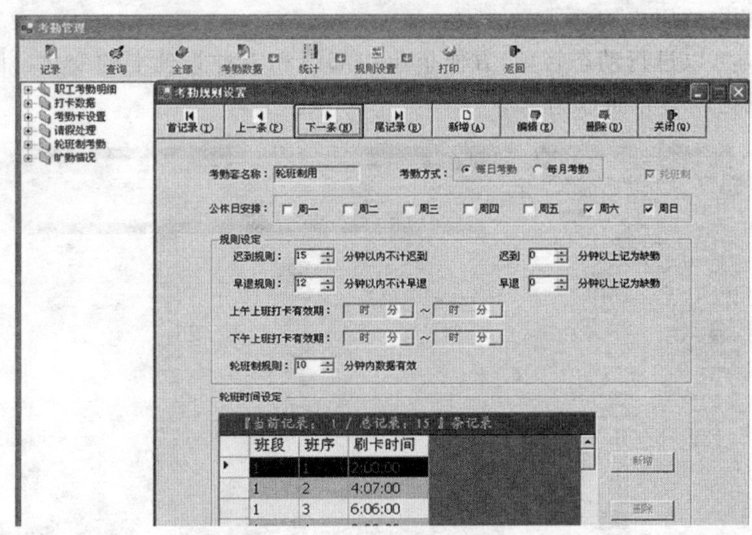

(b)

图 11.20 考勤自定义设置界面

(14)考勤方案的用户定制

员工考勤在企业信息化中是必不可少的内容之一,而不同类型的员工考勤方案可以不同,比如公司管理层、一般业务员、工人或者值班人员的正常上、下班时间都可能有很大差异,因此在开发的系统中,应可以针对不同的人员实行不同的考勤方案,正常班、轮班都可以方便地进行处理。用户还可以设定不同方案的上下班时间,对台风等意外情况导致的全厂考勤数据异常,可以方便地调整。图 11.20 所示为两种考勤自定义设置界面。

(15)考核方案的用户定制

员工考核也应可以进行考核项目的自行设定,同时自动生成考核文档。图 11.21 所示为自定义考核方案界面。

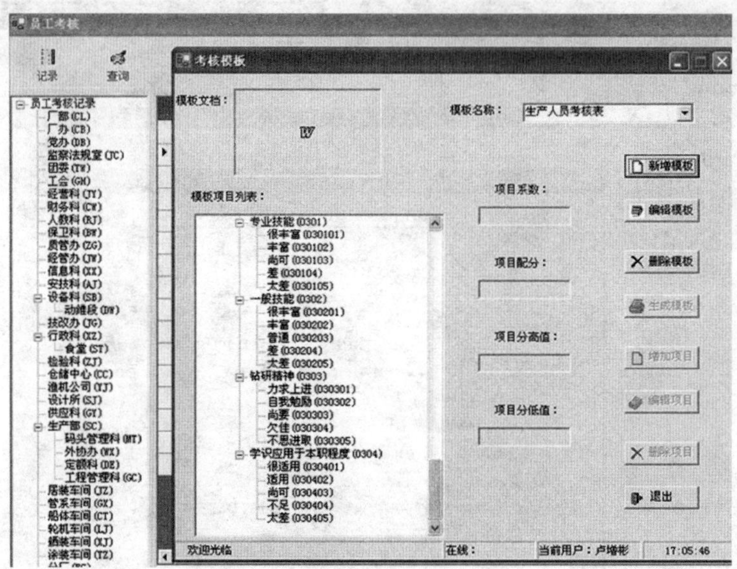

图 11.21　自定义考核方案界面

(16)企业机构的用户调整

企业的机构可以进行动态管理,方便企业在部门和工种管理上的变化。图 11.22 和图 11.23 所示为机构调整界面示例。

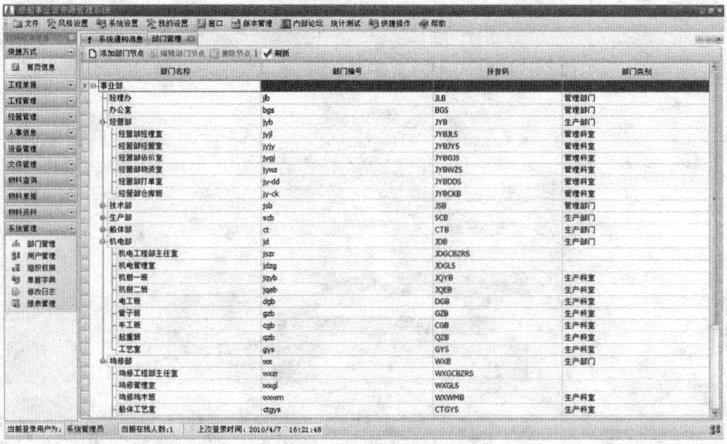

图 11.22　组织架构的调整界面示例

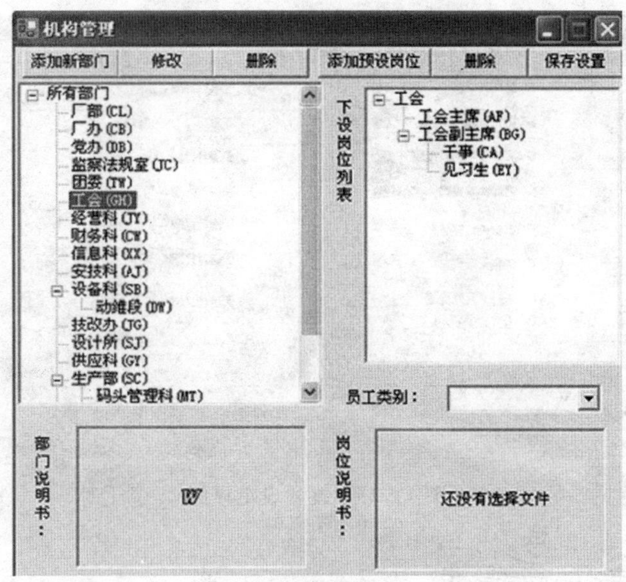

图 11.23　机构调整示意界面

(17)自定义相关提醒

在操作性的业务需求上，信息提醒的准确性、便捷性、美观性和清晰性应该都是需要关注的方向，而具有一定使用经验的用户可能更关注信息提醒能否进行自定义的设置。图 11.24 和图 11.25 所示是某系统的提醒设定界面。

常见的提醒以日期类型的预警为主，但并不表示只能是日期类型的提醒。比如人事管理员会设置预警或提醒 20 天内将要退休的人员；部门的工会小组长则希望系统能提醒自己本部门最近几天内将要过生日的人员名单，以方便他安排相关的福利活动；公司层面的领导则更关注生产进度的变动情况、成本消耗的变动情况、利润水平的变动情况等，并希望能在变动发生超过设定值后马上提醒自己。因此，可以看出，同一个系统中，不同的用户、不同的角色类别，其关注或希望提醒的内容、方式都可能千差万别，因此，系统必须具有用户自定义提醒的功能，包括业务流程中的审批提醒和设定的人事工作等提醒，对自己的提醒还能进行进一步的管理定制。

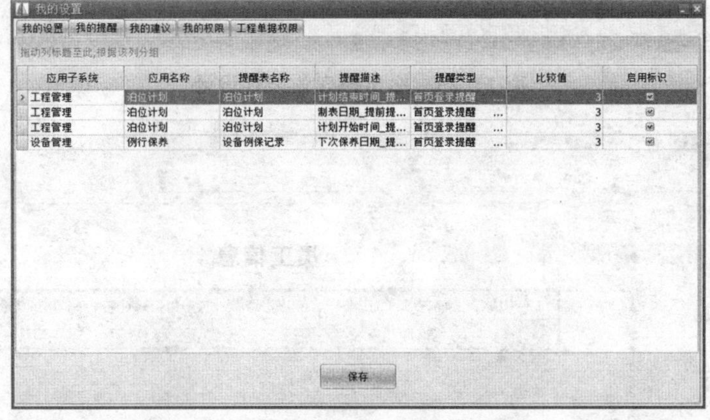

图 11.24　提醒设定界面主界面示例

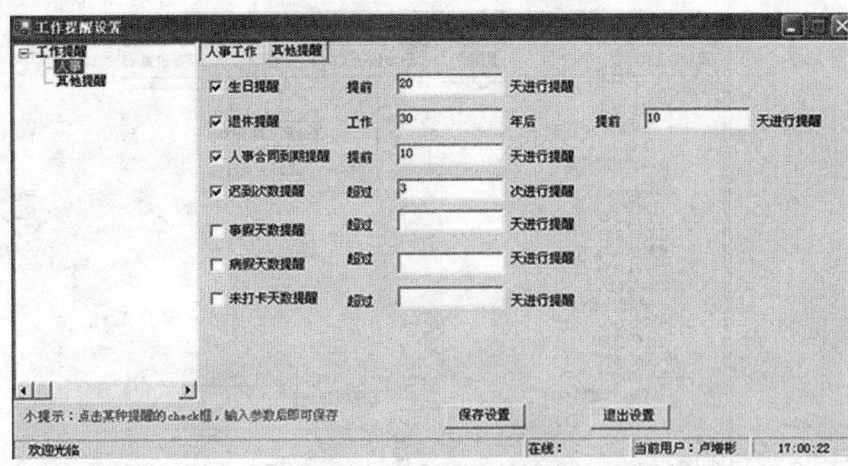

图 11.25　提醒设定界面

11.4　报表方面需求

对用户来说，船舶企业的相关信息系统主要体现为操作的界面及最后输出的统计分析报表。因此，报表的业务功能需求必然是需要花费大量精力进行设计的。功能强大的报表可以显著提高系统的使用性能。

从需求的角度，希望系统能由用户进行自定义报表。

图 11.26 和图 11.27 所示是输出报表可以参考的示例。

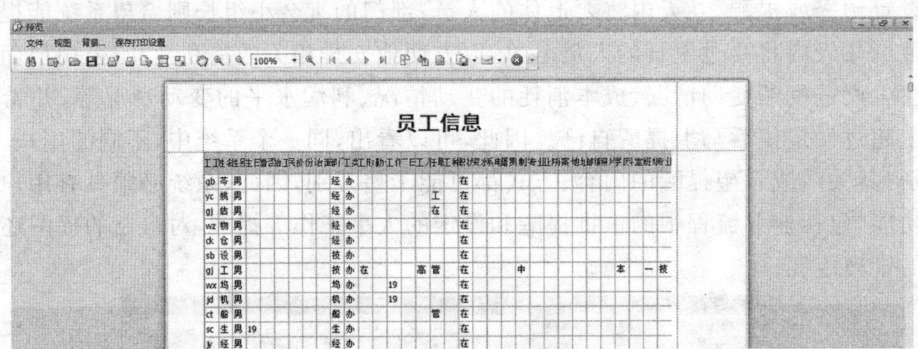

图 11.26　输出报表的条件设计

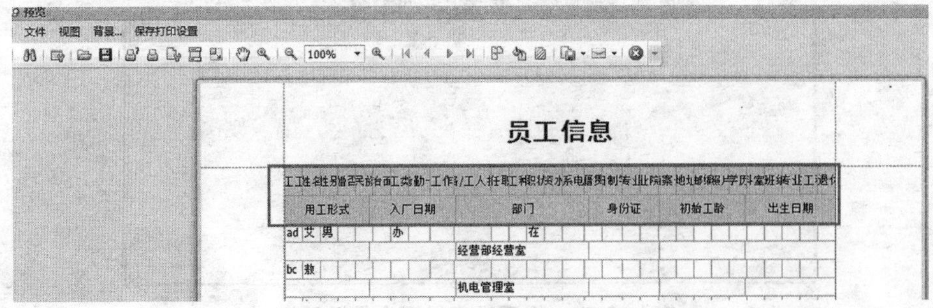

图 11.27　输出报表示意

在可执行程序下,用户还应可以自己设计需要的报表,这是一个重要的功能。对系统最先设计的报表,用户应可以进行适当的格式修改和调整。对简单的数据,可以简单直观地打印输出,大大节约时间。图 11.28、图 11.29 分别是调整前和调整后的报表输出。

打印预览

文件(Z) 查看(Y) 格式(X) 导航(W)

页边距 左: 12.7 毫米 上: 12.7 毫米 右: 12.7 毫米 下: 12.7 毫米 页头: 6.4 毫米 页脚: 6.4 毫米

左: 12.7 毫米

单位代码	中文名称	英文名称	单位类型
CBM	立方米	Cubic metre	体积
CM3	立方厘米	CU	体积
CMT	厘米	Centimetre	长度
Ctns	箱	Ctns	件数
DMQ	立方分米	Cubic decimetre	体积
DMT	分米	Decimetre	长度
DPR	12对	Dozen pairs	件数
DZN	打	Dozen	件数

图 11.28 调整前的报表输出

2.7 毫米

单位代码	英文名称	单位类型	中文名称
CBM	Cubic metre	体积	立方米
CM3	CU	体积	立方厘米
CMT	Centimetre	长度	厘米
Ctns	Ctns	件数	箱
DMQ	Cubic decimetre	体积	立方分米
DMT	Decimetre	长度	分米
DPR	Dozen pairs	件数	12对
DZN	Dozen	件数	打
FOT	Foot	长度	英尺
FTQ	Cubic foot	体积	立方英寸
GLI	Gallon	体积	加仑
GRM	Gram	重量	克
HMT	Hecto Metre	长度	百米
INH	Inch	长度	英寸

图 11.29 调整后的报表输出

图 11.30 所示是图表类型的统计报表示例。

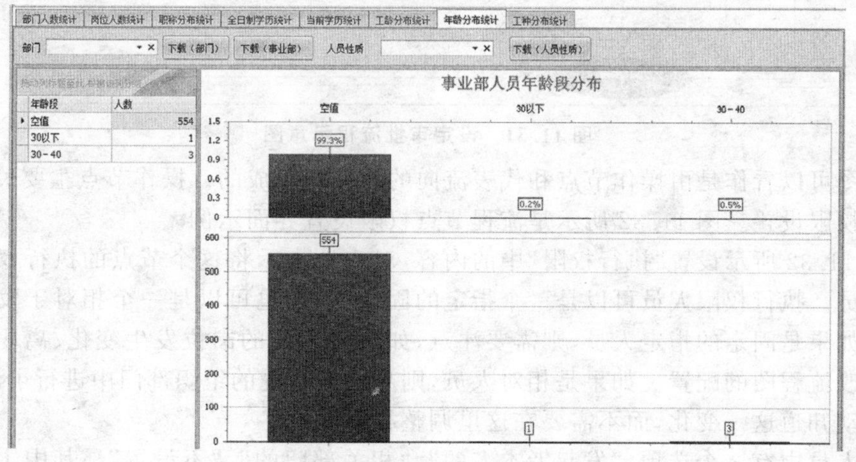

图 11.30 图表类型的统计报表示例

11.5 流程方面需求

在信息系统软件中，流程是必不可少的支持技术，传统的软件系统中，一般是根据用户的最初需求将流程固化下来，用户基本不能进行修改，这就不能适应必要的用户业务规则的修改。因此，软件需求上，一定要具备用户自定义调整流程的功能。图 11.31 所示是某系统中设定的船用物资采购申请审批流程示意图。要求在流程设计时有如下几个方面的约束限定：

①流程图中一定要包括一个开始节点，也只能包括一个开始节点。

②流程图中一定要包括一个结束节点，也只能包括一个结束节点。

③流程图由节点及连接线组成，节点一般对应相应的操作部门或人员，连接线用于设定对应的流转条件及流向。连接线一定要有一个单一的方向，并只能连接两个不同的节点，不能连接同一个节点。连接线上可以没有条件，这时其只表明有相应的顺序关系。

④中间节点可以有多个，但不能作为开始节点或结束节点。

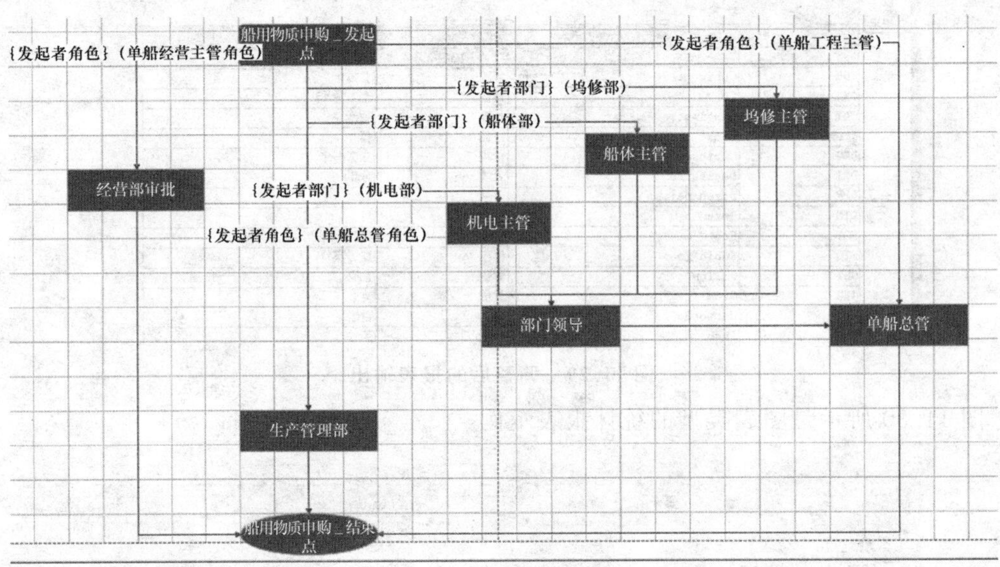

图 11.31 设定审批流程示意图

流程图可以看作是由操作节点和代表流向的连接线组成的。操作节点主要关联对应的人员操作权限设置。图 11.32 所示是流程节点权限设置界面示例。

如图 11.32 所示设置“执行权限”中的内容，对应地表示将这个节点的执行权限设定给相应的人员。执行权限人员可以是一个指定的固定人员，也可以是一个相对于发起者的相对人员。如果是固定的指定人员，则需要注意，如果该人员的岗位发生变化、离职、退休时，要对应修改流程图的配置。如果是相对人员，则只要在系统的组织部门中进行了调整，则流程图会自动知道这一变化，而不需要在这里调整相对人员。

相对人员中有 3 个选项：“发起者本人的”、“相关部门的”、“不设置”。其中主要是前两个选项用得多一些。

连接线用于进行路径流向判断，比如根据发起者身份决定下一步提交给谁审核，或者根据填写的内容进行流程跳转判断等。

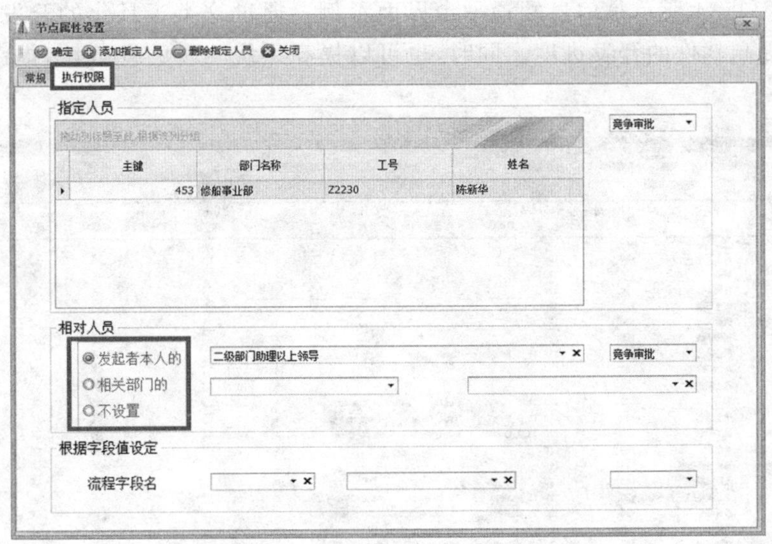

图 11.32　流程节点权限设置界面示例

11.6　开发方式方面需求

为了提高开发效率，推荐系统严格按照软件开发规范进行项目实施，同时也可以通过相关辅助工具软件提高系统开发的效率。因为船舶企业信息系统功能复杂，程序开发工作量巨大，因此需要有辅助工具进行开发。而且有辅助工具的使用开发模式，一定要有与之配对的系统架构，才能将平台化开发的优势发挥出来。

(1)自动生成工具

自动生成工具主要包括数据库表格辅助生成、程序界面的辅助生成。图 11.33 所示为自动生成的界面示意。

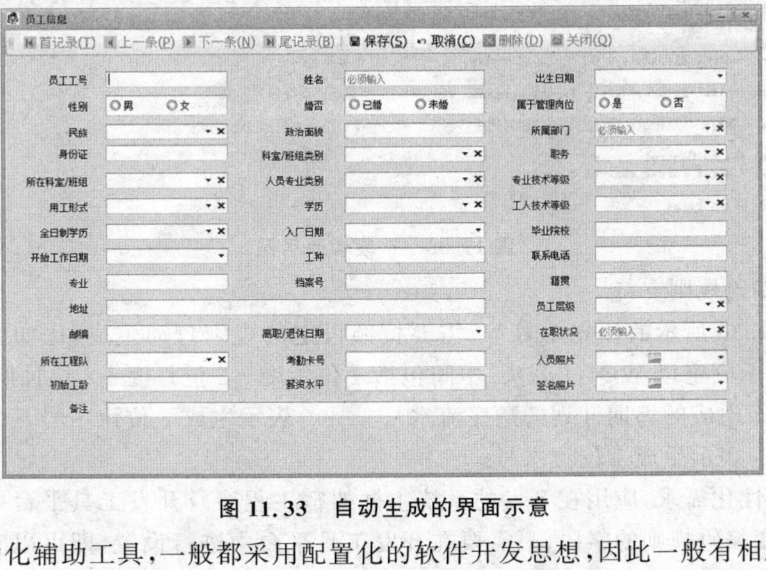

图 11.33　自动生成的界面示意

这类自动化辅助工具，一般都采用配置化的软件开发思想，因此一般有相应的信息配置开发工具。图 11.34 所示是信息配置平台界面示例。通过这类工具化的开发、平台化的开发,可以大大提高软件的开发进度。同时,也可以提高系统开发的规范性,提高软件模块的复用性。

船厂综合管理系统开发工具软件——应用编辑界面

应用名称 T5_1_Empl... 应用中文名 员工信息 应用图标 35 所属子系统 5 ☐特殊应用 ☐资料保护 每页记录数 0

表信息 字段信息

	字段名	字段中文名	显	字段在Grid上的显示长度	LookUP表数据源	LookUP表关键字段	LookUP表显示字段	字段长度	小数位数	是否关键字段	是否外键字段	在Edit界面显示	在View界面显示	唯一性	必须输入
0	T5_1_EmployersID	T5_1_EmployersID	120	4				4	0	☑	☐	☐	☑	☑	☑
1	Emp_no	员工工号	120	120				9	0	☐	☐	☑	☑	☐	☑
2	Name_c	姓名	120	120				12	0	☐	☐	☑	☑	☐	☑
3	Sex	性别	120	120				2	0	☐	☐	☑	☑	☐	☑
4	Birthday	出生日期	120	120				10	0	☐	☐	☑	☑	☐	☐
5	Marital_status	婚否	120	120				4	0	☐	☐	☑	☑	☐	☐
6	Init_years	初始工龄	120	120				4	0	☐	☐	☑	☑	☐	☐
7	Nation	民族	120	120	T5_5_EmpNation	Nation_Code	Nation_Name	4	0	☐	☐	☑	☑	☐	☐
8	Id_no	身份证	120	120				18	0	☐	☐	☑	☑	☐	☐
9	polity	政治面貌	120	120				8	0	☐	☐	☑	☑	☐	☐
10	DeptID	部门	120	120	Dept	DeptID	Deptname	4	0	☐	☐	☑	☑	☐	☑
11	Emp_type	用工类别	120	120	T5_3_EmpType	Type_Code	Type_Name	4	0	☐	☐	☑	☑	☐	☑
12	Mode_mode	用工形式	120	120	T5_2_EmpMode	Mode_Code	Mode_Name	4	0	☐	☐	☑	☑	☐	☐
13	Attend_card_no	考勤卡	120	120				18	0	☐	☐	☑	☑	☐	☐
14	job_start_date	开始工作日期	120	120				10	0	☐	☐	☑	☑	☐	☐
15	In_date	入厂日期	120	120				10	0	☐	☐	☑	☑	☐	☐
16	rank	专业资格/工人技术等级	120	120	T5_RankNo	T5_RankNoID	RankNOName	8	0	☐	☐	☑	☑	☐	☐
17	Post_name	现任职务	120	120	T5_NowPosNo	T5_NowPosNoID	NowPosNoName	8	0	☐	☐	☑	☑	☐	☐
18	job_name	工种	120	120				20	0	☐	☐	☑	☑	☐	☐
19	Curr_state	在职状况	120	120	T5_4_EmpState	State_Code	State_Name	4	0	☐	☐	☑	☑	☐	☑

图 11.34　信息配置平台界面示例

(2)规范编码

用代码自动生成工具,能保证按统一的编码规范实施,同时,在项目开发过程中,还严格规定代码的书写,保证今后的维护。应安排有专门的代码检测员,能早期发现和修正代码中的错误。图 11.35 所示是一段代码示例。这种具有充分的代码注释的程序开发风格,不仅容易在代码开发阶段就暴露出潜在的问题,而且方便今后的系统维护。

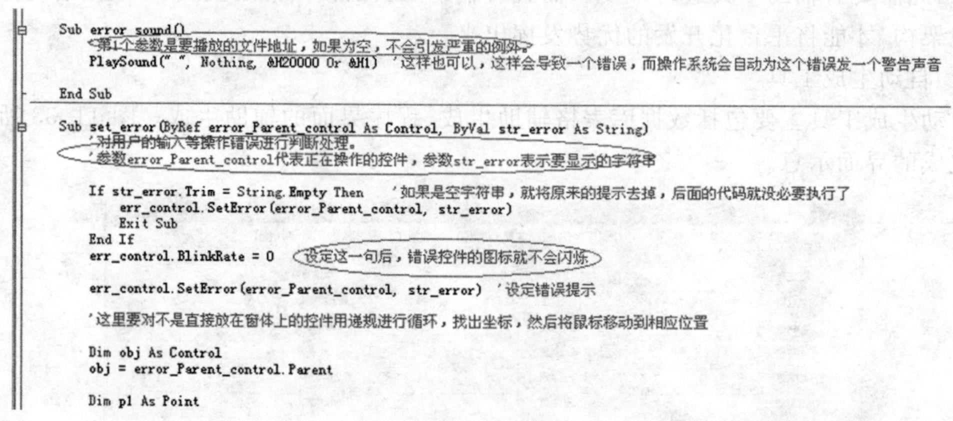

```
Sub error_sound()
    '第1个参数是要播放的文件地址,如果为空,不会引发严重的例外。
    PlaySound(" ", Nothing, &H20000 Or &H1) '这样也可以,这样会导致一个错误,而操作系统会自动为这个错误发一个警告声音

End Sub

Sub set_error(ByRef error_Parent_control As Control, ByVal str_error As String)
    '对用户的输入等操作错误进行判断处理。
    '参数error_Parent_control代表正在操作的控件,参数str_error表示要显示的字符串

    If str_error.Trim = String.Empty Then    '如果是空字符串,就将原来的提示去掉,后面的代码就没必要执行了
        err_control.SetError(error_Parent_control, str_error)
        Exit Sub
    End If
    err_control.BlinkRate = 0   '设定这一句后,错误控件的图标就不会闪烁

    err_control.SetError(error_Parent_control, str_error) '设定错误提示

    '这里要对不是直接放在窗体上的控件用递规进行循环,找出坐标,然后将鼠标移动到相应位置

    Dim obj As Control
    obj = error_Parent_control.Parent

    Dim p1 As Point
```

图 11.35　一段代码示例

(3)字段编码规则支持

对如图 11.36 所示的计划单号等,需要按照设定的规则自动生成,比如“WQJH{年月日}{99}”则表示固定以 WQJH 开头,中间包括 4 位年度+2 位月度+2 位日期,后面再加上 2 位数的同一天生成的坞期计划的顺序流水号。{99}表示生成 2 位流水号,{999}表示生成 3 位流水号,{9}表示生成 1 位流水号。

对这一共性化需求,应用在开发的系统主框架宿主程序及开发工具平台中进行设置开发,对需要改变编码规则的字段,只需要在开发工具平台中进行设置,即可以实现在新增加一条记录时,自动按照编码规则生成相应单据编号的功能。

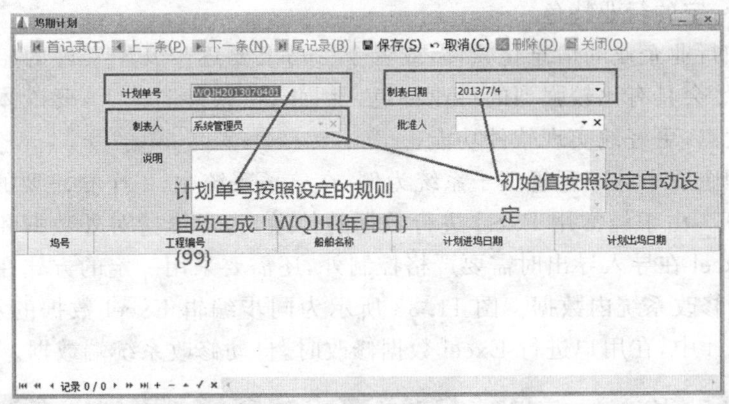

图 11.36　自动生成的编码界面示例

11.7　其他方面需求

除了前面介绍描述的软件需求中需要考虑的因素之外，还有如下几个需要考虑的业务功能需求方面：

(1)应具有与其他软件的信息交换接口

系统都不能孤立存在，必然需要和其他系统进行数据信息的交互。数据信息交互有不同的形式，但现阶段还很难实现直接从一个系统将数据写入到另一个系统，这涉及系统数据安全的问题。一般只能给予一定的数据读取权限给其他系统，更多的系统是不开放数据读取权限给其他系统的。因此，现阶段用得最多的是不同系统之间通过将数据导出为一些大家共同认可的格式来实现数据交换，比较常见的是导出为 Word、Excel 等文件格式。图 11.37 所示是某导出数据的界面示例，可以将数据导出为 Word、Excel、Html、xml、Text 等格式。

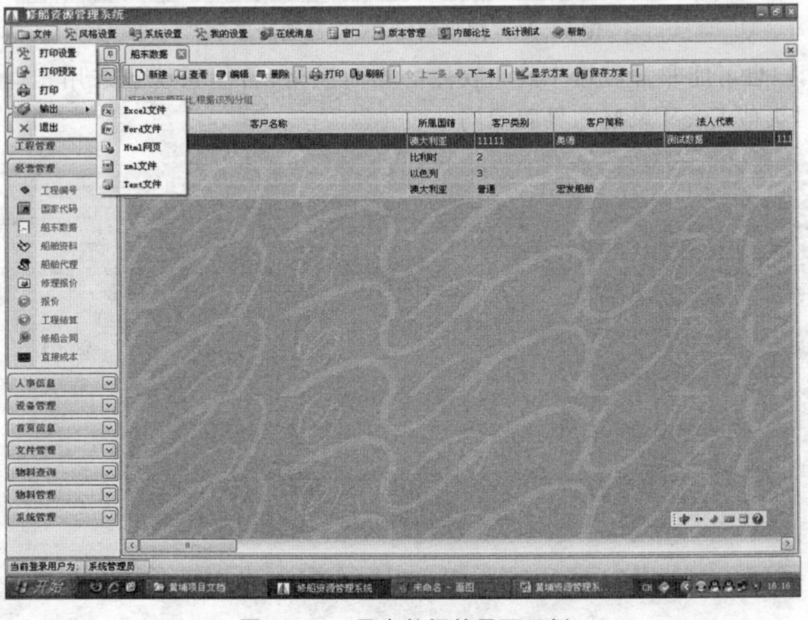

图 11.37　导出数据的界面示例

(2)应具有一定的行业特色

现阶段船舶行业企业的信息化软件,或者今后马上要逐步开始实施的船舶行业工业互联网应用,都必然会具有比较强烈的行业特色。因此,在软件需求上,要以体现这些行业特色为依托和出发点,更好地实现软件功能。

以船舶修理企业中的工程管理子系统为例,在该子系统中,一个很重要的功能是和船东进行报价和结算。由于经常用 Excel 进行数据的传递,为了维持对外数据和系统内数据的一致性,除了 Excel 在导入导出时需要严格控制外,还需要采用一定的方式在用户习惯性操作 Excel 时同步修改系统内数据。图 11.38 所示为同步编辑 Excel 数据的示例,系统能将数据导出到 Excel 中,在用户进行 Excel 数据修改时,自动修改系统端数据。

图 11.38　同步编辑 Excel 数据的示例

同时,用户也可能非常习惯 Excel 软件的界面风格,希望系统也采用相同的风格。图 11.39 所示是类似 Excel 风格的界面示例。

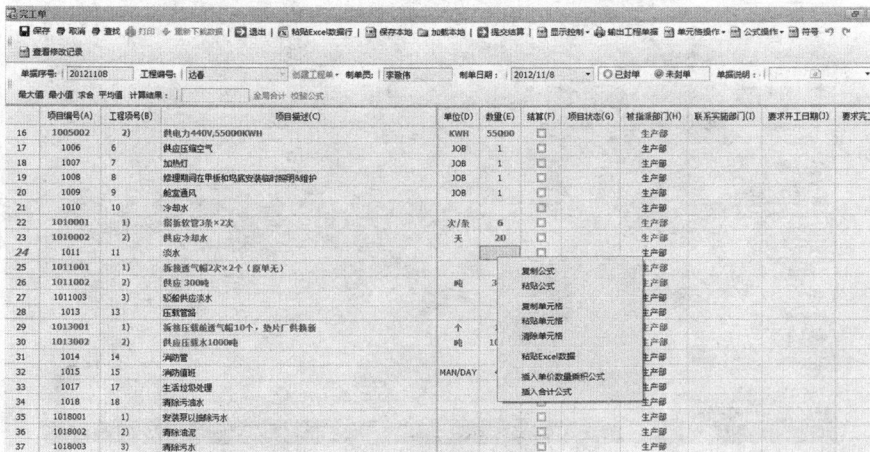

完工单

保存 取消 查找 打印 重新下载数据 | 退出 | 粘贴Excel数据行 | 保存本地 加载本地 | 提交结算 | 显示控制 输出工程单据 单元格操作 公式操作 符号

查看修改记录

单据序号: 20121108　工程编号: 达春　创建工程单　制单员: 李致伟　制单日期: 2012/11/8　已封单　未封单　单据说明:

最大值 最小值 求合 平均值 计算结果:　全局合计 校验公式

	项目编号(A)	工程项号(B)	项目描述(C)	单位(D)	数量(E)	结算(F)	项目状态(G)	被指派部门(H)	联系实施部门(I)	要求开工日期(J)	要求完工
16	1005002	2)	供电力440V,55000KWH	KWH	55000	☐		生产部			
17	1006	6	供应压缩空气	JOB	1	☐		生产部			
18	1007	7	加热灯	JOB	1	☐		生产部			
19	1008	8	修理期间在甲板和坞底安装临时照明&维护	JOB	1	☐		生产部			
20	1009	9	舱室通风	JOB	1	☐		生产部			
21	1010	10	冷却水			☐		生产部			
22	1010001	1)	接拆软管3条×2次	次/条	6	☐		生产部			
23	1010002	2)	供应冷却水	天	20	☐		生产部			
24	1011	11	淡水			☐		生产部			
25	1011001	1)	拆装透气帽2次×2个(原单无)					生产部			
26	1011002	2)	供应 300吨	吨	3			生产部			
27	1011003	3)	驳船供应淡水					生产部			
28	1013	13	压载管路					生产部			
29	1013001	1)	拆装压载舱透气帽10个,垫片厂供换新	个	1			生产部			
30	1013002	2)	供应压载水1000吨	吨	1			生产部			
31	1014	14	消防管					生产部			
32	1015	15	消防值班	MAN/DAY	4			生产部			
33	1017	17	生活垃圾处理					生产部			
34	1018	18	清除污油水					生产部			
35	1018001	1)	安装泵以抽除污水			☐		生产部			
36	1018002	2)	清除油泥			☐		生产部			
37	1018003	3)	清除污水			☐		生产部			

复制公式
粘贴公式
复制单元格
粘贴单元格
清除单元格
粘贴Excel数据
插入单价数量乘积公式
插入合计公式

图 11.39　类似 Excel 风格的界面

在修船的工程管理系统中，各类单据需要多个人协同编辑操作，最合适的是 Excel 软件的操作风格，需要具有公式计算等功能，但 Excel 软件不好实现多人协同，也无法方便地对编辑区域进行分类锁定，因此，该软件是尽量模拟 Excel 风格，而不能直接采用 Excel 软件。图 11.40 所示是支持单元格公式设定计算示例。

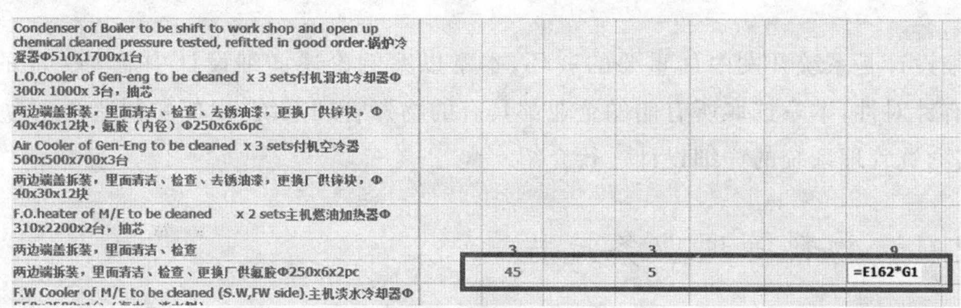

图 11.40　支持单元格公式设定计算

在行业特色上，船舶工业企业很多都存在分厂或单独的分离车间等物理位置有一定间隔的情况，在这种情况下，软件必须可以支持分离应用和数据集成。

(3)不限制层级的基础编码体系

在一个具体的系统中，涉及工程编码、物资编码、部门编码、人员编码等诸多的编码。对某一个企业而言，其在某一段时间内，其编码体系可能是固定的，但在系统推广应用时，不同企业的编码体系可能会有比较大的差异，具体表现为编码长度或编码的层次性会变动，如果这些都需要在程序代码中进行设定，那为了推广应用修改工作量将非常巨大，因此，在软件需求分析阶段应对编码规则进行更充分的考虑。图 11.41 所示为多层体系编码操作界面。

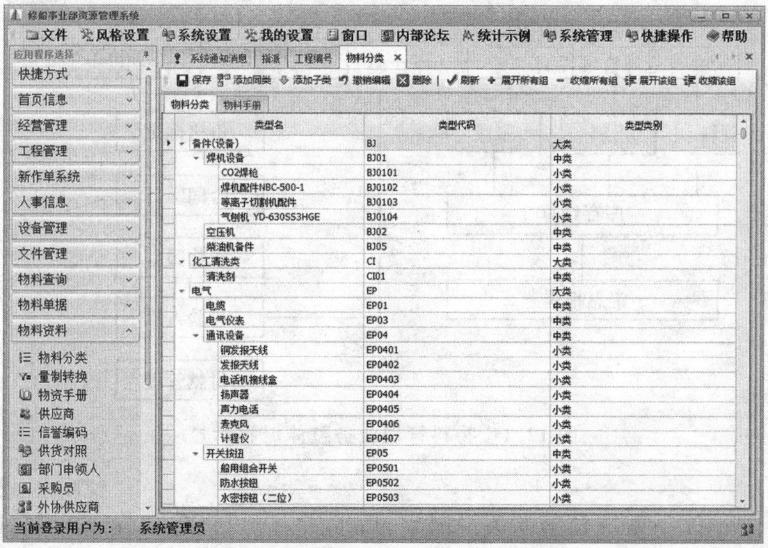

图 11.41　多层体系编码操作界面

12 系统的详细设计案例

详细设计是系统开发中最重要的一环，本章以案例论述详细设计中需要关注的问题。为了更有针对性，本章选取所有船舶企业都具有的物资管理系统，以船舶制造企业为应用对象，对其物资管理系统的详细设计进行介绍。

12.1 物料管理业务流程

物料管理是船舶企业的重要工作之一，对其进行信息设计描述具有比较强的代表性。

(1)整体示意流程

图 12.1 所示为物料管理业务整体流程示意。该图不是一个严格的数据流程，只是给出一个在物料管理系统中的主要业务节点的示意，后面在每一个具体的流程中，针对图中的具体节点给出详细描述。

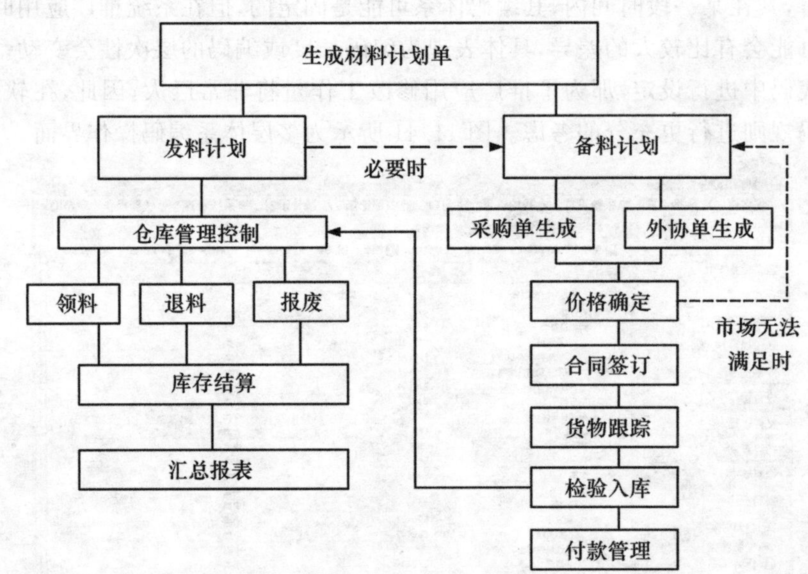

图 12.1 物料管理业务整体流程示意

说明：

①发料计划是控制系统领料的关键因素，后续所有领料(包括设备)都只能领用发料计划中已有的物料，这里“发料计划”相当于定额管理。

②单船“发料计划”中材料部分要能细化到具体分段，包括：物料编码、规格、分段号、数量。目前钢板等在下计划时已经能细化到分段，系统要采用逻辑分段的处理方式来对待部分管材需要几个分段完工后用于某个区域的问题。将该区域当成一个分段来看待，要求系统能区分这类分段，舾装和轮机设备也可以采用这个处理方法。

③在“备料计划”基础上生成的“采购计划”应能自动扣除目前自由库存件中已有的物料(数量应保证不低于最低库存)，例如，目前库存中有A材料100件，B工程需要A材料100件，而A材料的最低库存量设定为10；同时，A材料的全厂发料计划中，扣除B工程以后，还没有执行的数量为30件，那么生成的备料计划中A材料的数量应自动显示为60件，并显示已利用多少自由库存件，即100－10－30。为保证数据的准确，系统应对这类已经考虑的库存材料加上相应的工程编号信息，防止重复计算。比如，如果有随后的C工程也需要A材料，应不会出现定购数量不足。在自动生成的“采购计划”上，本厂特定用户应能增加、删除物料或修改采购数量，但系统应保留相应的操作人、时间、数量等备注信息。

④备料计划应尽量和一个具体工程关联，即数据库中有这一批次备料中的特定物料是哪一工程所需要的信息。

⑤备料计划可能是一个多次调整的过程，最先会生成一部分，然后追加调整。这一过程应在系统中体现为不同的记录，而不能在原始记录上直接修改数量。某些情况下会出现所下的备料计划的材料无法获得市场支持，这时应由相应部门反馈信息给设计工艺部修改备料计划[86]。但原计划下达的备料材料不删除，应加上相应区别标志。备料计划修改后应自动加上相应的备注描述信息。

⑥后续的合同签订应是从备料计划中选择某几条记录汇总出的一个清单列表，不能修改其中的数量信息使之小于备料计划中的数量。备料计划中已经由某个合同处理的记录，应有相应的区别标志，防止重复购买[87]。同时，备料计划中的这些记录就不能调整修改了。

⑦在备料计划基础上，由人工来确定哪些是采购的，哪些是外协的，并在数据库中以适当标志进行区分保存。

⑧价格确定的具体流程参考后面描述。

⑨付款过程中，应有预付款、分次付款等功能，在审批点上应能给出相应的信息，方便领导审批。

⑩仓库管理控制：通过入库、领用、退料、报废等修改库存数量，通过发料计划控制领料行为，具体参考后面的具体流程。

⑪汇总报表部分参考报表需求说明部分。整体的共性要求是输出报表的速度不能太慢，数据应正确。

⑫提供物料清单复制功能：当多条船的产品结构和工艺路线完全一致时，系统可以将第一条船的备料计划复制，并在此基础上进行小范围的修改调整以形成最后的备料计划。发料计划类似。

⑬备料计划和发料计划是有时间差的，发料计划在生产设计完成后才能做出。在发料计划明确后，系统应有核对备料计划是否满足的功能，不满足时，要及时提示(提示应比较明确)，并只能保存发料计划的初稿[88]。公司希望做到发料计划尽可能早的制订。发料计划要细化到分段，在此基础上，系统应能输出目前已经准备好材料的分段信息，也能查询按目前的库存，每一分段还缺少的材料明细。对库存材料，不能重复计算，系统应有相应机制保证所输出分段配齐信息、分段缺料信息的准确性。系统应能输出月度分段配齐计划表。每

条船下的具体分段数、分段情况信息，由设计工艺部负责输入。生产部门负责输入预计的分段开工日期，这个日期可以由生产部门来调整。在某一分段的第一种物料通过领料单进入系统后，系统应自动将这个日期信息记录为分段的实际开工日期。

⑭钢板等材料是不应该有常备库存的，但实际情况下又会产生常备库存。主要原因有两个方面：一是供应商的送货比合同数量要多；二是备料计划有余度。对第一种情况，因为发票已经开好，公司会接收，但入账就全部归并到合同所对应的工程，通过正常领料流程就无法将这一多出的材料领走。为解决这类问题，系统应建立一个钢板等材料的库存表，这个表保存目前所多出来的材料信息，下次下采购计划时，应考虑这部分材料，减少采购数量。多出的这部分材料不属于某个具体的工程，但如果被后续某条船在下采购计划时计入后，其他工程应不能领用，这部分常备库存在计入时还应细化到分段信息。

⑮发料计划可以由授权人员进行修改调整，但相关信息应记录保存。

(2)备料计划单信息来源

备料计划单信息来源示意如图12.2所示。

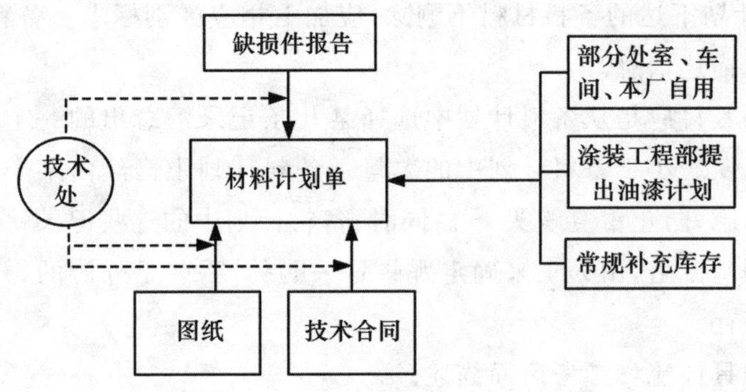

图12.2 备料计划单信息来源示意

说明：

①备料计划单的信息来源比较多，有设计图纸、技术合同、缺损件报告、超定额申请、本厂自用材料和常规补充库存等。

②从技术合同中主要识别出由船东提供的设备或该船需要采购的关键设备等信息，要输入数据库。

③从图纸信息中主要获得该船所需要的材料信息，而且不是所有图纸全部完工后再生成材料计划单，在处理过程中间就有可能要生成一部分信息，以加快采购，为此，系统要有重复判断限制功能，防止材料计划单上的重复。因为有些材料的采购周期长，如果在完全设计完后才启动采购程序，可能会滞后，所以在材料计划单中有部分是根据预估单来的，在图纸明确后，应考虑已经预估的数量，不应重复计算。

④本厂自用材料信息也应先进入材料计划单，在系统数据库中，材料计划单是一个汇总的信息，可能有多条船舶的数据在一起，所以应用一个字段来区分工程号或厂自用等情况。

⑤在生产部门设置本系统的操作终端节点，各车间的材料计划先在本部门内部走纸件

形式的报告、审批，后汇总由生产部门输入系统，在输入系统的电子单据上应有和纸件单据对应的编号信息。

⑥技术处负责图纸、技术合同、缺损件及超定额情况下的材料计划数据的导入与控制。

⑦油漆计划由涂装工程部负责输入。

⑧常规补充库存由系统自动生成一个初始清单，这个清单生成的基础是低于设定的安全库存量，或接近安全库存量且使用率比较高的材料。

⑨本厂自用的计量工具、易耗品等由计量部门负责输入。

⑩设备的增补件只能从原供应商处购买，价格无法控制。所以不用全流程的管理，只需要系统设计一个输入界面，输入工程编号、所属设备、增补件名称、数量、单价、经手人、备注等信息，系统能输出一个工程下的设备增补件汇总信。

(3)发料计划示意

发料计划示意如图 12.3 所示。

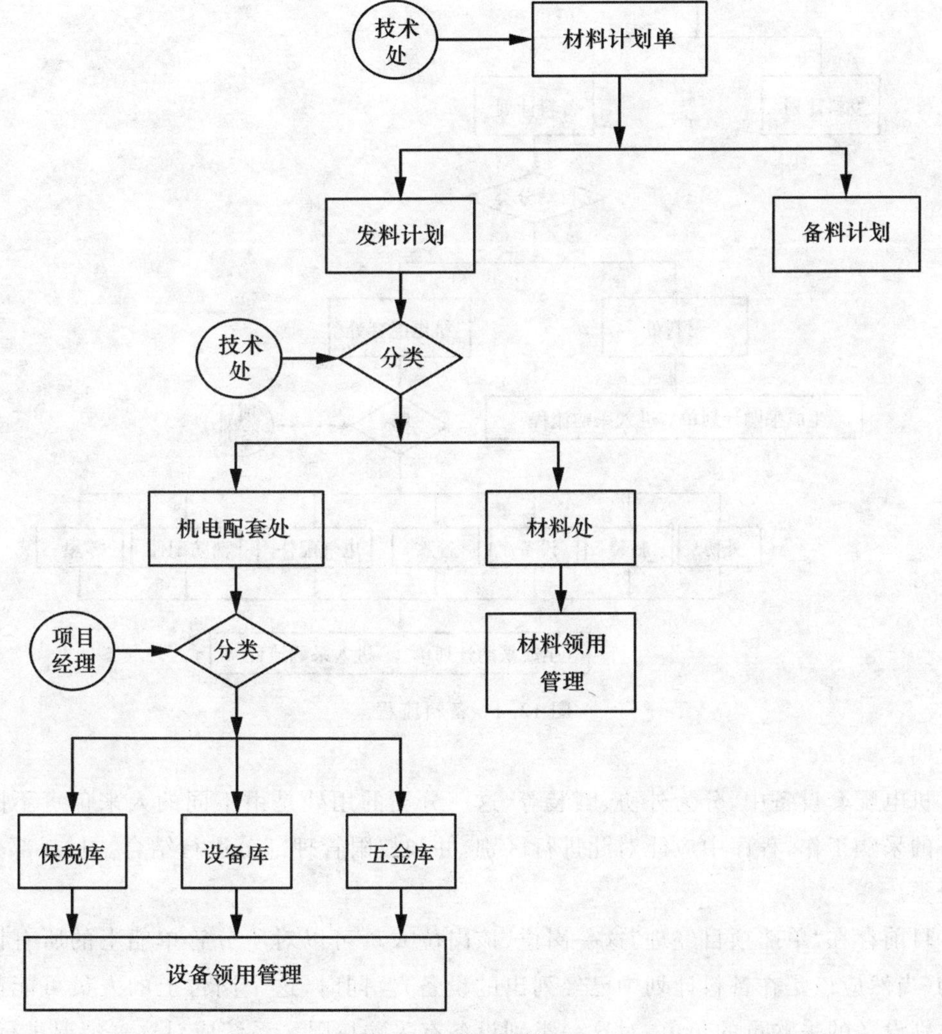

图 12.3　发料计划示意

说明：

①发料计划应具体到工程、领用车间、材料/设备、分段号。发料计划主要是用于控制领料和领用设备的行为。考虑到目前的实际情况，发料计划中可能无法实现预计时间的控制，但系统应该有这一功能，在将来管理成熟的基础上，软件不需要修改，只通过相应系统参数的配置就可以实现这一控制功能。

②系统建立物料编码与仓库对应表、仓库与部门对应表。将“机电配套处”和“材料处”下管理的仓库用不同编号表示，在领用物料时，需要相应物料/设备在什么仓库的信息，明确单据需要哪位具体仓管员来处理的问题。

(4)备料流程

备料流程如图 12.4 所示。

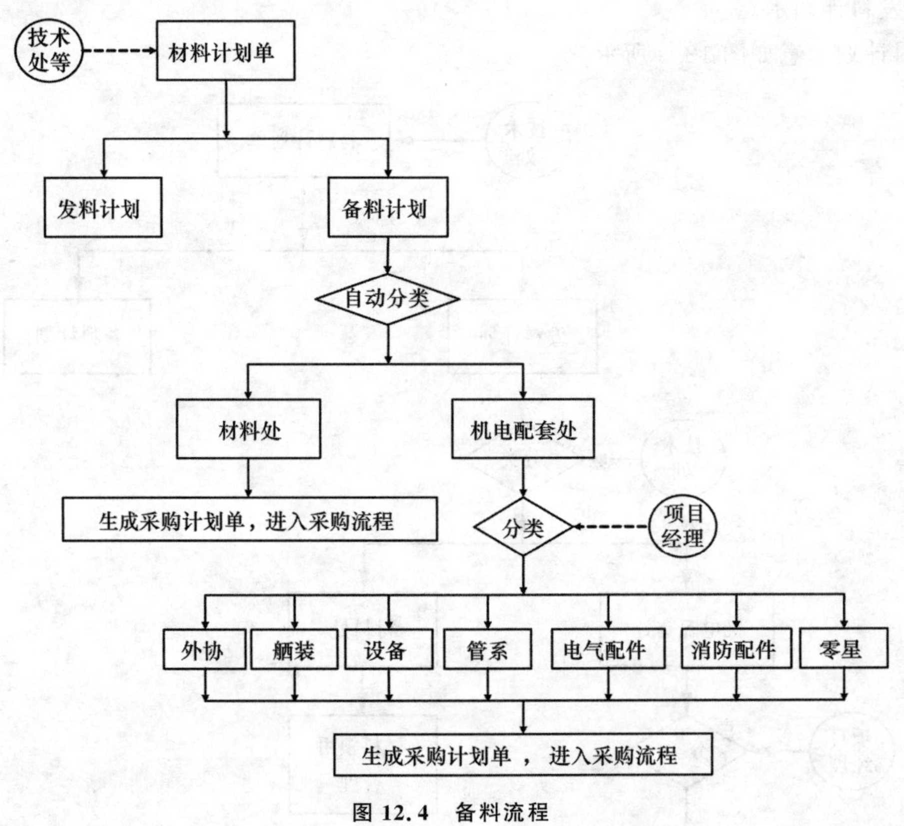

图 12.4　备料流程

说明：

①机电配套设备中，分为外协、舾装等，这一分类的用处是由不同的人来负责不同类配套设备的采购工作，程序中应能对此进行区别，并和权限管理部分进行结合。材料部分也有类似分类。

②目前存在“单船项目经理”这一岗位，该岗位人员可以对所分管单船上的所有设备进行采购（当然应该是在备料计划中已经列出的设备）。同时，这个岗位上的人员可能都兼任某一类别设备的采购员的角色，对这一类别设备有采购权限。系统应对这一情况进行区分，

防止超越权限的情况发生。所有的采购都应在备料计划的限制范围内。

③机电配套设备中，目前主要分为外协、舾装、设备、管系等。系统应建立物料所属类别信息，并建立一个类别信息表，本公司在使用过程中可以对类别进行调整。

④如果按照新的备料流程，对船东供货这一部分，就不用在材料计划单、发料计划单、备料计划单中出现，而完全用另外单一的管理流程和模块。因为船东供货的不涉及成本的问题。

⑤备料计划单等相关单据上的对应记录间应有关联，防止重复备料的行为。在备料单—采购计划单—采购单等全流程中，应能实时显示每笔单据的当前状态、历史经历节点的状态。系统要采取措施防止重复和遗漏等情况发生的可能。

⑥目前本公司采用特定物料由特定采购员负责采购的管理形式，在实际使用过程中存在增加物料的行为，系统应有相应措施保证不发生增加物料后没有指定对应采购员的情况，并给出报警提示。

⑦零星采购有特殊性。

对于外协流程部分，目前公司的现状如下：

a. 目前市场形势下，外协加工的价格无法控制。

b. 外协有由本厂买入一个成品设备，再送到外协单位进行加工，以及由本厂加工生成一个毛坯设备，再送到外协单位加工这两种主要形式。

c. 外协加工过程中会产生加工费、运费等成本。

考虑到这些现实情况，目前对外协加工在本系统中实现送出公司进行外协前的管理，即不论是从外买入的毛坯设备，还是自己加工的毛坯设备，都需要以领料单的形式由某部门将该设备领出。后续产生的加工费和运输费用等成本主要在财务系统中输入，但本物料系统中有相应的输入保存功能。

(5)采购流程

采购流程如图 12.5 所示。

说明：

①程序应可以列出已采购过的商品的历史最低价格、最近价格、全部价格及对应供应商的考核信息。在列出价格的同时，应对应显示相应的供应商信息。

②“金额＞3 万元”，这里 3 万元应设计为一个系统参数，可以由本公司维护人员进行调整设定。同时，这里金额指的是单一申购单的总金额。

③没有协议价的物料中，供应商的报价节点，系统应设计相应的网页程序界面，以方便供应商通过网络进行远程报价。这一报价行为应在规定期限内完成，本公司人员在系统中发布相应的询价信息后，系统应能通过邮件的方式通知相应的供应商登录网站进行报价。在设定的日期前，供应商的报价信息本公司的人员应无法获取，以保证公平。对有业务往来的供应商，由本公司系统管理员为其分配用户名和密码，以登录公司报价网站，但这个供应商只能看到需报价的材料相关信息，只能看到自己的信息，不能查看其他公司的报价。

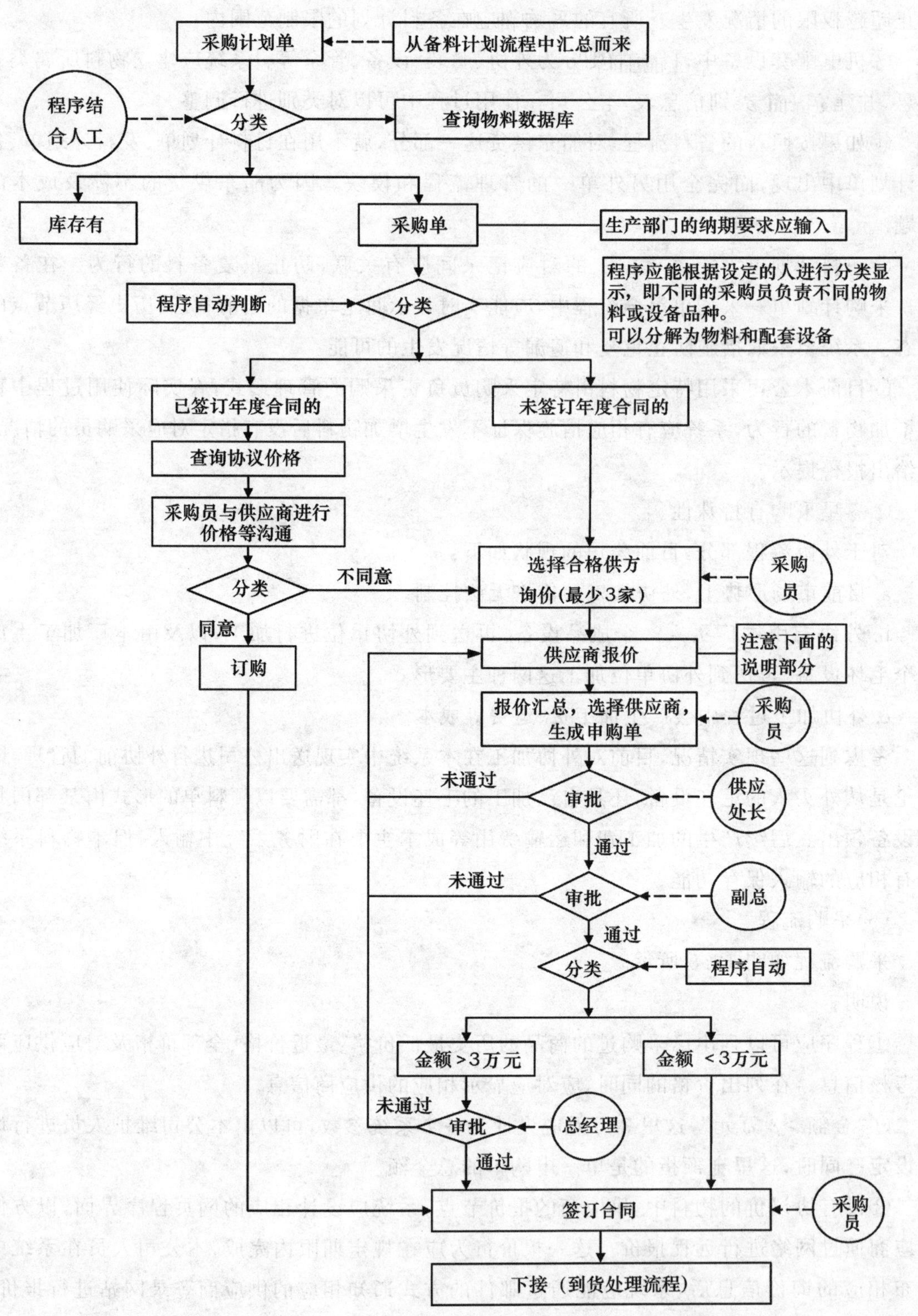

图 12.5 采购流程

④同一供应商的几种物料可以签订一份合同。

⑤手工询价后输入系统的功能还需要，系统应在物料手册中增加一个字段信息来识别

哪一种物料是要走严格的电子询价流程的，哪一类是可以手工询价的，并可以由系统管理员进行修改。手工询价中应能上传供应商报价附件。

⑥对设备而言，一张询价单上只有一种设备。

⑦电子的流程目前到分管副总处就结束，对金额大于3万元的情况，在这个节点上打印出相关单据，由分管副总签字后送总经理审批，这一行为走纸件形式。要控制只有总经理同意的单据才能签订合同。

⑧系统应建立设备、材料对应的合格供应商资料表。系统应开发相应的网页程序，由供应商自己登录，输入其基本资料和代理产品的信息、相应的证明自身能力的材料。为保证形式的一致，在这一网页界面上，应显示本公司所制定的物料手册，供应商只能从中选择自身能提供的产品。

⑨合格供应商资料最初没有时，仍由人工进行联系，但联系好后，应输入系统。

⑩一个供应商有可能会提供多种产品，系统要考虑这种情况的存在。

⑪由采购员来设定报价期限，设定值不能随便修改。必须修改时，应通过相应的申请审批流程由系统管理员来修改，并记录相关情况。必须要走电子流程报价时，由采购员从系统中的合格供应商中进行选择，将信息发送给相关供应商，可能需要供应商多次报价，每次报价前都可以由采购员选定供应商。

⑫电脑中的申购单上应显示有几家供应商参与报价、相关的多次报价信息、相关供应商的历史评价信息，在界面上还应同时显示选定供应商的历史往来信息、选定设备的历史往来信息等情况，以方便领导层进行判断。

⑬后续同型船也要走同样的流程，只是供应商处缺省为前一家，并加上相应备注信息说明情况。

⑭设备的增补件可能只能从原供应商处购买，价格无法控制，所以不用全流程的管理，只需要系统设计一个输入界面，输入工程编号、所属设备、增补件名称、数量、单价、经手人、备注等信息，系统能输出一个工程下的设备增补件汇总信息表。

⑮合同应分为国内合同和国外合同两种，合同信息中应包括相应的付款批次等信息，并应分解输入本系统，以方便生成后续的资金计划报表。

⑯对签订年度供应合同的，系统应建立相关报表来保存信息，这个信息中应包括附件功能，以方便财务部门查询。一个供应商可能会提供一类物料，而不一定是一个。

当然，合格供应商的评价是本系统中一个比较重要的子模块。在供应商的基本资料中，应包括商务联系人、技术联系人等分解信息。

目前供应商的考虑由经营部、设计工艺部门、采购部门、生产部门、质检部门参与，每个部门可以设定相应的考核指标模块，由相关人员根据模块选择项目进行打分，然后根据公司所分配的部门权重计算出总的评价，一般一年进行一次。但本系统中应可以增加参与考核的部门，调整每一部门的考核项目和分数，调整每部门的权重值。考核应可以不定期进行，在考核开始前，由牵头部门发送出相应的信息，各部门的负责人可以收到这一信息，并安排指定本部门有权参与的人员，系统管理员分配相应权限给相关人员，在网络平台上进行评价。

目前有一个供应商提供多个产品的情况，这种情况下，要针对供应商的产品来分开评价。评价过程中，不仅要考虑服务，同时也要考虑供应商的能力。

(6)物资到货处理流程

物资到货处理流程如图 12.6 所示。

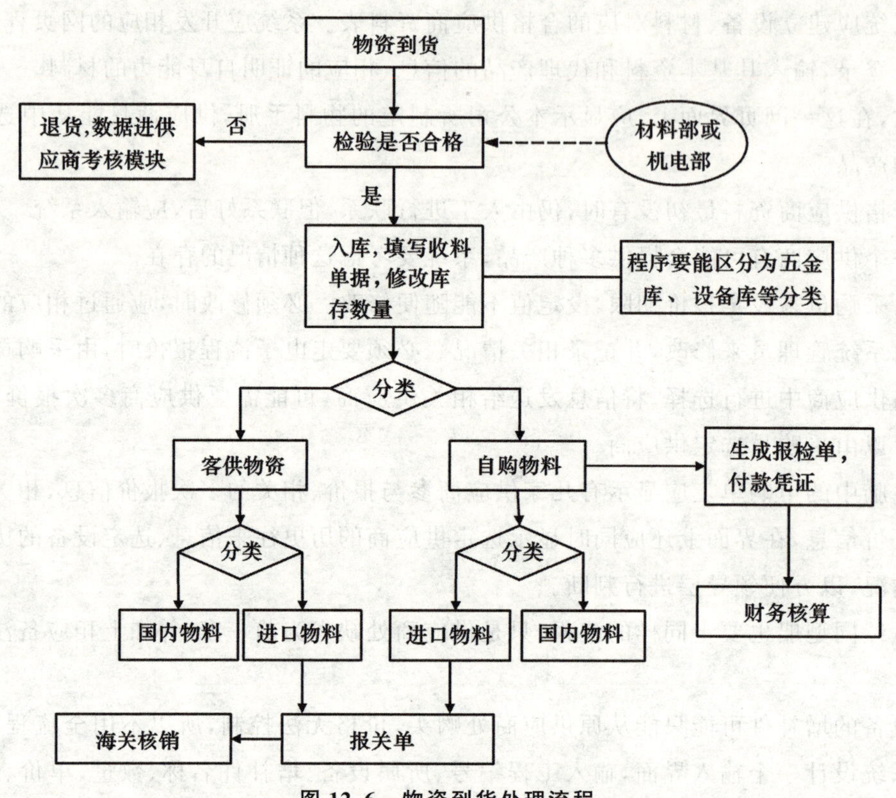

图 12.6　物资到货处理流程

说明：

①到货清单在进入系统进行处理时，应和对应的合同建立联系，这是为了后续的到货追踪模块能够正常工作。

②同一设备有可能按子部件分批到厂的情况，要能办理相关的入库手续。

③在采购的物资到货过程中，往往会出现三种情况：单货同行，货到单未到，单到货未到。对于这三种不同情况，分别有对应的业务处理方案：

a. 单货同行模式：当采购发票与货物同时到达企业时，应该检验发票与货物是否一致，如果单货一致，则可以先输入采购发票，再参照该发票填制入库单，同时及时进行采购结算；也可以先根据实际入库数量填制采购入库单，再将入库单复制产生发票，之后再及时进行采购结算。如果单货不一致，可以暂不入库或暂不报账结算。也可以区分损耗原因，经有关领导批准后做有损耗采购结算。

b.货到单未到模式:货到单未到时可以暂估入库,即可根据实际入库数量填制采购入库单,做暂估入库。待取得发票后,再输入发票报账结算。

c.单到货未到模式:当发票先到,而货物未到时,可根据具体情况或不输入发票做压单处理,或输入发票做在途货物处理。如果想要及时掌握在途货物情况,就应及时输入发票。待货物到达后,再填制入库单做报账结算。

④系统应可实现库存存货全程追索及库龄分析功能。

⑤系统应有安全库存预警功能,对高于或低于安全库存的存货进行报警。

⑥系统应有呆滞积压报警功能,按公司设置的存货的呆滞积压的标准(周转率),对呆滞的存货和积压的存货进行报警。

⑦在系统数据库中,应有所收到货物是为哪一工程所采购的信息,有一个合同购买几个工程中所需要的同一型号设备的情况。

(7)采购合同兑现处理流程

采购合同兑现处理流程如图 12.7 所示。

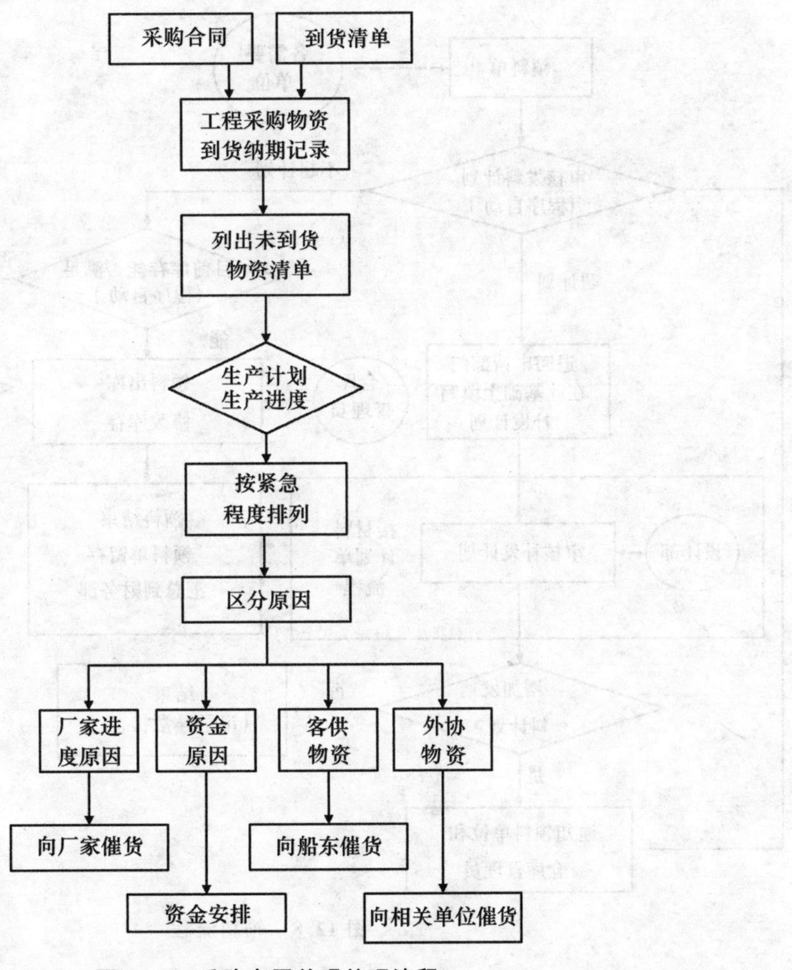

图 12.7 采购合同兑现处理流程

说明：

①重要设备、材料的相关日期信息应作为控制节点来对待，在合同输入系统时就应分解出开证日期、开证日期提前预警天数、发货日期、发货日期提前预警天数、到厂日期、到厂日期提前预警天数。其中，开证日期、发货日期、到厂日期作为3个节点来看待，这3个节点间有内在的逻辑联系，但一个关键货物应不局限为只有3个控制节点，系统应该有增加控制节点的功能。系统应在设定的预警天数内，对没有执行开证、发货、到厂的设备进行报警提示，督促相关人员和相应供应商联系。对船东供应设备中的关键设备，也应有这一功能。

②报警信息应随生产进度等进行调整，这需要公司相应人员及时更新相应的信息。

③系统应能输出月度设备开证计划、月底设备发货计划、月底设备到厂计划、资金使用计划等相应报表。

(8)领料流程

领料流程如图12.8所示。

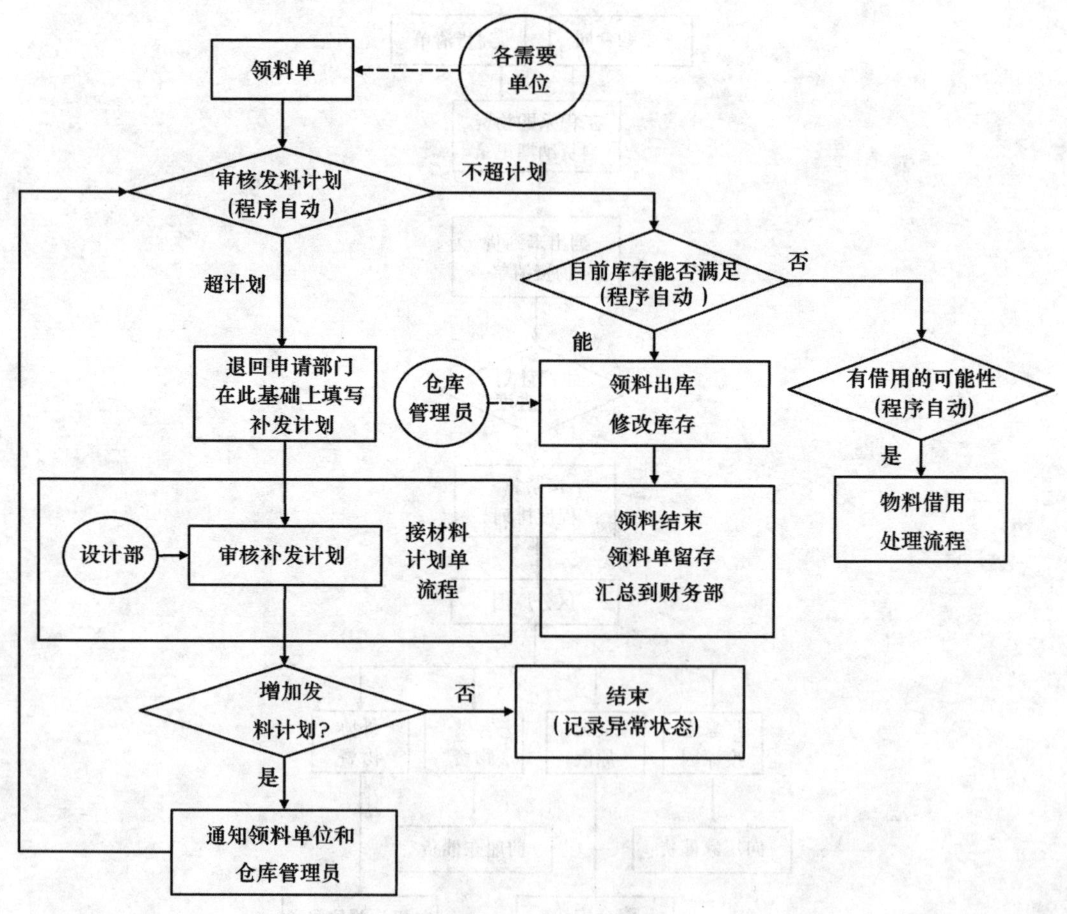

图12.8　领料流程

说明：

①领料中，系统最核心的是单据间要保持关联，即收、领、退间相互联系。

②系统应有超限额领料报警的功能，领料单分单出库后的累计总数超过出库计划数，系统进行报警。

③在借用时填写“借用申请单”。

④系统中保存的所有单据，要有一个字段来与纸件的单据一一对应，方便查找。领料单只能由授权人员开单，授权人员要能够调整。

⑤系统要考虑到超定额现象的存在，提供超定额申请的功能。

⑥纸件的发料计划单仍然会下发到各车间（与对应车间有关的部分），由车间来决定领料的时机。车间填写纸件的领料申请单，由生产部门（或仓库）输入系统，输入中应有请领数和实发数的区别。

⑦在具体操作时，在界面上输入希望领用的物料编码、数量、所领用工程后，首先进行超定额判断，如果超定额，直接提示进行超定额申请流程。如果没有超定额，系统应能列出目前库存中已有的同一物料编码、规格不同的所有产品信息，这一信息应不局限于该工程，但应能区分目前库存中满足这一编码的属于该工程和不属于该工程的物料。如果库存中有希望领用的具体物料，而且也是为该工程所购买的，则输入后续信息，系统进行领料。如果库存中虽然有希望领用的物料，但不是为该工程所购买的，则提示有借用的可能性，走相应的借用处理流程。如果库存中根本没有满足需要的物料，则给出提示，该领料单无法输入保存。

⑧在领料中，对焊条、磨片等常用消耗件，目前无法具体到某一工程上去。系统设计一个界面让操作人员手工输入每个月、每个车间所消耗的焊条等材料的总量。在此基础上，系统结合收料单信息，输出一个每个月的这类材料消耗情况报表。

(9)退料流程

退料流程如图12.9所示。

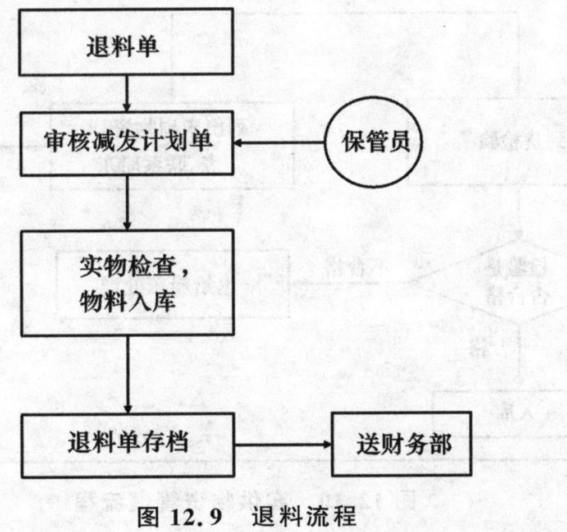

图12.9　退料流程

说明：

①退料要写明原因。

②系统中保存的所有单据，要有一个字段来和纸件的单据一一对应，方便查找。

③退料与领料要一一对应(即工程编码、项目编码、物料名称、规格等要一致)。退料的单价取领料的单价。

(10)客供物资管理流程

客供物资管理流程如图 12.10 所示。

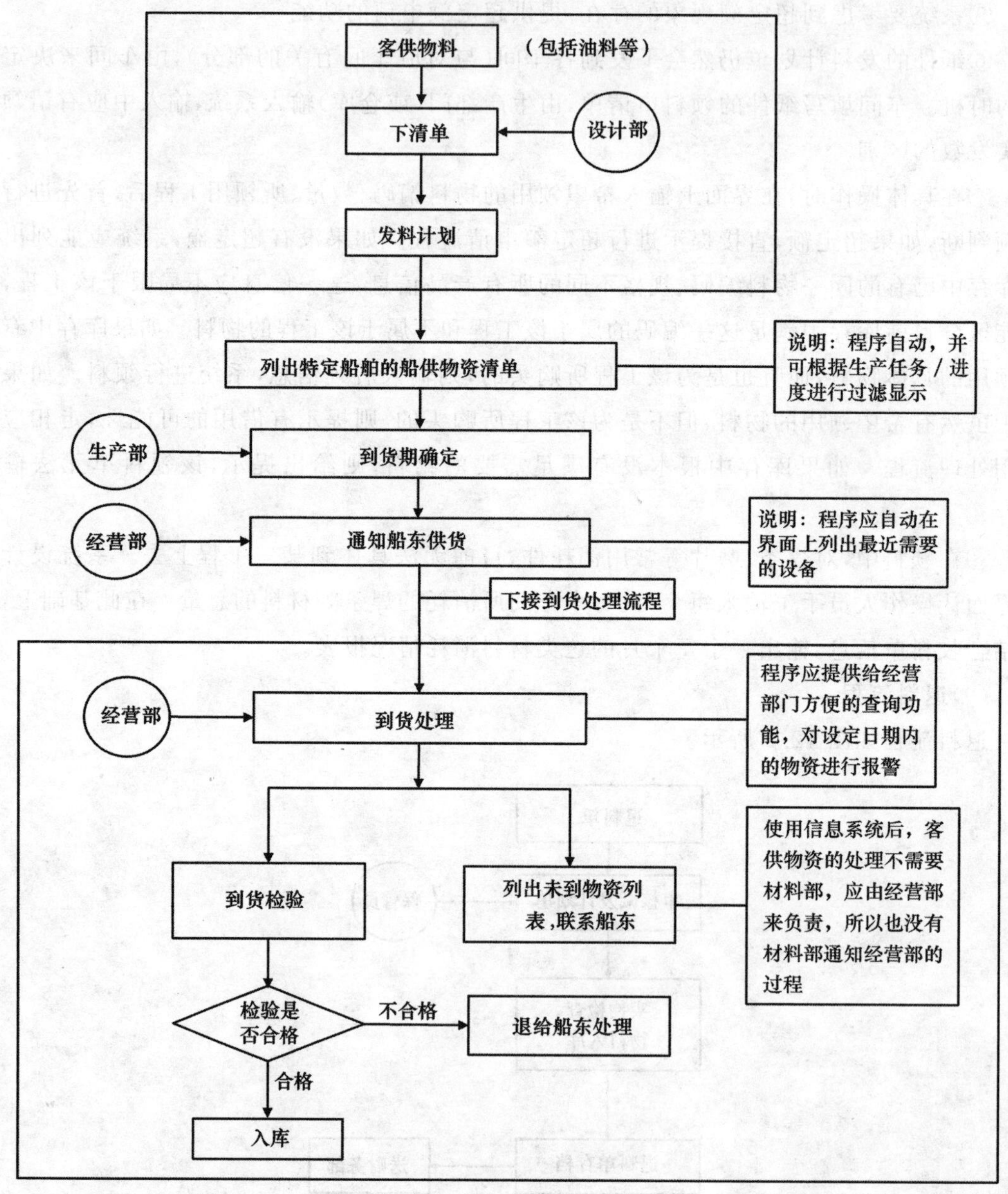

图 12.10　客供物资管理流程

客供物资中，对影响生产设计的图纸资料也要进行到厂追踪。客供物资中又分安装类和保存类，安装类会影响生产进度，保存类（如备件、工具）等不会影响生产进度。

油料（滑油）也是客供物资的一种，目前一般由船东购买，在本公司的生产过程中会消耗一部分，最后由船东和公司进行这一部分的结算，这是一个总价，无法控制价格。

(11)采购资金管理流程

采购资金管理流程如图 12.11 所示。

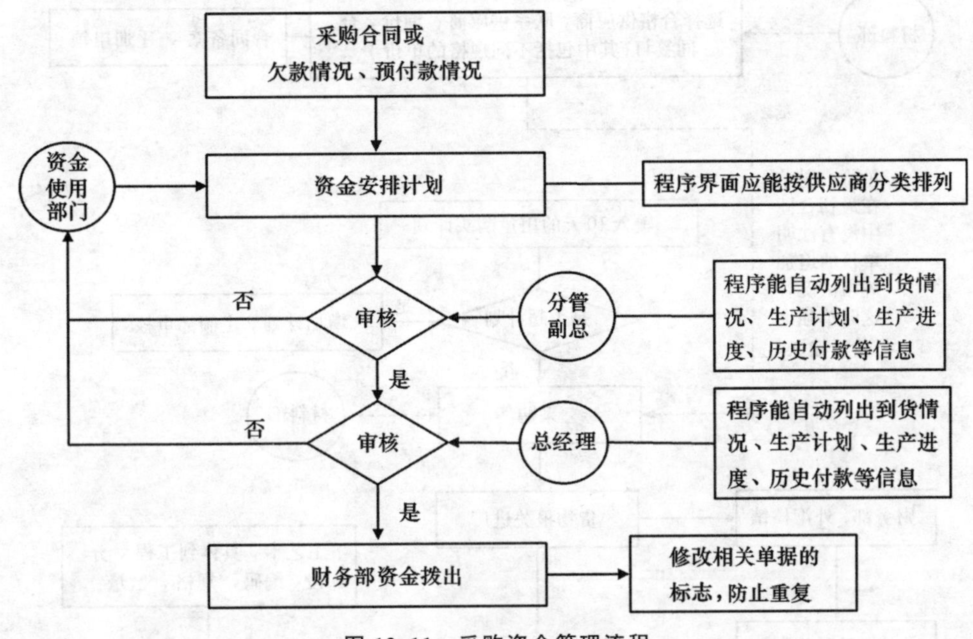

图 12.11　采购资金管理流程

说明：

①系统根据所签订的采购合同，自动生成每月资金需求计划表。该表作为采购员和计划员编写资金安排计划、审批及财务科拨款的依据。采购员和计划员综合生产计划、生产进度、工厂财务情况、供应商资金压力承受情况等多种因素编制资金安排计划。该计划经相关审批手续后财务科拨出应付采购资金，并将拨款金额输入该工程采购资金汇总表，动态反映该工程的资金使用情况。

②资金安排计划处，应由系统汇总出某指定时间段内的总资金需求。

③在具体审批点上，应能显示出单船、单供应商指定时间段内应付合同总金额、付款计划、已付款情况等信息，以方便审批。具体的格式应在开发过程中明确。

(12)油漆管理流程

油漆管理流程如图 12.12 所示。

说明：

①油漆材料的具体需要量是很难获知的，目前的总计划很不准确。

②一般提前 15 天报 15 天后所接着的下一个 10 天的需要量计划，由材料部购买。

③领用时可以分多次领用单分段的油漆材料，但不能超过供应卡上的计划。

④为报关考虑，系统对油漆类材料应有退货功能。

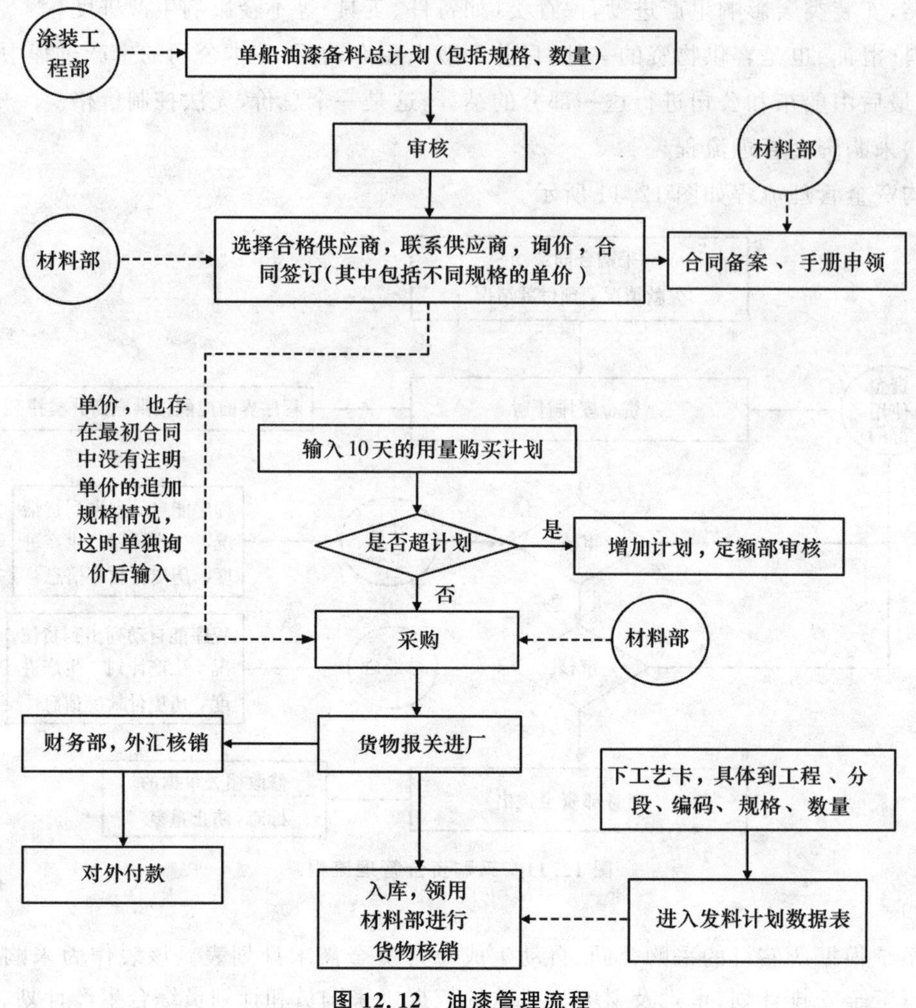

图 12.12　油漆管理流程

12.2　统计分析流程

统计分析流程如图 12.13 所示。

说明：

①仓管员根据报表要求、入库单、领料单、退料单、收料单、采购合同以及库存状况等，输出相应的报表。

②要能根据“领料”、“退料”、“收料”等相关字段，灵活组合查询、方便好用。

③打印报表的纸张为 A3、A4 纸。

④要能将所需查询的数据输出到 Excel、Word 等文件中。

⑤输出报表要能灵活设定分层结构。

⑥要能输出所关心的物料在指定时间段内的使用情况。

⑦要能形成部分物料的价格趋势走向图。

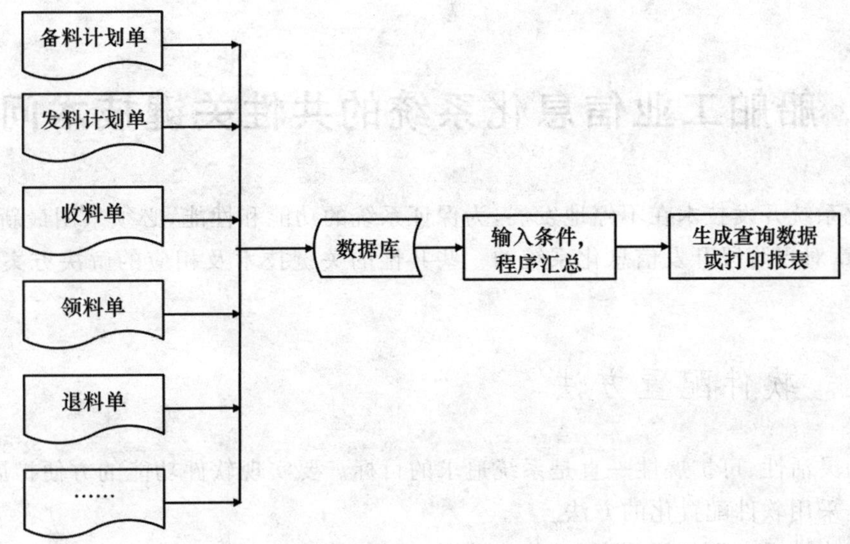

图 12.13　统计分析流程

13 船舶工业信息化系统的共性关键技术问题

信息化系统开发技术在不停地发展，为保证系统的功能和性能，必须采用最新的技术进行开发，本章对现阶段开发信息化系统的一些共性的关键技术及相应的解决方案进行论述分析。

13.1 软件配置方法

软件的灵活性、可扩展性一直是系统追求的目标。要实现软件功能的方便扩展，目前比较常用的是采用软件配置化的方法。

软件功能扩展主要包括两个方面：一是用户对软件功能进行切换，比如对计算公式进行调整、切换某个功能是否启用、对控件界面位置进行调整等；二是增加新的软件功能[88]。最好的软件扩展方式是提供给用户方的管理人员、普通用户等不同层次的用户对象不同的功能扩展权限和能力，大部分的扩展都由用户方人员自己来完成，采用这样的模式将会极大提升系统扩展灵活性。

该类需求采用软件配置方式来实现时，常见的是采用 ini 文件、系统注册表等方式来实现配置信息的保存[89]。但 ini 文件方式不够安全，很容易暴露配置信息。采用系统注册表的方式来进行配置信息保存则很可能会被相关安全软件拦截，而且操作系统重新安装后，相关的注册表配置信息会丢失，需要重新配置。

本质上，上述两种方式都是将配置存储在用户本地计算机上，其对一些全局性的系统配置信息采用更新后刷新存储到本地的方式，操作比较麻烦。因此建议采用将配置信息集中在服务器端存储的方法，通过建立全局性的系统参数配置表实现全局性质的参数配置保存，以此提高系统的扩展性[90]。系统参数配置表的主要字段信息如表 13.1 所示。

表 13.1 系统参数配置表的主要字段信息

序号	字段中文名	数据项标识	类型及长度
1	参数名	Para_Name	Nvarchar(100)
2	参数取值	Para_Value	Nvarchar(100)
3	参数说明	Para_Memo	Nvarchar(220)

程序启动时，需要首先读取这个配置表中的信息，并保存到一个可变数组对象中，相关的示例代码如下：

```
Public Sub readSysParaSet()
    '读系统全局性质的设置参数
    NowSysParaSet = New Hashtable
    Dim para_Name As String
    Dim para_Value As String
```

```
        Using dt As DataTable = downData("select * from Ts_sysPara", "daf")
            If dt IsNot Nothing Then
                For i As Integer = 0 To dt.Rows.Count - 1
                    Para_Name = dt.Rows(i).Item("para_Name")
                    para_Value = dt.Rows(i).Item("para_Value")
                    NowSysParaSet.Add(para_Name, para_Value)
                Next
            End If
        End Using
    End Sub
```

上面这个函数实现在目前系统中存储的数据读取到本地程序的一个数组对象，以备后续使用。

图 13.1 所示为部分系统参数设置示例。

系统参数

保存 删除

拖动列标题至此，根据该列分组

参数名	参数值	参数备注
IfCanRunTwo	否	是否允许同时运行2个客户端，值{是}表示可以...
编辑到岗信息的天数	2	值表示不超过多少天可以编辑
从Excel复制时是否自动匹配	是	值{是}表示如果复制多了，会自动只取一个单...
结算单中是否显示系数列	是	
结算中允许经营主管不受结算状态...	是	临时开启给经营部不受结算状态控制
结算中允许经营主管修改中文描述	是	临时开启给经营部修改所有的描述
密码长度检查	是	启动登录时是否检查密码长度
密码长度位数	5	密码长度不够时提醒
密码有效天数	0	同一个密码使用超过天数提示
是否不修改库存，直接使用收领退	是	值{是}表示启用，{否}表示不启用
是否船进厂也算一次移动泊位	是	值{是}表示算一次移泊，{否}表示不算
是否交船也算一次移动泊位	是	值{是}表示算一次移泊，{否}表示不算

图 13.1 部分系统参数设置示例

以图 13.1 所示参数中的第一个参数为例，它要实现的效果就是如果设定参数值为否，则表示该程序在同一个电脑上，只能有一个实例运行，不能同时运行两个实例。如果运行第二个实例时，会出现如图 13.2 所示的提示。

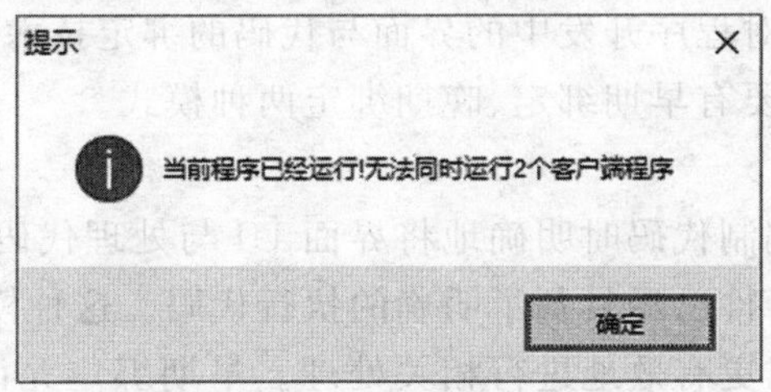

图 13.2 不允许运行两个实例时的提示

而相应的通过系统参数对程序行为进行处理控制的示例代码如下：

```
Dim ifSysSetPara As String = ""
If SysParaSet.Contains("IfCanRunTwo") Then
    ifSysSetPara = SysParaSet("IfCanRunTwo")
End If
If ifSysSetPara = "" OrElse ifSysSetPara ="否" Then
```

```
        If
UBound ( System. Diagnostics. Process. GetProcessesByName ( System. Diagnostics.
Process. GetCurrentProcess. ProcessName)) > 0 Then
            MsgBox("当前程序已经运行！无法同时运行 2 个客户端程序", MsgBox-
Style. Information, "提示")
            End
        End If
    End If
```

可以看出，通过这种系统参数进行程序行为配置管理是比较方便和简单的，而且用户自己可以通过图 13.1 所示的界面进行参数值的修改调整，而不再依赖系统开发人员。

虽然通过系统参数的配置方法可以实现用户个性化自行定义，但仍然只能实现对系统预订参数的修改，并不能由用户自己来增加参数，这个是要特别注意的。

13.2 插件式系统架构实现

正如前面强调的，系统参数的配置只能实现对预订参数值的修改，因此只能实现程序功能的小微调整，无法实现比较大的功能扩展。比如增加一个新的界面到应用程序，而不对原有程序进行修改，就需采用其他的处理手段。要实现动态的增加界面，目前主流的方法是将系统设计为一个宿主主程序结合若干个 dll 链接库的模式。通过这种模式，以配置信息作为基础，将动态扩展的 dll 文件与配置信息结合，就可以实现更方便灵活的程序功能动态扩展。实现该功能主要可以采用动态编译、反射加载等技术，目前应用最多的是反射加载技术。

13.2.1 反射相关的类

反射是目前.NET、Java 等程序开发平台提供的一种非常灵活的技术手段。一般的应用场景下很少需要运用这种技术，但要实现通过字符串配置加载外部函数或界面，则该技术方案是首选。下面以 VB.NET 语言作为示例语言进行描述。

要理解反射技术需要对程序开发中的界面与代码的绑定技术有准确的认识。界面与代码的绑定连接方式目前主要有早期绑定、晚期绑定两种模式。

(1)早期绑定

早期绑定模式下，在编制代码时明确地将界面 UI 与处理代码进行了紧密关联，在编译后，界面元素及其相应的事件已经具备了明确的执行代码。这种模式下，处理对象时可以明确知道数据类型，因此可以更有效地进行相关处理。早期绑定允许集成开发环境使用智能感知技术来动态辅助提示程序开发人员，因而能加快程序开发速度，提高程序开发的效率，并允许编译程序进行严格的类型检查，以保证引用的方法是存在的并传递了正确参数值给相关的处理函数。

(2)晚期绑定

晚期绑定是指程序代码在运行时动态地处理对象。在程序编制时，对象的类型是没有明确固定的。正是因为在前期没有固化绑定，因此在程序运行时可以动态调用该对象支持的方法，导致程序更为灵活。但因为编译程序前期没有识别对象的类型，因此无法启动智能感知建议和前期的语法检查，所以提高了前期开发的技术难度。

.NET 环境中运用反射机制主要有如下几个步骤：

①首先要加载对应需要使用的程序集；

②其次要获取程序集中某个类的具体类型；

③根据获取的类型创建该类的具体实例；

④最后调用该实例的相应方法，实现特定目标。

从这个过程中可以看出，反射技术支持程序运行过程中通过配置信息动态加载需要执行的对象，因此可以更容易进行程序功能扩展。

以目前应用比较广泛的.NET 平台为例，要添加对 System. Reflection 命名空间的引用，该空间中提供了 Assembly、Activator、Type 等相应对象来辅助实现反射有关的功能。Assembly 类用于帮助将需要的程序集加载到内存，这些程序集比较常见的为 dll 文件形式。Assembly 类提供 LoadFrom 方法将 dll 文件加载到宿主程序所在的内存空间，该方法需要传递 dll 文件包括文件名的绝对路径作为参数。再通过 Activator 类的 CreateInstance 方法将已经加载的程序集中需要的特定类对象的实例创建出来，调用参数为要创建的类名称。

Type 类提供了 InvokeMember 方法，该方法用于实现调用类实例对象中的具体方法，与普通的函数调用过程非常类似，需要传递对应方法或函数需要的参数。

System. Reflection 命名空间反射的层次模型如图 13.3 所示。

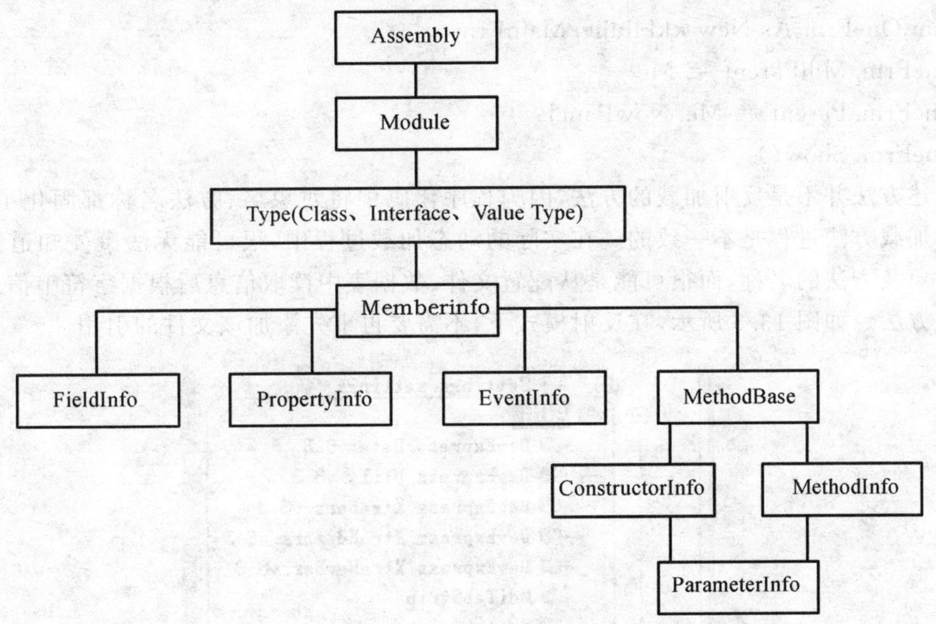

图 13.3　反射的层次模型

如果需要利用反射来调用不在本地电脑上的远程服务接口提供的类，还需要用到.NET提供的 Activator 类。

13.2.2　反射方式的实现

下面以要动态加载并运行某个 dll 文件中的对象，在.NET 平台中的实现过程进行详细介绍。普通的调用方法是知道该类中的具体对象及方法的情况下，如图 13.4 所示，传统方法需要先添加对应的文件引用。

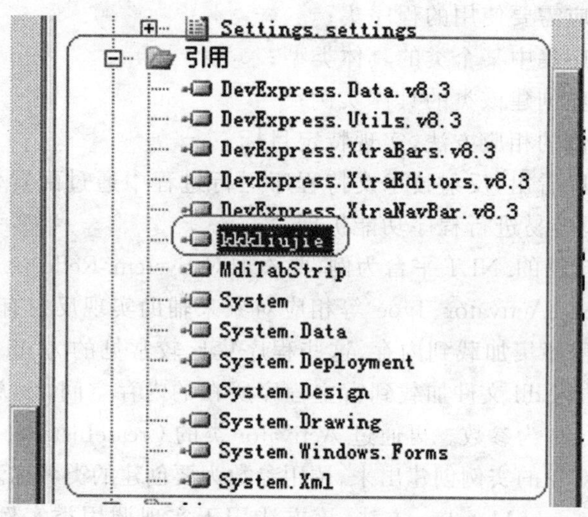

图 13.4　项目中引用 dll 的界面示意

因为该类型是已知的，所以在代码中是明确写出该类提供的相关类方法名称等，相关的示例代码如下：

```
Dim OneFrm As New kkkliujie.MainFrm
OneFrm.MdiParent = Me
OneFrm.Parent = Me.NowPanel
OneFrm.Show()
```

上述方法并不是反射加载的方法，因为程序代码中将对象名、方法名称都固化了，而这与反射加载方法过程是不一致的。在实际的动态加载过程中，很可能无法事先知道需要调用的对象及方法的名称，而很可能是从配置文件、数据表中读取信息后根据字符串信息来加载类或方法。如图 13.5 所示，在反射模式下，不需要再事先添加该文件的引用。

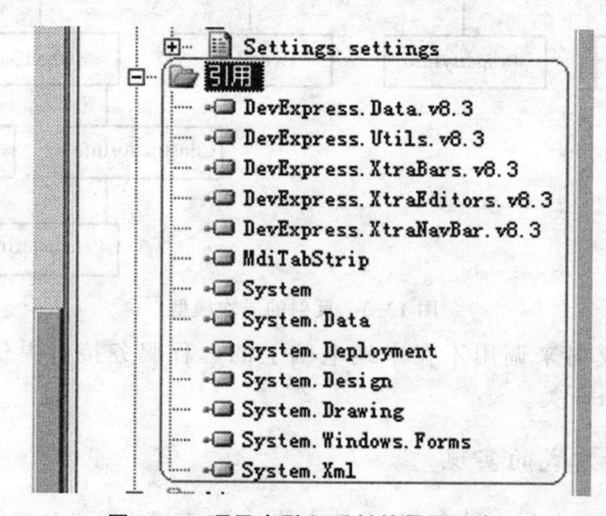

图 13.5　项目中引入反射的界面示意

虽然不需要先添加文件的引用，但在程序代码中需要添加对 Imports System. Reflection 命名空间的引用。

基于反射技术实现上述目标的相关示例代码如下：

```
Dim NeedLoadClassStr As String = "kkkliujie. MainFrm "
Dim FilePathStr As String = "......\kkkliujie. dll"
Dim OneObj As Assembly = Assembly. LoadFrom(FilePathStr)
Dim NeedUseClass As Type = OneObj. GetType(NeedLoadClassStr)
Dim NeedShowForm As Form = Activator. CreateInstance(NeedUseClass)
NeedShowForm. MdiParent = Me
NeedShowForm. Parent = Me. NowPanel
NeedShowForm. Show()
```

反射调用的流程图如图 13.6 所示。

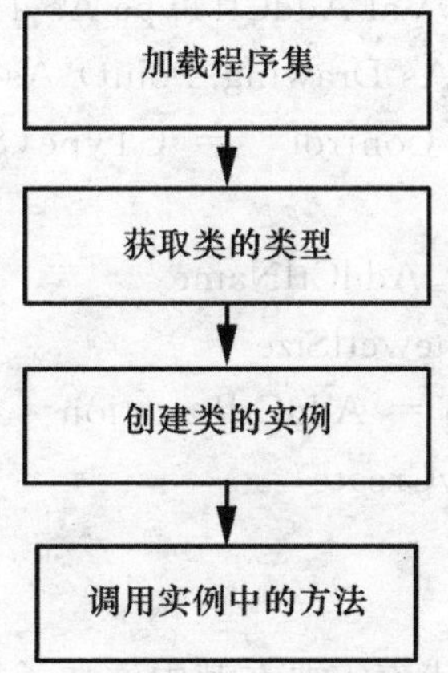

图 13.6　反射调用的流程图

从上面例子可以看出，通过反射技术可以实现根据字符串来加载或调用需要执行的函数，因此程序的扩展性更好。

13.3　动态创建控件及操作属性

13.3.1　根据字符串运行时创建对象

以在程序运行过程中动态在界面上增加一个按钮控件为例，一般可以采用如下的方法，示例代码如下：

```
Dim CreateButton As Button = New Button()
CreateButton. Name = "Button_new"
Me. controls. add(CreateButton)
```

通过上述代码，就可以实现在运行时动态在窗体上添加一个按钮。如果需要添加其他类型的控件，比如单选框、复选框、标签等，可以将上述代码进行如下修改：

```
Dim CreateButton As Control
```

```
Select Case NeedCreateObjTypeStr
  Case "按钮"
    CreateButton = New Button()
  Case "复选框"
    CreateButton = New CheckBox()
  …
End Select
```

如果只考虑一般的编程工具软件提供的原生控件通常只有几十种,用这种方法还勉强可以接受,但第三方控件种类名称可以达到几万种,肯定是没有办法一一在程序中明确写出的。因此,这种方法肯定不是最佳的解决方法。

修改为基于反射技术进行实现的关键过程及代码如下,在系统中声明如下的一个函数:

```
Public Function AddNewControls(ByVal PControls As Control.ControlCollection, ByVal AddCtlName As String, ByVal AddCtlType As Type, ByVal AddCtlSize As Drawing.Size, ByVal AddCtlLocation As Drawing.Point) As Cntrol
    Dim AddNewCreate As Control  = CType(System.Activator.CreateInstance(AddCtlType), Control)
    AddNewCreate.Name = AddCtlName
    AddNewCreate.Size = newctlSize
    AddNewCreate.Location = AddCtlLocation
    PControls.Add(AddNewCreate)
    Return AddNewCreate
End Function
```

上述函数中,参数 PControls 代表需要在其中添加子控件的父容器对象。AddCtlName 参数表示添加控件的名称,要求在对应父容器对象中保证唯一。AddCtlType 参数传递需要创建的控件类名称,可以是开发环境原生的控件,也可以是第三方控件公司提供的第三方控件。AddCtlSize 代表添加的新控件的长、宽尺寸信息。AddCtlLocation 参数则传递新添加控件在对应父容器上添加的位置。如果是添加一个非可视化的组件,AddCtlSize 和 AddCtlLocation 这两个参数则不是很关键。

上述代码中,CType(System.Activator.CreateInstance(AddCtlType),Control)是最为核心的代码,System.Activator.CreateInstance(newctlType)即实现了反射方式的加载,传递给该过程的为一个字符串设定的控件类名称,CType 函数实现一个明确的类型转换,在.NET平台中,Control 是一切控件的父类型,因此都可以强制明确地转换为该类型,以方便后续代码的编写。

实现了动态增加控件后,要真正添加某类控件,相应的调用方法示例如下:

```
Dim needNewCtl As Control = AddNewControls(Me.Controls, "ControlNew", GetType(Button), New Size(180, 38), New Point(200, 260))
needNewCtl.Text = "试验新增加的控件"
```

上述代码中,核心的为第一句,实现对 AddNewControls 函数的调用,该函数会返回一个动态创建的控件对象,如果该代码是放在某个窗体上的,则代码运行后,该窗体上会有一个新的 Button 出现，且其控件的标题为“AddNewControls”。但这样添加到控件是没有绑定特定的处理函数的，如果要实现其相应的动态绑定处理函数，则需要通过 AddHandler 函数来实现。

仔细观察上述调用创建控件的代码，其中的 GetType(Button)，这里仍然是明确地出现了 Button 这个类名，这样就没有完全达到想要的效果。将上述语句修改为：

Type. GetType("System. Windows. Forms. Button，System. Windows. Forms，Version＝4. 5. 5000. 1，Culture＝neutral")。

就可以不是明确的对象名，而是通过传递字符串就可以实现动态创建控件。因为 Type. GetType()方法只能支持工程内部的类型，对外部的程序集，需要在前面加上程序集的名称，对有不同版本的程序集，还需要明确写出程序集的版本。上述程序中 4. 5. 5000. 1 代表的就是相应程序集的名称。

问题是如何取得所用 Windows. Forms 程序集的版本和名称？可以用 GetType(Button). AssemblyQualifiedName 方法来获得对应控件的程序版本信息，在同一个平台版本下，这个信息是相同的。

13.3.2 反射方式的控件属性操作

对控件属性操作主要包括属性值的获取和属性值的设置两个方面。

(1)获取控件属性值

控件属性是程序开发中非常重要的内容，不同的控件拥有的控件属性类别、个数、名称都不相同，如何通过属性的字符串形式名称，获得相应控件属性的当前值，这一目标也可以通过反射技术来实现。可以构造一个相关函数，其核心代码如下：

```
Dim NowCollection As PropertyDescriptorCollection=
        TypeDescriptor. GetProperties(NowObj)
Dim NowpropertyDescriptor As PropertyDescriptor _
        =NowCollection. Find(NeedpropertyName, True)
If IsNothing(NowpropertyDescriptor) Then
  Return Nothing
Else
  Return NowpropertyDescriptor. GetValue(obj)
End If
```

调用过程的示例代码如下：

```
Private Sub GetButton_Click(sender As System. Object, e As System. EventArgs)
Handles GetButton. Click
  Dim SumText As String = "当前 Text 属性的值：" + GetCompProperty(OneText-
Box, "text"). ToString
    MsgBox(SumText)
End Sub
```

测试上述代码，测试某个文本框控件的 Text 属性，效果如图 13.7 所示。

上述过程对获取单一属性值已经可以解决实现了，但有很多属性的值组成为层次化的

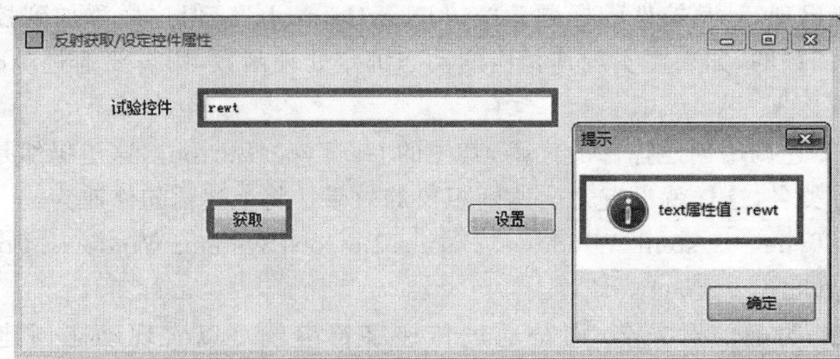

图 13.7　动态获取控件属性的效果示意

结构，如图 13.8 所示的控件 Size 属性，该属性又包括“Width”及“Height”两个子属性，上述过程对这类层次化属性的获取就无能为力了。

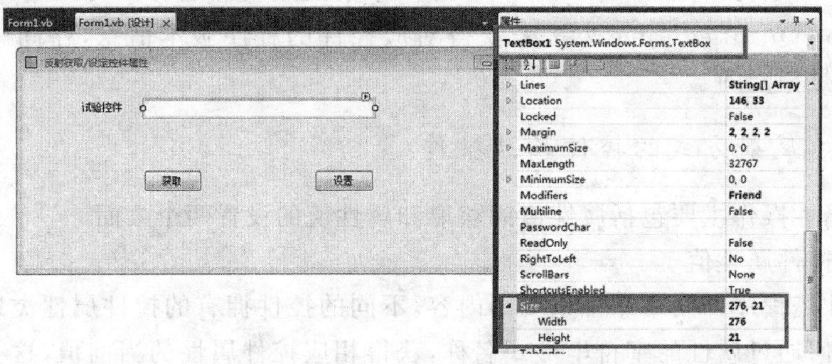

图 13.8　控件的 Size 属性示意

比较直观的想法是将获取属性的字符串进行如下的改造：

GetCompProperty(OneTextBox,"Size.width").ToString

但在运行后会出现如图 13.9 所示的错误提示界面。

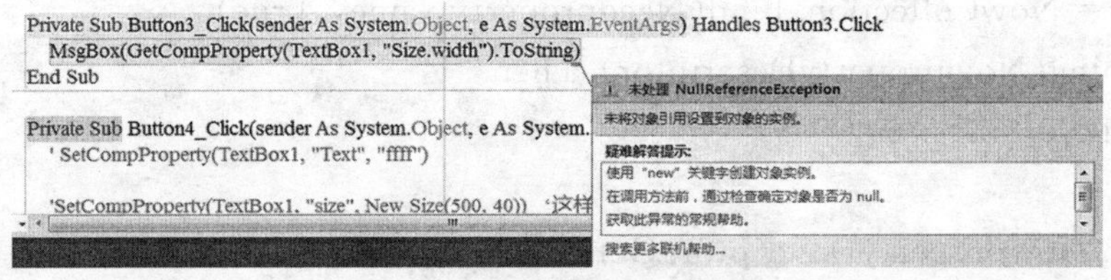

图 13.9　错误提示界面示意

一种很容易想到的变通方法是先获取 Size 属性，再通过这个属性获取其下面的“Width”及“Height”两个子属性，相关代码示意如下：

Dim oneSize As Size = CType(GetCompProperty(OneTextBox,"Size"), Drawing.Size)

MsgBox(oneSize.Width.ToString)

这样虽然可以解决这个单一的问题，但并不是通用化的解决方法。因为上面代码的第二行 oneSize.Width 就将相应的层次、属性名称写死了，要修改必须修改程序代码。为此，继续对代码进行优化，优化后如下：

Public Function GetCompProperty(……) As Object

```
    Dim NowCollection As PropertyDescriptorCollection = System.ComponentModel.
TypeDescriptor.GetProperties(NowObj)
    Dim oneDescriptor As System.ComponentModel.PropertyDescriptor
 If propertyName.IndexOf(".") > 0 Then
   Dim nowStr() As String = propertyName.Split(".")
   oneDescriptor = NowCollection.Find(nowStr (0), True)
   If IsNothing(oneDescriptor) Then
     Return Nothing
   Else
     Return GetCompProperty(propertyDescriptor.GetValue(NowObj), nowStr (1))
   End If
 Else
   oneDescriptor = NowCollection.Find(propertyName, True)
   If IsNothing(oneDescriptor) Then
     Return Nothing
   Else
     Return propertyDescriptor.GetValue(NowObj)
   End If
 End If
End Function
```

上述代码的核心是利用到了根据“.”符号对属性名字符串进行拆解，再逐步递归调用函数进行属性值获取。

函数修改好后，新的获取属性值代码如下：

```
   Dim SumText As String ="尺寸.宽度属性值:" + GetCompProperty(OneTextBox,
"Size.width").ToString
   MsgBox(SumText)
```

图 13.10 所示为获取多层属性值的界面效果，实现了对单一属性值、二层属性值及多层属性值的获取。

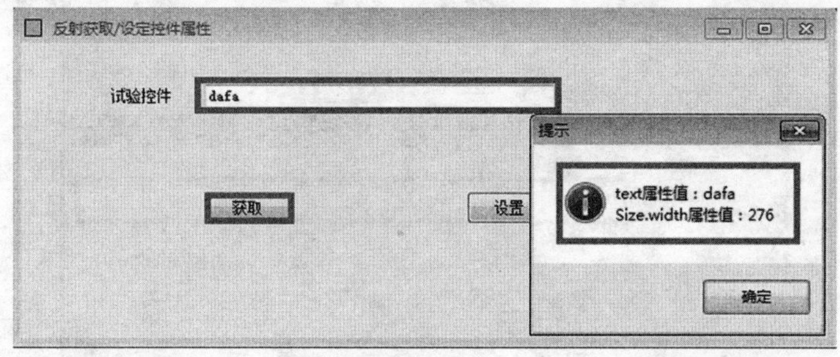

图 13.10　获取多层属性值的界面效果示意

(2)设置控件属性值

在真实的系统中，有获取控件的属性值，必然就有设置控件的属性值。但设置过程也要求动态化配置，不能通过程序代码将设置属性值的过程固化。要实现的效果是可以通过传递一个字符串的变量，该变量指定要设定的控件属性名，再传递相应的控件属性值，就可以实现比较通用化的控件属性值设置。

实现的相关示例代码如下：

```
    Public Sub SetProperty(ByVal NowObj As System.Object, ByVal PropertyName As
String, ByVal NowValue As Object)
    Dim NowPropertyCollection As PropertyDescriptorCollection
      =TypeDescriptor.GetProperties(NowObj)
    Dim NowDescriptor As PropertyDescriptor
    If PropertyName.IndexOf(".") > 0 Then
      Dim SplitArr() As String = PropertyName.Split(".")
      NowDescriptor = NowPropertyCollection.Find(SplitArr (0), True)
      If NowDescriptor IsNot Nothing Then
        SetProperty(NowDescriptor.GetValue(NowObj), SplitArr (1), NowValue)
      End If
    Else
      NowDescriptor = NowPropertyCollection.Find(PropertyName, True)
      If NowDescriptor IsNot Nothing Then
        SetProperty.SetValue(NowObj, value)
      End If
    End If
End Sub
```

相应的调用示例代码如下：

```
SetProperty(OneTextBox, "Text", "ffff")
SetProperty (OneTextBox, "size", New Size(520, 38))
```

修改控件属性值运行效果的界面对比如图 13.11 所示。

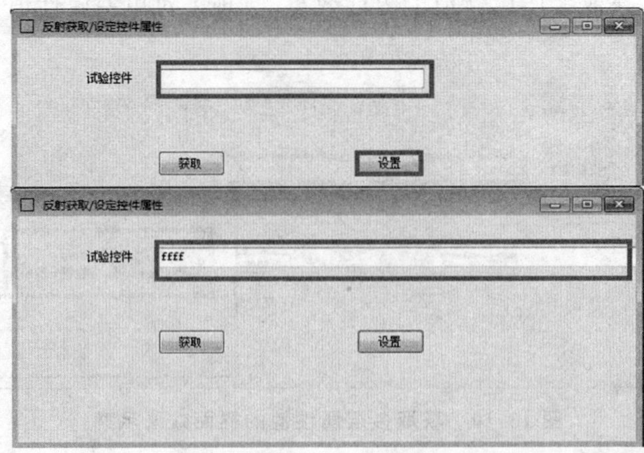

图 13.11　修改控件属性值运行效果的界面对比

观察图 13.11，可以看到设置控件的属性值的确起到了应用的效果。

13.4　协同编辑情况下信息提醒的实现

协同编辑是指系统中有两个或两个以上的行为主体同时对某个信息进行联合编辑修改。在船舶行业信息化管理系统中，多人协同编辑是系统中必不可少的功能，可以实现信息的及时沟通，有效提高信息系统工作效率。

在构建一个功能完善的船舶企业信息化管理系统或平台的过程中，要非常关注信息提醒。提醒分为多个方面，比如 QQ 软件中的好友上线、下线提醒，生日提醒。信息系统中多人协同编辑下，更关注信息修改后应及时有效地提醒相关人员。这类协同又主要包括“分时离线协同”和“在线协同”两种情况。

在“在线协同”的应用场景下，一般应基于网络通信技术如 TCP、IP 及 UDP 协议等，构建信息的及时通知函数库，而不应该由界面端不停地用定时器查询数据库，如果是定时器查询的方式，对数据库负载压力太大。而构建信息的及时通知函数库，还可以实现程序功能代码的复用。

13.4.1　期望的目标效果

我们以船舶修理企业工程管理系统中的做单子模块为例来描述一般要实现的目标效果。在修船企业中，这类单据需要多人协同编辑，而且是多人协同同时编辑。没有系统做法时，可能多人的协同是通过文件传递来实现，即多人分时对同一个文件进行查看和编辑，但这很容易出错，效率也较低。而多人实时协同编辑时，信息由某人编辑保存后，能及时通知其他相关人员。图 13.12 所示是行修改编辑后的界面提醒示例，某用户在打开某个功能模块后，如果其中的某些行在此前被其他人员修改过，这些行会以特殊的背景颜色来显示。

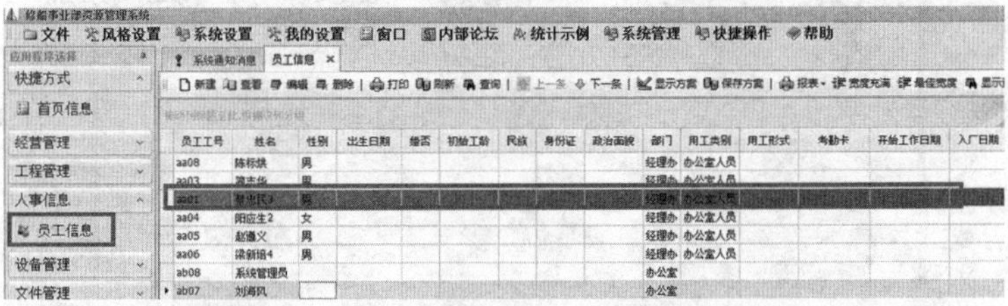

图 13.12　行修改编辑后的界面提醒示例

同时，在该界面上应该提供相应的查看修改信息的功能按钮，点击后的相关查看效果如图 13.13 所示。

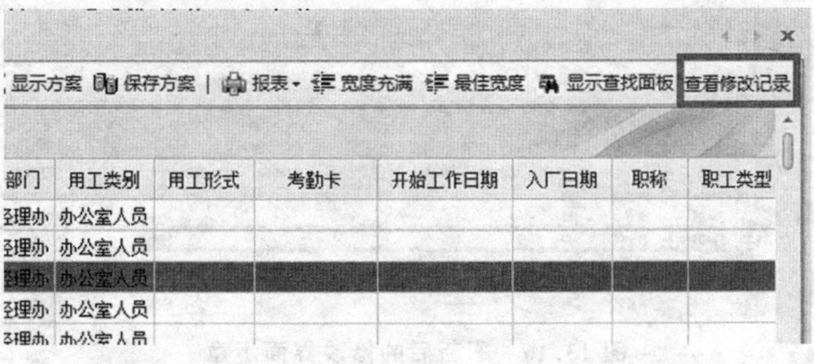

图 13.13　查看修改记录界面示意

如图 13.13 所示，在选择某个具体的查看行后，会列出该行对应记录的修改明细，其界面示例如图 13.14 所示。

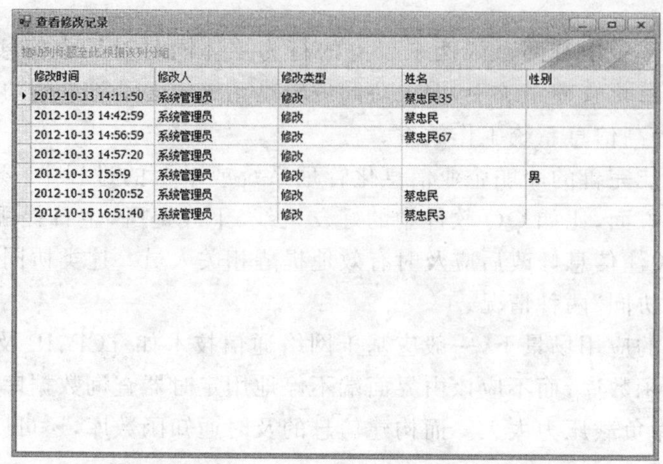

修改时间	修改人	修改类型	姓名	性别
2012-10-13 14:11:50	系统管理员	修改	蔡忠民35	
2012-10-13 14:42:59	系统管理员	修改	蔡忠民	
2012-10-13 14:56:59	系统管理员	修改	蔡忠民67	
2012-10-13 14:57:20	系统管理员	修改		
2012-10-13 15:5:9	系统管理员	修改		男
2012-10-15 10:20:52	系统管理员	修改	蔡忠民	
2012-10-15 16:51:40	系统管理员	修改	蔡忠民3	

图 13.14　详细的修改记录的界面示例

选择不同的行进行查看，弹出的内容不同。图 13.15 所示是不同行的修改记录界面示意。

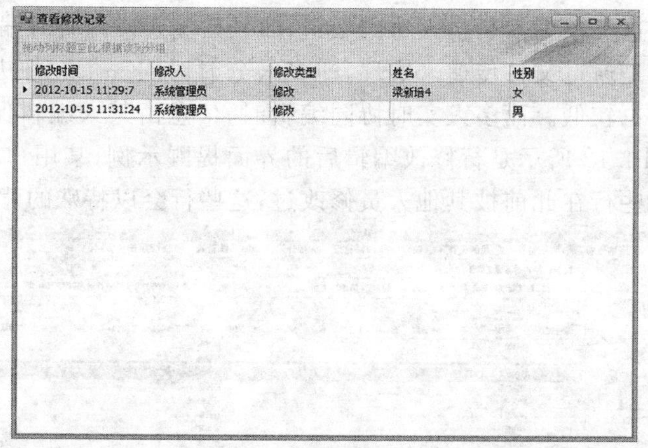

修改时间	修改人	修改类型	姓名	性别
2012-10-15 11:29:7	系统管理员	修改	梁新培4	女
2012-10-15 11:31:24	系统管理员	修改		男

图 13.15　不同行的修改记录界面示意

因为系统是协同编辑的，如果提示被别人修改的行又被自己修改了，即最后的修改为自己的话，则这行不应该再提醒。图 13.16 所示为刷新后的修改界面示意。

图 13.16　刷新后的修改界面示意

13.4.2 具体实现过程

对上述要实现的提醒效果,可以通过修改日志保存的方式来辅助实现。虽然可以采用一个共同标准的日志记录信息表,但系统用户量多、时间跨度大后,这个表的数据记录量将非常庞大,使得数据检索效率降低[88]。推荐采用一个日志表的存储形式,但这个动态创建的日志表可以有4列是相对固定的,示例如图13.17所示。

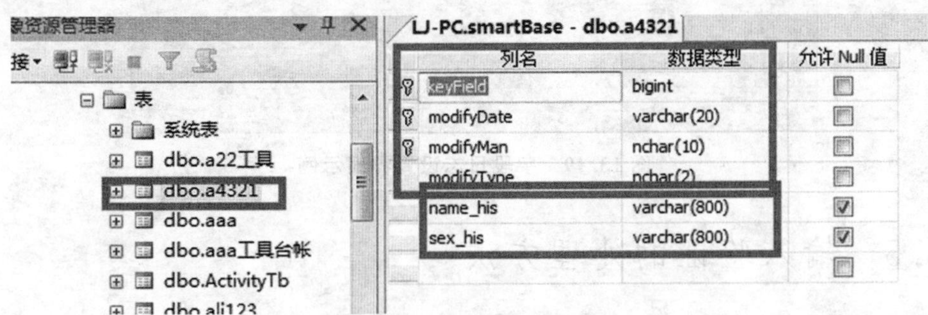

图 13.17 日志表推荐字段示意

为使该过程更为简化规范,可以采用平台化的配置开发方法,如图13.18所示,在该工具平台的相应位置设置"保存修改信息的表名称"、"保存修改信息的表类型"等信息。其中"保存修改信息的表类型"支持"固定"和"相对"两种情况,选取"固定",则在系统全局日志表中进行数据存储,选取"相对"则每次动态创建日志存储表。

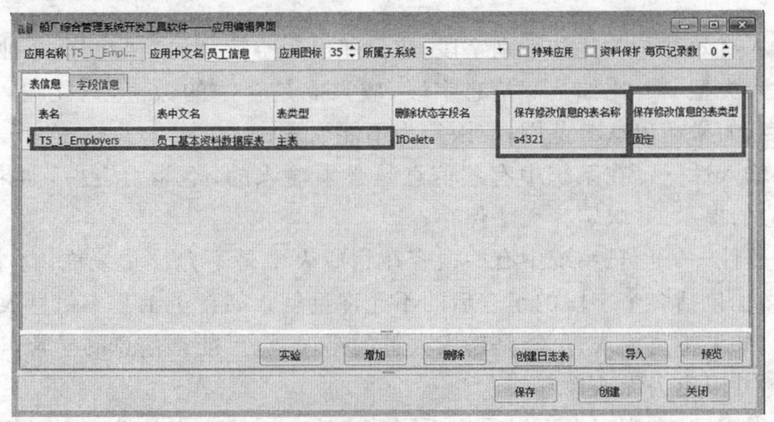

图 13.18 功能模块日志存储设置示意

上述设置的是日志的存储表,但更进一步的是设置每个具体字段日志,即在列的配置信息中设定哪些具体的信息字段需要在系统中进行日志记载保存,相应地设定"修改记录字段名"、"保存最后修改人字段名"这两列。可以看出,日志记载可以在两个不同层级,一个是记录行级,一个是行的字段级。在记录行级别,只要这行有被修改就会记录,但并不知道某个具体字段的最后修改人;而在字段级别,则每个需要的字段,其最后修改人都是可以追溯的。输入的"保存最后修改人字段名"可以在该应用信息表本身基础上创建,如图13.19所示字段日志设置界面示例。

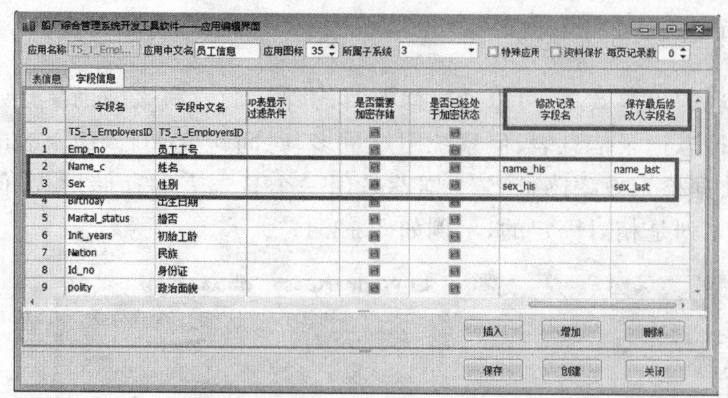

图 13.19　字段日志设置界面示例

13.5　输入验证的处理方法

在船舶企业的信息化处理系统中，功能代码开发的过程中，业务功能的实习代码是一个方面，另外也需要花费大量精力用于对用户输入操作逻辑的判断，如输入的验证。虽然代码编写不难，但这是一个比较费时费力的工作，如何设计一套比较通用化的输入验证处理函数或方法，就非常值得重点研究和关注。

通过对现有系统输入验证的梳理，可以总结提炼出如下 4 种主要需要进行输入验证的类型[92]：

①控制输入有效性——比如性别字段，应只能出现空值、“男”、“女”这 3 种情况；

②控制输入类型——比如金额信息字段，应只能是合法的数值，只能输入＋、－、0～9 的数字、小数点，如果超出这个范围，应限定为不能输入；

③控制必输入性——在系统中有些信息是必须输入的，不能为空白，如果没有输入的话，应给出相应的提示，并限定为无法保存；

④控制重复性——信息系统中有些内容在相应表中是不允许重复的，这个不允许重复包括单个字段，也包括多个字段的组合后的不允许重复。如在员工基本信息表中，身份证号就不应该重复，如果重复输入，可能是输入人员的错误，也可能是信息的异常，这时都需要给出相应的提示，并限定为无法保存。

对上述 4 类需求，在实现上可以采用不同的方法。对输入有效性方面，目前主要采用通过输入控件结合控件相关属性控制的方式来实现。对输入类型的控制，主要采用在设计程序界面时，用不同类型的控件来辅助控制，如文本输入控件、日期输入控件等。如果采用日期输入控件，一般控件本身就可以限定为只能输入日期值。这两类输入控制相对比较简单，目前的控件技术基本上可以很好地解决。而第三和第四种情况，则需要另外设计。

(1)要实现的界面效果

控制必须输入和重复性判断，要实现的效果如图 13.20 所示。

从图 13.20 可以看出，在点击保存时，如果没有输入必须输入的信息，会在对应控件右侧显示相应提示，同样，如果不允许重复的信息重复输入，也会在对应控件右侧显示相应提示，但这些提示最初都是折叠为一个小图标，只有点击该小图标，才会显示具体信息。

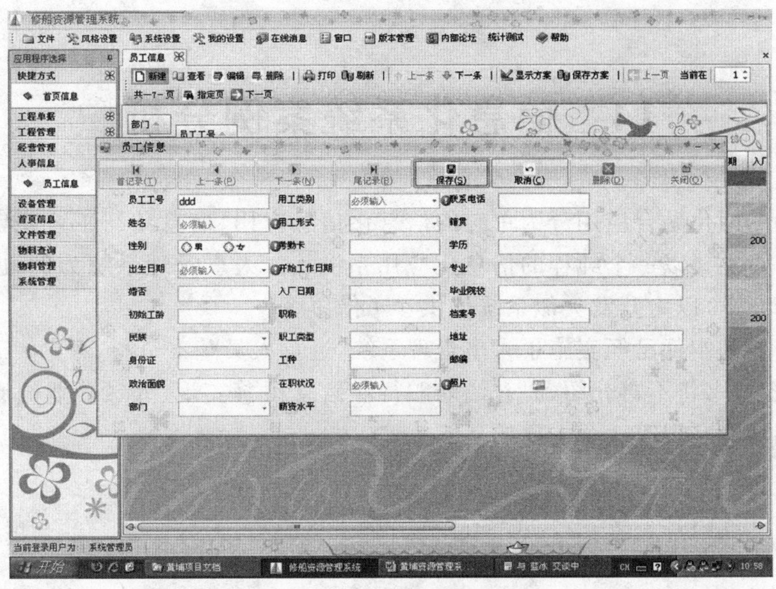

图 13.20　用户输入验证界面

(2)主要处理步骤

```
Public NeedInputTipStr As String = "该字段设定为必须输入!"
Public Function NullInputCheck(ByRef NowFrm As BaseEditForm) As Boolean
  Dim NowFieldName As String
  Dim checkResult As Boolean
  Dim nowRow As DataRowView =
        NowFrm.mainTableSource(mainTableSource.Position)
  For TempI as Integer = 0 To NowFrm.noNullControlList.Count - 1
    NowFieldName = NowFrm.noNullControlList(i).FieldName
    Dim FieldInf As FieldInfo = NowFrm.noNullControlList(i)
    If FieldInf.Item(fieldname).ToString.Trim = "" Then
      NowFrm.ErrSetControl.SetError(FieldInf.FieldEdit, errTipStr)
        checkResult = False
    Else
      NowFrm.ErrSetControl.SetError(FieldInf.FieldEdit, "")
    End If
  Next
  ……'对子表进行相关处理
  Return checkResult
End Function
```

类似的,就可以实现对重复性字段的输入验证。

14 信息化系统案例分析

船舶行业的两化融合应用分为单纯的信息化信息应用、信息化与工业化融合性应用等两个方面。本章主要以一个纯粹的信息化应用系统——人事管理系统为例，进行系统相关关键技术的介绍，可以为开发类似系统提供参考借鉴。

一般的企业基本都已经实施了人事管理系统，进行人员基本资料、考勤、工资、考核等管理，这方面内容本书将不再介绍，只介绍船舶行业信息预警实现、人员职业健康管理及综合信息报表定制功能实现等3个主要的功能。

14.1 信息预警实现

(1)信息预警的含义

预警一般是指在危险、灾害或特定事件发生之前，根据之前的规律或前兆特征，向有关人员或机构发出警示信号，说明情况，避免危害或特定事件在不知情或准备不足的情况下发生，尽可能降低可能造成的负面影响。对于企业管理，信息预警更多地体现在对特定事务、作业即将到达完成期限或特殊时间点即将到来的一个提前通知功能，以帮助相关人员及时做出响应，使企业各项生产活动都能按照预期时间完成，减少因为管理无序而造成的损失。

在船舶企业中，需要进行时间计划管理的业务繁多，大多数是采用传统的人工管理方式，难免会产生疏漏，出现某项任务到了计划完成时间却没有按时完成的情况，导致延期或丧失时效性等问题，轻则影响项目进度，严重时会造成不可挽回的损失。比如对于项目排程计划，虽然设置了每个关键节点，但是对于节点的监控和预警却没有相应的有效措施，导致企业管理变得粗放；再比如人员离职时，一般按常规的流程办理就可以，但是如果离职员工有过外培记录，那么应该核查员工是否与企业签订过相应的培训协议等。为了提高公司对员工的人文关怀，很多企业设置了员工生日提醒功能，并及时为过生日的员工发放福利等，也属于信息预警的一个方面。因此，合理的信息预警对于企业管理有着非常重要的作用。

(2)实现流程设计

针对预警信息管理功能，通过对企业相关的业务流程和功能需求进行收集和分析，设计了如表14.1所示的预警信息设定表。

表14.1 预警信息设定表

数据项名	数据项标识	类型及长度
人员编号	ManID	Int
预警名称	warnName	nVarchar(60)
应用编号	AppID	Int

续表 14.1

数据项名	数据项标识	类型及长度
表编号	TbID	Int
表名	TableName	Varchar(60)
字段名	FdName	Varchar(60)
字段中文名	FieldCCN	Varchar(60)
提前天数	befDayNum	Int
提示字符串	warnStr	nVarchar(60)

表 14.1 中,"人员编号"表明信息预警是设定到具体的人员,即每个人都可以设定自己需要的信息预警。"预警名称"字段则是为了方便对预警信息的维护,一个人可能会设定多个预警,今后也可能对这些设定的预警信息进行调整修改,有一个对应的名称可以方便后续的操作。"提前天数"字段则表示该语句在满足值为真的情况下,需要向前提前多少天。正是因为有相应的预计提前天数,比如提前 5 天,则在这个提前周期内,每天登录系统,满足这个条件的数据都会提示预警,而可能有些行已经被相关人员关注和处理了,这时可能希望这些行不要提醒,或者说单独关闭某些行的预警,这一功能可以设计如表 14.2 所示的行预警信息取消设定表来实现。

表 14.2 行预警信息取消设定表

数据项名	数据项标识	类型及长度
人员编号	ManID	Int
预警名称	warnName	nVarchar(60)
应用编号	AppID	Int
表编号	TbID	Int
记录主键	RecordID	Varchar(20)

表 14.2 中,"记录主键"字段就是满足当前预警条件,但又不希望再预警的行对应的主键值。注意,随着时间的推移,某些满足预警的行可能不再满足预警条件了,要有一套统计的机制从表 14.2 中删除这些记录行。

下面介绍如何实现在某个应用界面打开时,对满足预警条件的记录行用特殊的颜色进行显示。主要的业务逻辑代码如下所示,以 VB.NET 作为示例语言。

```
'首先要根据当前的预警信息,查询是否启用了预警功能
Dim filterStr As String = String.Format("warnName='{0}' and TbID=1 ", OperFdName)
Dim myView As New DataView(nowCancelWarnDT, filterStr, "", DataViewRowState.OriginalRows)
Dim now_date As Date= my_manage_db_obj.GetServerDate
'分析预警状态
Dim dt As DataTable = viewFrmDataSet.Tables(MainTableInf.tableEName)
If Not dt.Columns.Contains(OperFdName) Then
```

```
        Exit Function
    End If
    If Not dt.Columns.Contains("预警状态") Then
        Exit Function
    End If
    Dim sumRowNum As Integer = 0
    Dim oneDataRow As DataRow
    Dim nowRowKeyVal, otherKeyVal As String
    Dim FindFlage As Boolean = False
    For i As Integer = 0 To dt.Rows.Count - 1
        oneDataRow = dt.Rows(i)
        oneDataRow.BeginEdit()
        oneDataRow.Item("预警状态") = False
        '根据日期进行比较(只处理设置了预警时间的日期类型字段)
        If IsDBNull(dt.Rows(i).Item(OperFdName)) Then
            Continue For
        End If
        '针对主表遍历和判断(示例)
        nowRowKeyVal = dt.Rows(i).Item(MainTableInf.KeyFdName)
        Dim tpdate As Date = dt.Rows(i).Item(OperFdName)
        Dim newDateVal As Date = tpdate.AddYears((now_date.Year - tpdate.Year))
        Dim newDateValTwo As Date = tpdate.AddYears((now_date.Year - tpdate.
Year) + 1)
        Dim disValOne As Integer = (newDateVal - now_date).Days
        Dim disValTwo As Integer = (newDateValTwo - now_date).Days
        If (disValOne >= 0 AndAlso disValOne < setDayNum) OrElse (disValTwo >=
0 AndAlso disValTwo < setDayNum) Then
            '筛选出落在预警日期范围内的记录,进一步判断当前预警是否被手工取消了
            FindFlage = False
            For ijk As Integer = 0 To myView.Count - 1
                otherKeyVal = myView.Item(ijk).Row.Item("RecordID")
                If nowRowKeyVal = otherKeyVal Then
                    FindFlage = True
                    Exit For
                End If
            Next
            If FindFlage = False Then
                oneDataRow.Item("预警状态") = True
```

```
            sumRowNum += 1
        End If
    Else
        oneDataRow.Item("预警状态") = False
    End If
    oneDataRow.EndEdit()
Next
'更新预警状态
dt.AcceptChanges()
'对预警状态为 True 的记录,设置特殊颜色提醒
AdvBandedGridViewmain.FormatConditions.Clear()
P_myGridAndTreeOper.setGridColor(AdvBandedGridViewmain, "预警状态", "=",
True)
```

(3)实现关键技术及效果

员工对于企业的归属感,是企业未来发展的基石,船舶制造企业由于其特殊性,导致人员流动率较大,员工对企业的认可度不高,归属感不强。如何提高员工凝聚力和归属感是每个企业管理层需要重视的问题。自定义预警功能模块的设计开发也是基于企业的这种需求。以员工生日信息预警提示为例,该模块可以对员工的生日进行提前通知,并为员工提供相应的福利,有利于加强公司对员工的人文关怀,提升员工对于公司的归属感。如何设计预警信息定制化模块,以及实现通用化的字段预警时间设置是本章研究的内容。

(4)关键字提醒设计分析

随着社会发展和科技的进步,企业规模不断增大,企业管理人员需要对公司员工的个人信息、工作进行管理,可以自定义设置提醒内容,以达到特定目的,例如对船舶制造企业员工的生日设置提醒、对合同日程的提醒、对培训的提醒等。

在对员工的基本信息进行整合时,对其中的必要信息进行标注,将关键字段提取出来,便于管理者设置。软件主要分为两个功能模块:信息预警关键字段的获取以及信息提醒相关功能的设置。

①信息预警关键字段的获取。管理者可以通过软件对员工的生日、合同签订时间、培训时间等日期或时间类型的字段进行选择。

②信息提醒相关功能的设置。管理者可以根据实际需求选择生日或其他关键字段来设置提醒的日期,系统默认为当天,用户也可以设置为提前几天进行提醒。此外,可以通过软件设置提醒的方式,比如在界面上用特殊颜色显示、可在打开系统时出现特定声音、给用户发送邮件或者短信等。最后还可以预先设置提醒信息的内容。

(5)模块功能测试

在人员信息窗体里,点击设置提醒,如图 14.1 所示,可以进行日期类型的数据预警,比如 10 天内要过生日的人员等。

如图 14.2 所示,可将该信息表中可以进行预警设置的字段都列出来,方便用户进行选择。

人员信息

新建 查看 编辑 删除 | 打印 刷新 | 上一条 下一条 | 显示方案 保存方案 |
报表· 宽度充满 最佳宽度 显示查找面板 显示过滤设置 当前共有2236行记录数据
分组及统计设定 取消背影颜色提醒 设定报告模块 请选择报表类型 生成报告
行颜色状态设定 设置提醒

拖动列标题至此,根据该列分组

	姓名	所属部门	曾用名	性别	出生年月	年龄	身份证号码	籍贯	婚姻状况	户
1	蔡国宾	安全保卫部		男	1979/11/22	38	321201197911220210	江苏泰州	已婚	
2	蔡军12	安全保卫部		男	1987/9/9	30	321201198709091018			
3	常月新	安全保卫部		女	1981/8/5	36	321201198108051424	江苏泰州高港		
4	陈飞	安全保卫部		男	1981/3/14	36	321201198103143215	江苏泰州		
5	程桢	安全保卫部		男	1987/2/14	30	321201198702140059			
6	褚朝阳	安全保卫部		男	1970/5/4	47	321025197005048236	江苏泰州		
7	戴峰	安全保卫部		男	1982/9/2	35	321201198209020037	江苏泰州		
8	戴国庆	安全保卫部		男	1969/8/20	48	321025196908208216	江苏泰州		
9	戴凯建	安全保卫部		男	1988/11/30	29	321201198811300015	江苏泰州		

图 14.1 人员信息界面

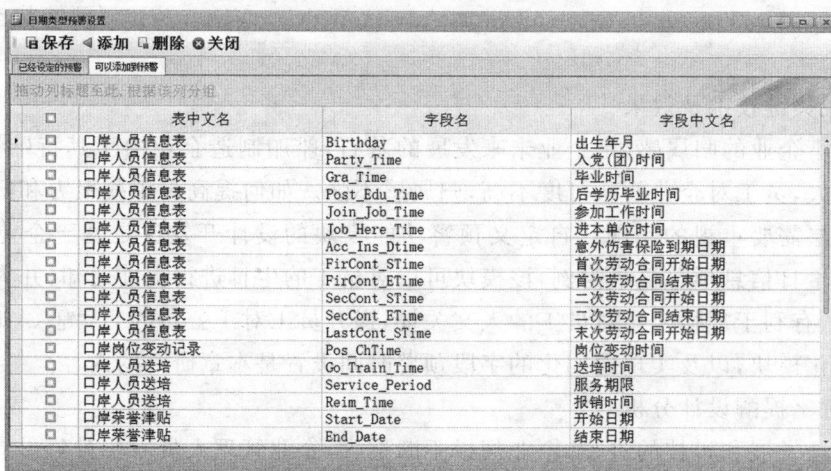

日期类型预警设置

保存 添加 删除 关闭

已经设定的预警 可以添加到预警

拖动列标题至此,根据该列分组

□	表中文名	字段名	字段中文名
□	口岸人员信息表	Birthday	出生年月
□	口岸人员信息表	Party_Time	入党(团)时间
□	口岸人员信息表	Gra_Time	毕业时间
□	口岸人员信息表	Post_Edu_Time	后学历毕业时间
□	口岸人员信息表	Join_Job_Time	参加工作时间
□	口岸人员信息表	Job_Here_Time	进本单位时间
□	口岸人员信息表	Acc_Ins_Dtime	意外伤害保险到期日期
□	口岸人员信息表	FirCont_STime	首次劳动合同开始日期
□	口岸人员信息表	FirCont_ETime	首次劳动合同结束日期
□	口岸人员信息表	SecCont_STime	二次劳动合同开始日期
□	口岸人员信息表	SecCont_ETime	二次劳动合同结束日期
□	口岸人员信息表	LastCont_STime	末次劳动合同开始日期
□	口岸岗位变动记录	Pos_ChTime	岗位变动时间
□	口岸人员送培	Go_Train_Time	送培时间
□	口岸人员送培	Service_Period	服务期限
□	口岸人员送培	Reim_Time	报销时间
□	口岸荣誉津贴	Start_Date	开始日期
□	口岸荣誉津贴	End_Date	结束日期

图 14.2 可设置信息预警的字段

如图 14.3 所示,可设定预警的提示字符串、提前天数等参数。

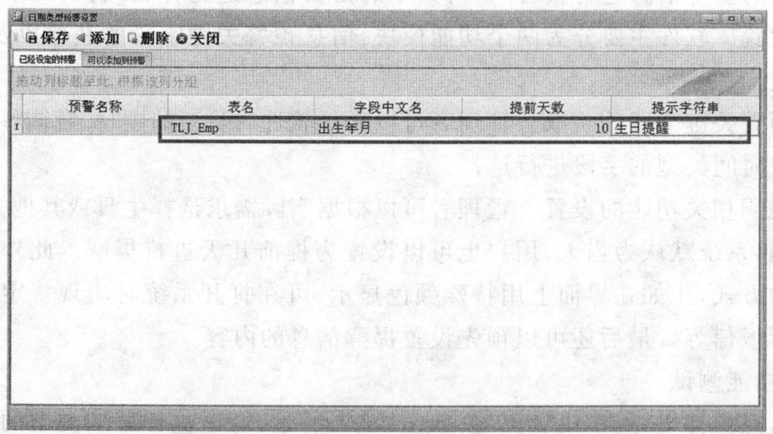

	预警名称	表名	字段中文名	提前天数	提示字符串
I		TLJ_Emp	出生年月	10	生日提醒

图 14.3 设定预警的提示字符串、提前天数等参数

预警设定起效后的界面如图 14.4 所示,其中特定的数据行用突出颜色显示,便于用户直观地查看。

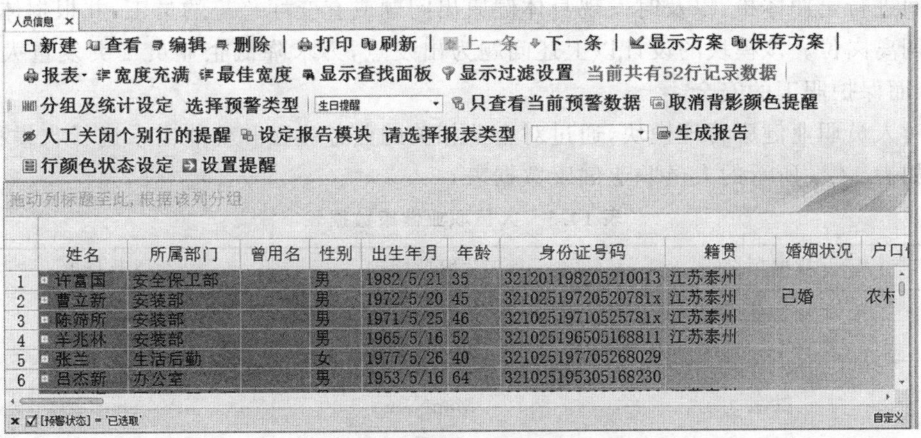

图 14.4 预警设定起效后的界面

14.2 人员职业健康管理

14.2.1 人员职业健康管理系统分析

随着现代医学的进步，人们对疾病的态度逐渐从有病则治转变为重在预防，健康不再仅仅是指没有疾病，而是发展成为一个社会概念和文化概念，是人的生理和心理状态的综合性反映。职业健康管理是关于预防、预测、识别、评估和控制作业场中那些可能引起员工不适导致职业病风险和危害的学科。其职责主要包括以下几个方面：

①为员工的身体健康提供保护；

②帮助企业员工识别作业现场中危害身体健康的因素，预防和避免健康受到侵害；

③保护和尊重员工的个人隐私；

④准确地记录员工职业健康情况；

⑤在以上基础上，最终为员工的身体健康和相关福利提供坚实的保障。

在中国，职业健康安全这个概念是从加入 WTO 之后引进的。过去我国企业对职业安全重视程度不够，导致工伤事故频发。有的职业本身就有危害，比如化工行业、建筑业等，也有的职业本身不具危害性，但执业环境有潜在的危害因素，比如火灾等。因此，为防患于未然，必须重视各种可以预见的危险因素，并进行系统化的管理，以增强企业员工职业健康安全的保障性。

根据对企业实际需求进行调研，确定员工职业健康管理系统至少需要包括以下方面的基本功能：员工健康信息，体检数据，个人查询，综合查询，统计汇总，体检数据维护，批量录入，数据备份等。

14.2.2 业务流程及详细设计

船舶修造企业职业病危害严重，企业管理部门应该加强对企业员工健康安全问题的监管。需要掌握每一位员工的身体健康情况，保证员工上岗之前都通过了系统性的体检，如果发现身体健康有问题的人员，可以暂缓招录或者采取其他措施。此外，还应安排员工在企业工作期间进行定期体检，以及时发现身体健康出问题或有变坏趋势的员工，并根据体检结果适当地调离岗位。该模块的设计以上述问题为出发点，力求降低企业员工突发重大疾病的概率，从而保护职工的安全。

针对人员职业健康管理模块，通过对企业相关的业务流程和功能需求进行收集和分析，设计了如表 14.3 所示的人员职业健康数据表。

表 14.3 人员职业健康数据表

数据项名	数据项标识	类型及长度
身份证号	SFCardID	Varchar(18)
员工编号	manID	Varchar(20)
姓名	ManName	nVarchar(20)
部门号	deptID	Varchar(20)
入职时间	begDate	Date
职业健康档案附件号	MainFileID	Int
常规体检结论	manFirst	Varchar(20)
常规体检时间	FirstTime	Date
常规体检人员	FirstMan	Int
健康状态描述	manState	nVarchar(200)
健康状态结论	PJResult	Varchar(20)
健康结论最近时间	PJResultTime	Date
需要体检标志	needNewCheck	Bit
出生日期	Birthdate	Date
性别	manSex	Varchar(20)
文化程度	eduMemo	Varchar(20)
工种	Gongzhong	Varchar(20)
婚姻状况	hyMemo	Varchar(20)
籍贯	FromMemo	nVarchar(60)
嗜好	manHobby	nVarchar(60)
拼音码	PYM	Varchar(10)
照片	manPhoto	Image
档案袋编号	papetabNO	Varchar(15)
档案序号	paperXHao	Int
安全教育执行状态	aqTFlage	Char(2)
安全教育执行时间	aqTDate	Date
安全教育备注说明	aqMemoInf	nVarchar(600)
安全教育录入人员	aqTMan	Int
保险购买状况	bxFlage	Varchar(10)

续表 14.3

数据项名	数据项标识	类型及长度
保险购买录入时间	bxDate	Date
保险情况备注说明	bxMemoInf	nVarchar(600)
保险购买录入人员	bxInputMan	Int
发放卡标志	CardFlage	Bit
同意制卡人员	markCardMan	Int
备注说明	memoInf	nVarchar(600)
在职状态	ifInDW	Char(2)
下次体检截止日	NetWarnDate	Date
建档时间	CreateTime	Date
所在厂区	InArea	nVarchar(10)
民族	MiZhu	Varchar(20)
意外伤害保险到期时间	EndDate	Date

其中,部分重要字段的说明如表 14.4 所示。

表 14.4 人员职业健康数据表重要字段说明

字段描述	说明
员工编号	与考勤系统中的编号一致,同时,根据这个编号也可以关联到人事系统中的人员
部门号	与考勤系统中的编号一致
档案袋编号	允许有一个纸件的档案袋,上面写一个编号,然后将其登记在该表中
健康状态结论	待检、合格、危险留用、危险弃用、不可录用
下次体检截止日	根据人员工种类型和“健康结论最近时间”,计算出下一次要体检的最后日期,保存到这个字段,这样可以加快后续数据检索的速度
所在厂区	分为新厂、老厂,相应的人员权限要区分

此外,对于每个人员,可以有体检表等附件,在专门的附件表中保存。

在船舶修造过程中,对工人健康产生危害的潜在因素比较多,包括噪声、粉尘、电弧光、苯系物等,其中噪声和粉尘几乎在每一个生产环节中都会出现。电焊是船舶建造工艺中最重要的一个工序,电焊时电弧光强烈,可致角膜和结膜发炎,产生电光性眼炎,电焊时产生粉尘及气体的刺激作用也容易引起咽后壁滤泡增生、扁桃体炎、鼻炎、鼻中隔偏曲等病。因此,在船舶修造的整个施工过程中,都存在多种职业病危害因素。

为了完全掌握员工的健康状况,先进行如下设计构想:可在员工进厂前录入员工的身份信息,对比数据库,查询是否有历史数据,如果有则查看是否有职业病史,有职业病史的人患病的概率较大,选择不予录用,这样就可以避免有职业病史的人员重新进厂。如果没有该员工的历史数据则统一组织新员工进厂体检,只有体检合格的人员才予以录用。录用后的新员工,在入厂时需要针对不同部门,进行不同的岗前入职培训,包括安保部、部门/车间、班组三级安全教育培训,待一切程序合格之后,人事部门为其购买人身保险,最后发放员工卡,上岗工作。

经过综合分析,优化后的新员工进厂流程如图 14.5 所示。

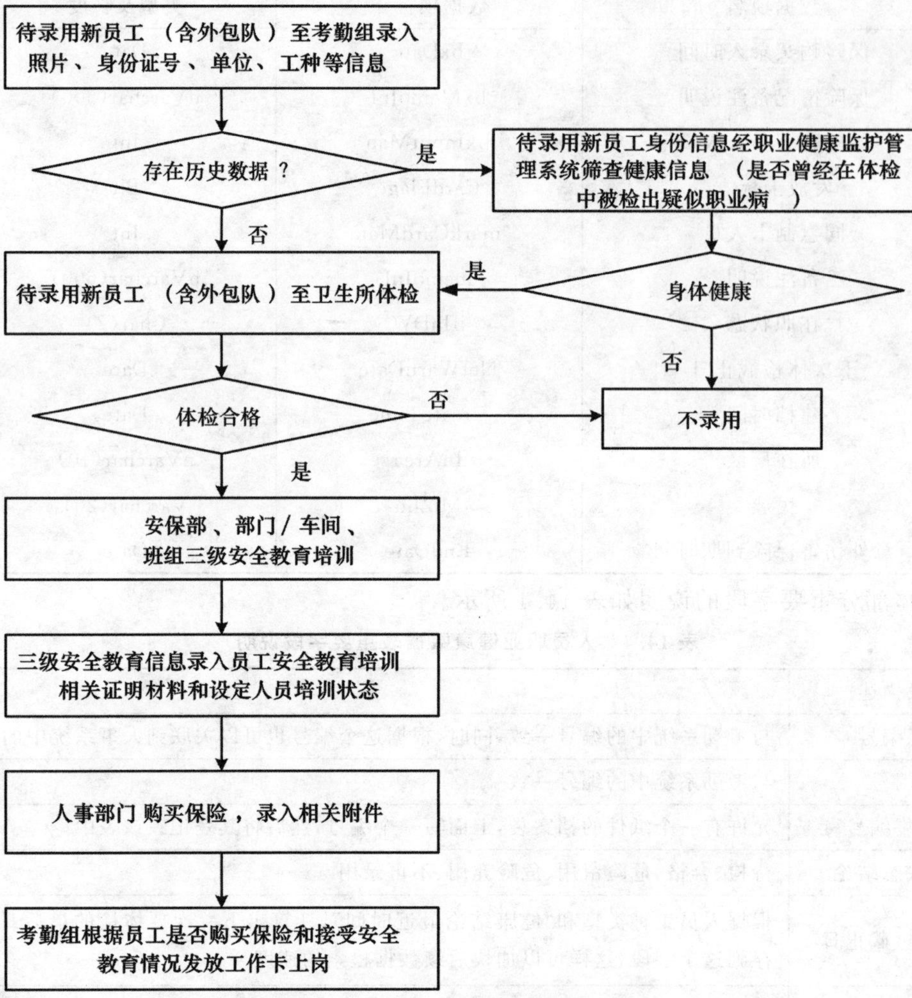

待录用新员工 (含外包队) 至考勤组录入照片、身份证号、单位、工种等信息

存在历史数据？

是

待录用新员工身份信息经职业健康监护管理系统筛查健康信息 (是否曾经在体检中被检出疑似职业病)

身体健康

是

否

否

待录用新员工 (含外包队) 至卫生所体检

体检合格

否

不录用

是

安保部、部门/车间、班组三级安全教育培训

三级安全教育信息录入员工安全教育培训相关证明材料和设定人员培训状态

人事部门 购买保险，录入相关附件

考勤组根据员工是否购买保险和接受安全教育情况发放工作卡上岗

图 14.5 优化后的新员工进厂流程

此外,为了避免出现不必要的频繁体检,同时也可以了解新入公司员工的过往病史,企业之间健康数据可以实现网络互通共享,将健康参数不仅仅只局限于企业内部,更应该在企业之间共享,这样才能更全面地对企业人员健康进行管理,而不是只从此次进入公司的时间开始记录。这样才能更好地避免因个人体质问题导致的职业疾病突发。

《职业病防治法》等职业健康法律法规对用人单位提出了对接害人员进行岗前、岗中和离岗体检的要求,针对船厂目前的用工形式,特别是外包的用工方式,从业人员的流动性极大,员工的离职体检难以控制。另外,由于地区限制,具备资质的职业病体检、诊疗机构业务繁忙,不能及时满足劳动力流动较大企业的岗前职业健康体检需求。这使得企业和企业外包队极有可能招录已经罹患职业病的务工人员。

因此,为防止曾在公司务工已检出疑似病例的从业者重新进入公司,企业需要具有员工职业健康信息管理系统,为曾在公司务工并参加过职业健康体检的从业者建立健康档案,便于今后公司和公司外包队招录员工时识别存在健康缺陷的员工,规避公司和外包队用工风险。软件便于检索的同时可一定程度减少工作人员建立纸质档案的工作量,且具有档案不易丢失、损毁的优点。

职业健康档案的保存周期一般在 20 年以上。造船业近十年来发展迅速，部分船舶企业用工管理粗放，外包工流动性大、入职门槛低，也不乏在其他船厂罹患职业病的务工人员混入公司务工，造成用工风险。将来此系统可在行业内推广，联网形成数据库，帮助联网企业规避用工风险。随着从业人员工作时间的积累，在接下来的几年里应该是船舶企业员工职业病的高发期，建立这样的管理软件并形成联网数据对用工企业来说迫在眉睫。

此外，需要建立职工档案，便于人事部门的人力资源管理。新安全生产法对企业提出了建立员工安全教育档案的要求，亦可根据此思路建立员工安全教育档案，可上传员工受教育的照片、签名的试卷照片等附件作为员工培训记录的佐证。

本系统建议以人员身份证号码作为检索词条，身份证号码的唯一性保证了检索结果的唯一性，避免了同姓名人员资料同时出现，产生混淆。

14.2.3 关键技术与效果分析

根据优化后的操作流程，人员进厂首先需要进行人员数据的预录入。其操作入口如图 14.6 所示。

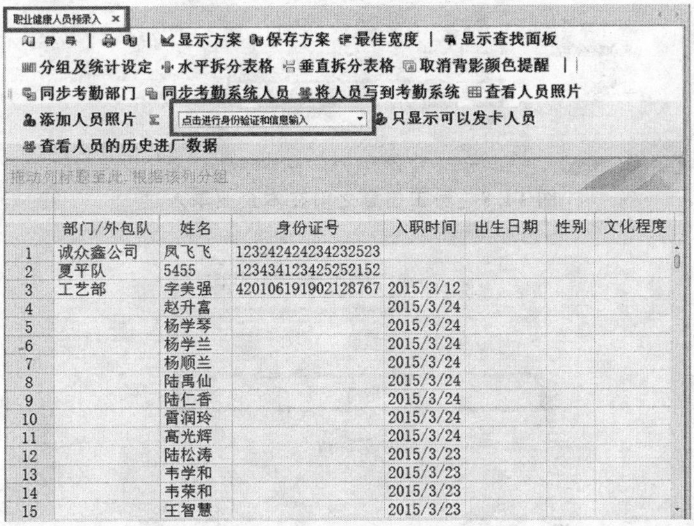

职业健康人员预录入 ×

显示方案 保存方案 最佳宽度 | 显示查找面板

分组及统计设定 水平拆分表格 垂直拆分表格 取消背影颜色提醒 |

同步考勤部门 同步考勤系统人员 将人员写到考勤系统 查看人员照片

添加人员照片 点击进行身份验证和信息输入 只显示可以发卡人员

查看人员的历史进厂数据

拖动列标题至此，根据该列分组

	部门/外包队	姓名	身份证号	入职时间	出生日期	性别	文化程度
1	诚众鑫公司	凤飞飞	123242424234232523				
2	夏平队	5455	123434123425252152				
3	工艺部	字美强	420106191902128767	2015/3/12			
4		赵升富		2015/3/24			
5		杨学琴		2015/3/24			
6		杨学兰		2015/3/24			
7		杨顺兰		2015/3/24			
8		陆禹仙		2015/3/24			
9		陆仁香		2015/3/24			
10		雷润玲		2015/3/24			
11		高光辉		2015/3/24			
12		陆松涛		2015/3/23			
13		韦学和		2015/3/23			
14		韦荣和		2015/3/23			
15		王智慧		2015/3/23			

图 14.6 职业健康人员预录入

通过职业健康人员预录入功能进入健康管理页面内，再点击进行身份证验证和信息输入的框体，打开信息录入系统，实现通过身份证读取后进行人员识别和基本信息的录入。在图 14.6 中，在“点击进行身份验证和信息输入”处单击，出现如图 14.7 所示的界面，需要在该界面上录入正确的身份证号。

录入身份证号后存在两种情况，第一种情况是该人员数据已经录入过了，但前面离厂了，本次是重新进厂，如图 14.8 所示。

此时点击“该人已经存在，是否确定重新进厂？”按钮。如果不是重新进厂，而是想修改该人数据，则需要点击“取消”按钮，如图 14.9 所示。

第二种情况，如果该身份证号不存在，则表明该人员是首次进厂，如图 14.10 所示，点击“新增该人员？”按钮。

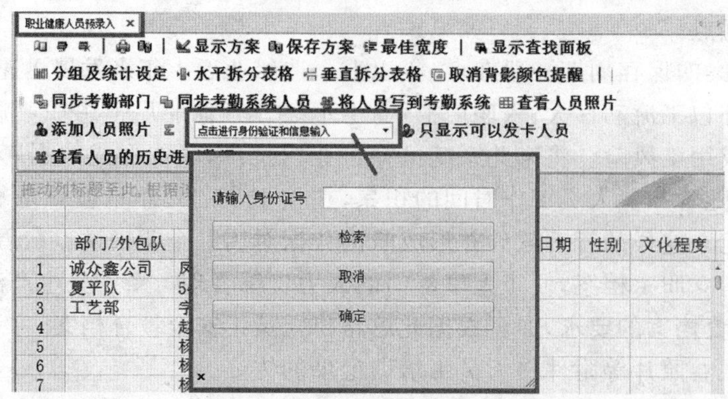

图 14.7　身份证信息录入窗体

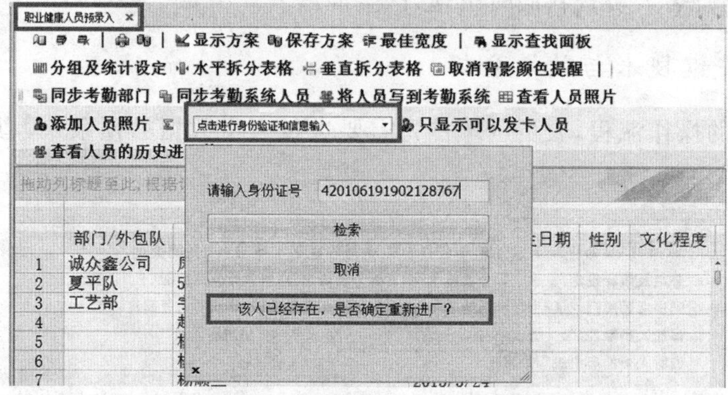

图 14.8　员工信息之前在本企业录入过

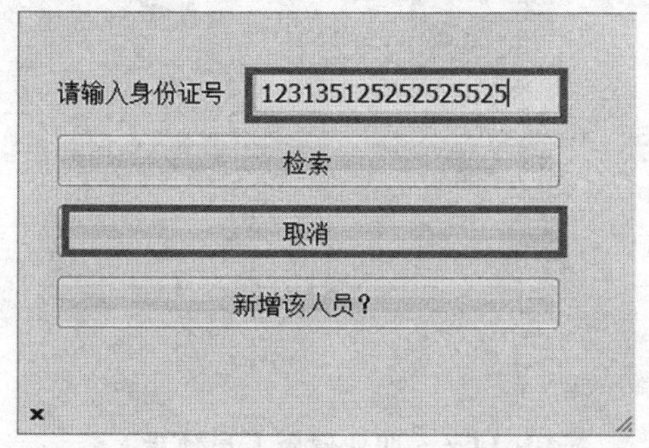

图 14.9　已录入过的人员管理

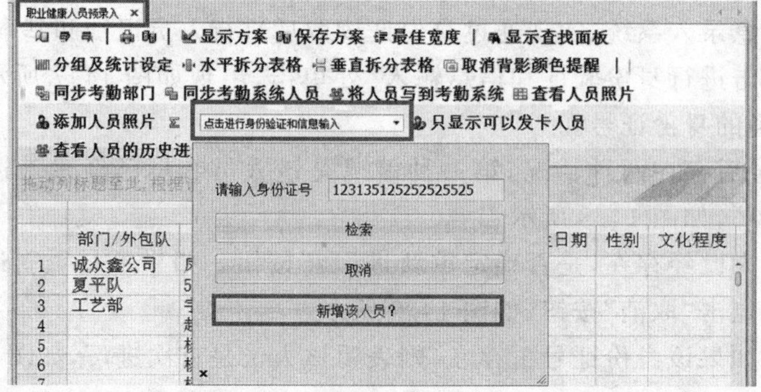

图 14.10　首次进厂人员录入

此时还设置了另一种特殊情况，如果该人员曾经在公司工作过，因为某种原因离厂，会在输入身份证号时出现如图 14.11 所示提示，表示不能录用该人员，即该人员今后都不能再进厂工作。

图 14.11　不能录用人员提示

对于首次进厂的人员信息，其操作界面如图 14.12 所示。

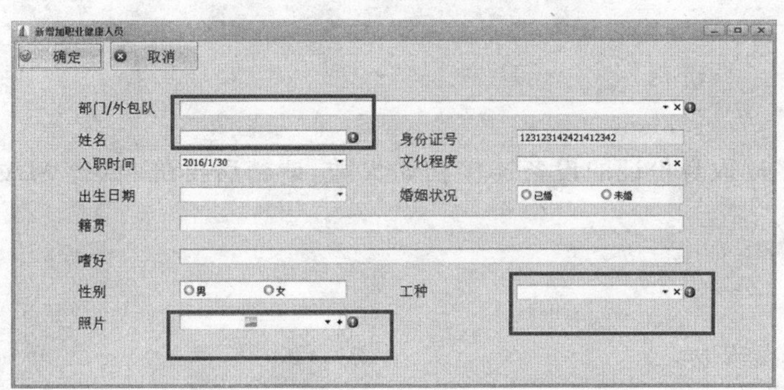

图 14.12　首次进厂人员信息录入

如果直接点击“确定”按钮，会出现警告提示，表明人员所属的“部门/外包队”、“工种”、“照片”这些信息是必须输入的。人员的身份证号也是必须输入的，但因为在前面已经输入了一次，所以就自动传递过来了，并且不能修改。入职时间默认为当前日期，也可以手工修改。

如图 14.13 所示，“部门/外包队”和“工种”两个信息需要从列表中选择。其中，有的信息可以通过拼音码实现快速选择。

其中较复杂的是人员照片的添加。添加人员照片可以从硬盘上已经存在的图片中选择，也可以直接通过电脑配置的摄像头（如果有）现场拍摄并即时存储。

在此功能模块中，读取人员身份证信息是比较关键的一步，推荐采用专业的身份证读取识别设备，其一般会提供相应的驱动和函数包实现开发人员的数据读取，主要程序代码如下所示：

```
'连接身份证信息识别设备
Dim iPort As Integer
```

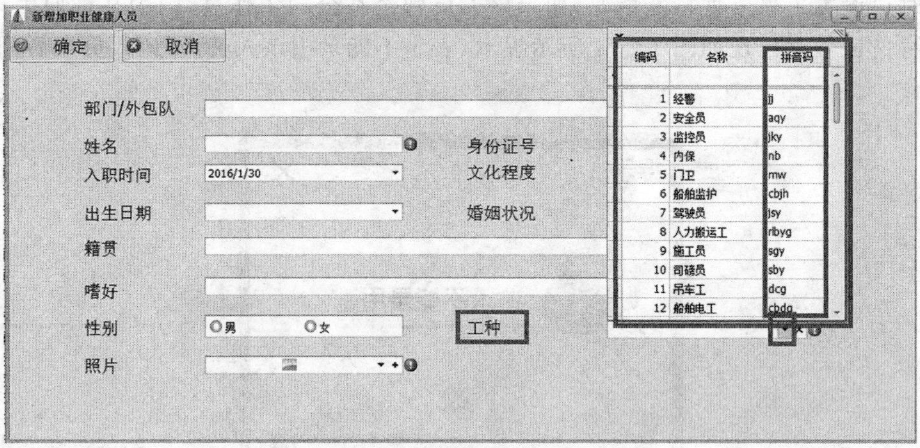

图 14.13　员工工种检索操作

```
For iPort = 1001 To 1016
    iRetUSB = CVR_InitComm(iPort)
    If iRetUSB = 1 Then
        Exit For
    End If
Next
If iRetUSB <> 1 Then
    MsgBox("读取身份证的设备连接初始失败,请稍后再试验!", MsgBoxStyle.Information, "")
    Exit Sub
End If
'限制不能多次读取
ifSFA = CVR_Authenticate
If ifSFA <> 1 Then
    MsgBox("读取身份证的设备连接初始失败", MsgBoxStyle.Information, "提示")
    Exit Sub
End If
Dim readContent As Integer = CVR_Read_Content(4)
If readContent = 1 Then
    ……
    '读取信息中的第 6 行为身份证号,但有的身份证会没有换行,导致地址信息和身份证号等会连着,这时需要进行特殊处理
    If P_nowReadSFID(5).Length < 15 Then
        Dim findFlage As Boolean = False
        '表示出现了信息串行的情况
        Dim kkStr As String = P_nowReadSFID(4).Trim
        For i As Integer = 0 To kkStr.Length - 15
```

```
        If kkStr. Substring(i, 1) <= "9" AndAlso kkStr. Substring(i, 1) >= "1" Then
            If CheckSFCard(kkStr. Substring(i, 15)) = False Then
                Continue For
            Else
                '找到,身份证号有15位或18位
                If kkStr. Length >= i + 18 Then
                    '再判断后面的3位是否可能
                    If CheckSFCardTwo(kkStr. Substring(i + 15, 3)) = True Then
                        '只可能是18位的情况
                        P_nowReadSFID(5) = kkStr. Substring(i, 18)
                        P_nowReadSFID(4) = kkStr. Substring(0, i)
                    Else
                        '身份证是15位的情况
                        P_nowReadSFID(5) = kkStr. Substring(i, 15)
                        P_nowReadSFID(4) = kkStr. Substring(0, i)
                    End If
                Else
                    '身份证是15位的情况
                    P_nowReadSFID(5) = kkStr. Substring(i, 15)
                    P_nowReadSFID(4) = kkStr. Substring(0, i)
                End If
                findFlage = True
                Exit For
            End If
        End If
        Next
        If findFlage <> True Then
            MsgBox("身份证读取异常,请联系管理员")
            Exit Sub
        End If
    End If
    File. Delete(tempFilePath)
    CVR_CloseComm()
    ……
Else
    MsgBox("读取身份证的信息失败", MsgBoxStyle. Information, "提示")
End If
```

14.3 综合信息报表定制功能实现

人员综合信息报表对于企业的人员管理有着重要的作用。通过记录员工的各项基本信息，可以加强员工关系管理，也有利于劳动合同的管理，关系到员工的晋升、培训、保留等。通过人员信息，可以更好地调查员工需求并尽量满足员工需求，从而做好人力资源的管理与培训工作。所以说，人员综合信息资源相当于一个企业的人才库，为企业的发展提供后备力量。

14.3.1 人员管理报表特征

报表又分为简单报表和复杂报表，简单报表一般数据来源于单一的数据表或单一的数据查询，其报表格式比较简单，一般没有合并单元格，整个报表从上到下都是一样的列数。而复杂报表则需要来源于多个数据表或数据查询，报表布局上有合并单一格，不同行列数量不一致。

图 14.14 和 14.15 所示为一个人员综合信息报表格式的示例，具有一定的普遍性。

个人电子档案

<table>
<tr><td rowspan="2">姓　名</td><td rowspan="2">李××</td><td rowspan="2">性　别</td><td rowspan="2">男</td><td rowspan="2">出生年月</td><td>档案</td><td>1981.4</td><td colspan="2" rowspan="4"></td></tr>
<tr><td>身份证</td><td>1981.5</td></tr>
<tr><td>年　龄</td><td>35 岁</td><td colspan="2">身份证号码</td><td colspan="3">420*******7810</td></tr>
<tr><td>民　族</td><td>汉族</td><td colspan="2">籍　贯</td><td colspan="3">湖北**</td></tr>
<tr><td>参加工作时间</td><td>2003.7</td><td>进厂时间</td><td colspan="2">2007.8</td><td>工龄</td><td></td><td>年假天数</td><td></td></tr>
<tr><td>工种或岗位</td><td>工艺员</td><td>合同期限</td><td colspan="2">2016.3.23-</td><td>政治面貌</td><td>团员</td><td>入党（团）时间</td><td>1995.5.4</td></tr>
<tr><td>外语语种</td><td>英语</td><td>外语等级</td><td>四级</td><td colspan="2">是否服役</td><td>否</td><td>服役期限</td><td></td></tr>
<tr><td colspan="2">移动电话</td><td colspan="2">15951****</td><td colspan="2">手机短号</td><td></td><td>办公电话</td><td></td></tr>
<tr><td rowspan="2">任职资格</td><td colspan="8">专业技术资格 助理工程师 取得时间 2013 年 12 月 8 日 职称等级 初级
专业技术资格 XX 取得时间 X 年 X 月 X 日 职称等级 XX</td></tr>
<tr><td colspan="8">专业技术职务 船体助理工程师 聘任时间 2014 年 2 月 14 日 解聘时间 ____
专业技术职务 XX 聘任时间 XX 年 XX 月 XX 日 解聘时间 ____</td></tr>
<tr><td colspan="2">身份证地址</td><td colspan="7">**市****路 2-03-9 号</td></tr>
<tr><td colspan="2">家庭住址</td><td colspan="7">**市***路 2-03-9 号</td></tr>
<tr><td colspan="2">现居住地址</td><td colspan="7">******</td></tr>
</table>

图 14.14　人员综合信息报表格式

由图 14.14 和图 14.15 可以看出，人员综合信息报表一般由个人基本资料、个人荣誉、个人工作经历和教育经历等几个部分组成。同时报表中通常包括文字和图片等内容格式，以及包括来自数据库的动态值。

对于此类报表，一般具有如下共性的需求：

①每个表格都会有一个特定的照片，对应不同的人。

现居住地址	******							
学历 学位	全日制学历	本科	毕业院校	**大学	毕业时间	2003.7	专业	高分子材料与工程
	在职学历____毕业院校____毕业时间____专业____ 在职学历____毕业院校____毕业时间____专业____							
紧急联络人姓名	**		与本人关系	夫妻	联系电话	****		
荣誉信息	荣誉称号 XX 获得时间 XX年XX月XX日 授予单位____ 荣誉称号 XX 获得时间 XX年XX月XX日 授予单位____ 荣誉称号 XX 获得时间 XX年XX月XX日 授予单位____							
	荣誉津贴名称 XX 开始日期X年X月X日结束日期X年X月X日津贴标准____ 荣誉津贴名称 XX 开始日期X年X月X日结束日期X年X月X日津贴标准____							
现任职务	*****有限公司 技术中心舾装室 工艺员							

简历		
	1999.9-2003.7	*******大学 高分子材料与工程
	2003.7-2007.7	***厂装饰涂装工程分厂 工艺员
	2007.8-2008.8	******公司 涂装工程管理部 检验员
	2008.9-2009.2	******公司涂装车间代理副主任
	2009.3-2009.9	*******有限公司涂装车间副主任
	2009.10-2010.8	*******公司涂装工程管理部生产管理科副科长
	2010.9-2016.3	******有限公司涂装工程管理部工艺技术科副科长
	2016.4-至今	**********公司 技术中心舾装室工艺员
家庭成员	1 姓名____出生年月____与本人关系夫妻工作单位____联系电话____ 政治面貌____;	
	2姓名XX出生年月XX 与本人关系XX 工作单位XX 职务XX 联系电话XX 政治面貌XX;	

图 14.15　人员综合信息报表格式(续)

②每个表格都包括文本输出格式。

③表格都有一部分固定的格式,例如该报表中的“任职资格”以及“学历学位”项。

④表格中的数据十分复杂,包括出生年月、年龄、学历学位及简历等,因此数据资料可能来源于多个数据库。

⑤不同企业会有一些特定的显示格式要求,如图 14.16 所示为一种输出日期的格式要求示例,图 14.17 所示为模板串类型示例。

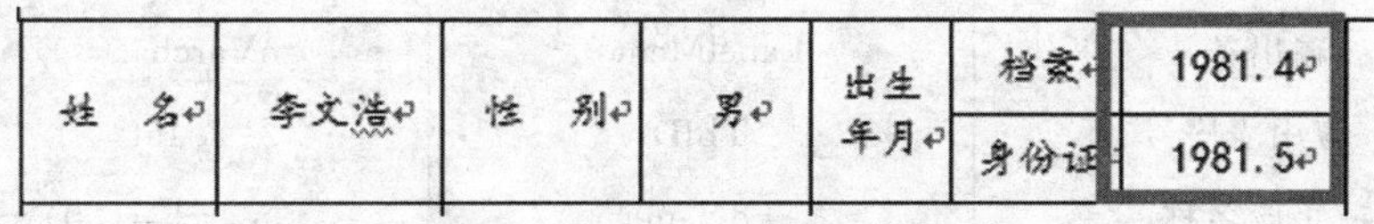

图 14.16　输出日期的格式要求

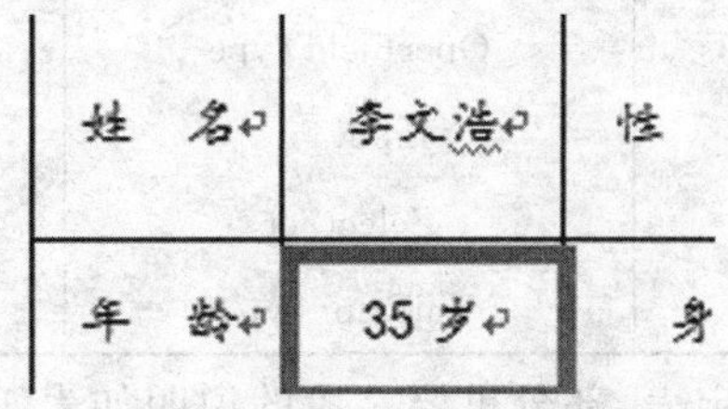

图 14.17　模板串类型示例

此外，报表区域包含页眉、数据、页脚三个部分；数据输出包括标签和数据单元格，而数据内容可来源于手工输入或者动态数据库查询。此外还有一种情况：一个单元格中可能需要同时输出两个字段的值，如合同期限从××到××。

在实际操作过程中，需要首先将报表中数据单元格的取值来源设定好。

14.3.2 系统详细设计

针对人员综合信息报表定制模块，通过对企业相关的业务流程和功能需求进行收集和分析，设计了如表 14.5 所示人员报表模板表、如表 14.6 所示应用报表单元格设定表。

表 14.5 人员报表模板表

数据项名	数据项标识	类型及长度
报表主键	TSReportModeID	Int
报表名称	ReportName	nVarchar(40)
创建日期	createDate	Date
报表所属的应用	BelAppID	Int
报表模板路径	reportPath	Varchar(200)
参数字段名	ParaFdName	Varchar(40)
报表模板	reportContent	Image
模板设置人员	AddMan	Int

表 14.6 应用报表单元格设定表

数据项名	数据项标识	类型及长度
主键	reportSetToCellID	Int
报表编号	TSReportModeID	Int
区域	ReportRegion	nVarchar(40)
表序号	tabID	Int
行号	RID	Int
列号	cID	Int
输出备注	LabelMemo	nVarchar(30)
应用表序号	TbID	Int
字段名称	FdName	Varchar(50)
书签名称	BookmarksName	nVarchar(30)
字段处理方法	OperFieldType	nVarchar(30)
模板串	InputTip	nVarchar(200)
查询语句串	SelectSet	Varchar(200)
格式串信息	ValPrintType	Varchar(20)

对于应用报表单元格设定表，部分重要字段的说明如表 14.7 所示。

表 14.7 应用报表单元格设定表重要字段说明

字段描述	说明
应用表序号	同一个报表中可能来源于应用的主表或从表,此字段用来标识报表信息来源于哪个数据表
字段名称	只有在字段信息来源于主表的情况下才有值
字段处理方法	标识是取原始值,还是翻译后的值,是否将日期归并到只有年月,计算日期与目前日期的年份差值等
模板串	主要有三种情况,第一种情况是在对字段计算后在前后加上特定的前缀或后缀,在通过日期字段计算获得一个值后,然后添加“岁”这个后缀;第二种情况是通过一个子表的查询取得值,然后填入固定的空白处,其中还需要换行,填充内容需要下画线;第三种情况其中包含需要替换的序号
查询语句串	需要有多个字段替换模块中内容时,需要使用这个字段
字段处理方法	取值是年月、计算年龄、计算年度差、图片或者自定义等
格式串信息	决定是否在输出内容时有下画线等格式

基于配置思想报表生成简化流程如图 14.18 所示。

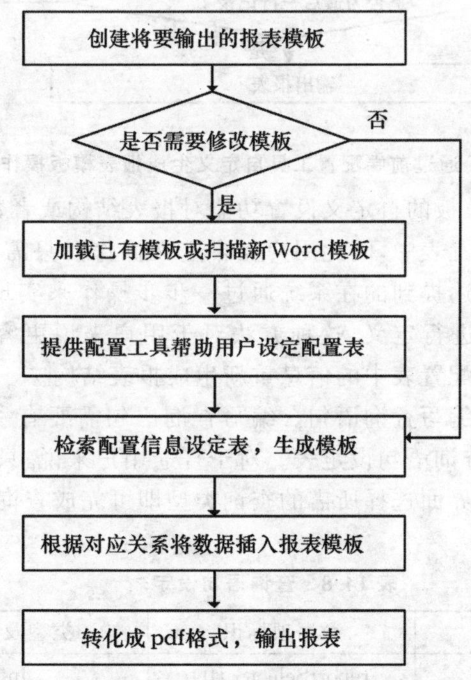

图 14.18 基于配置思想报表生成简化流程

当用户输出一个报表时,需要首先创建一个报表模板。如果系统已有的模板格式符合用户需求,则无须进行修改,系统会直接检索配置信息表,然后根据数据与模板的对应关系加载数据,最后生成报表。如果现有的模板无法满足用户需求,则可以由使用人员自己通过提供的工具进行自定义,可在原有模板的基础上进行修改或者扫描全新的 Word 格式的模板文件。与传统的系统不同,在基于配置化思想的系统中,用户只需要通过前端配置工具对相关配置表进行简单的操作(新增、删除、插入、更新)即可完成配置信息的修改工作,完全不涉及代码层面的知识,降低了对开发人员的依赖性,从而减少系统运维的开销。同时,将报表输出转换为pdf格式可以保证用户在浏览已生成的报表时,不会因为误操作而更改报表数据。通过前端配置工具自定义生成报表模板操作流程如图14.19所示。

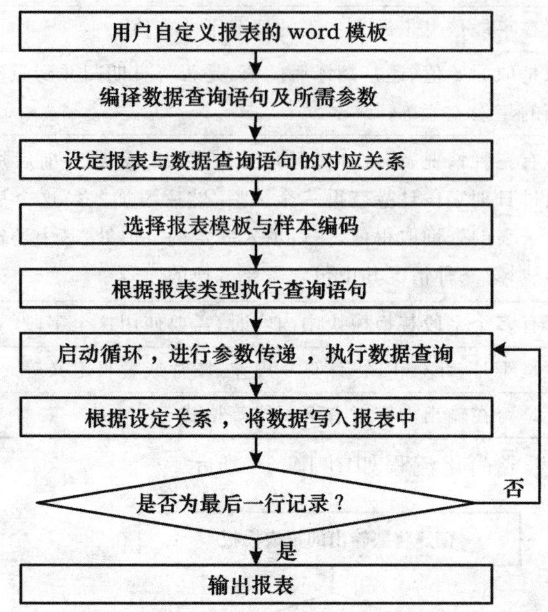

图14.19 通过前端配置工具自定义生成报表模板操作流程

(1)用户可以通过报表模板的自定义设置功能对报表结构或者数据表的字段进行修改。报表的结构信息都保存于配置表中,因此用户在自定义操作时只需要对配置表中的信息进行重新设定即可。相对于上述提到的在系统通过一步步操作来实现用户自定义功能,可以采用Word文件直接对模板进行定义,这种方法对于用户来说更容易接受,使用难度也更低。然后系统通过检索结构配置表中的信息重新生成报表结构。

(2)选定模板之后,需要编写查询语句。编写查询语句需要有一定的数据库知识,为了便于用户使用,系统提供了查询语句设定表。对于普通用户来说,只需要通过系统提供的配置工具在一个可视化的操作界面选择所需的查询类型即可完成查询语句的编写工作。查询语句设定表如表14.8所示。

表14.8 查询语句设定表

数据项名	数据项标识	类型及长度
查询主键	reportSelectSetID	Int
查询名称	SelectName	nVarchar(20)
查询语句	selectSet	Varchar(2000)
查询类型	selectType	Varchar(20)
参数串	paraStr	Varchar(60)

如果一个报表中所涉及的查询语句有多个,且每个语句本身又有多个参数,则查询语句参数配置表的作用是将参数全部抽象出来,便于普通用户进行统一设定。查询语句参数配

置表如表 14.9 所示。

表 14.9 查询语句参数配置表

数据项名	数据项标识	类型及长度
主键	SelectParaID	Varchar(15)
参数名称	ParaName	nVarchar(40)
参数提示串	ParaTipStr	nVarchar(20)
参数数据查询	paraSelect	Varchar(400)
值字段	valField	nVarchar(100)
显示字段	showField	Varchar(100)
参数类型	ParaType	Varchar(100)
参数控件类型	ParaShowCtrl	Varchar(100)

(3)编写完查询语句之后,需要设定查询语句和报表的对应关系,单元格与查询语句设定表如表 14.10 所示。

表 14.10 单元格与查询语句设定表

数据项名	数据项标识	类型及长度
主键	reportSetToCellID	Int
报表编号	TSReportModeID	Int
区域	ReportRegion	nVarchar(40)
表序号	tabID	Int
行号	RID	Int
列号	cID	Int
指标编号	fenxiItssemID	Varchar(50)
字段名称	fdName	Varchar(50)
书签名称	BookmarksName	nVarchar(30)
查询语句编号	reportSelectSetID	Int
手工输入提示	InputTip	nVarchar(30)
参数设定编码	paraSet	Varchar(100)

(4)在完成报表模板定义以及报表与数据表的对应关系设定之后,系统通过遍历配置表信息可以自动生成所需要的报表格式。

在基于配置信息的报表设计系统中,与写入数据相关的后台关键代码如下:

```
For hb_Row As Integer = 0 To SelDt.Rows.Count - 1
  tRow = SelDt.Rows(hb_Row)
'模板中表格的序号,表示使用第几个表
  tNO = tRow.Item("tabID")
  '模板表中的行序号
  rNO = tRow.Item("rID")
```

```
'模板表中的列序号
  cNO = tRow.Item("cID")
'数据来源的字段名称
  fdName = tRow.Item("fdName")
  mTab = RichEditControl1.Document.Tables(tNo - 1)
  If Not IsDBNull(tDataDt.Rows(0).Item(fdName)) Then
   Document.InsertText(mTab.Cell(rNO - 1, cNO - 1).Range.Start, _
tDataDt.Rows(0).Item(fdName).ToString)
  End If
Next
```

与常规的系统相比，基于配置化思想的报表设计方法有明显的优点。首先，在用户不需要修改已有报表模板的情况下，报表通过检索配置信息自动生成。系统会根据配置表内容自动调整结构，输出准确的报表。此外，在插入数据阶段，由于字段和数据输出位置的对应关系均从配置表中获取，当报表模板发生变化后，只需对设定数据和输出位置对应关系的配置表进行修改就可以保证重新生成所需的报表格式，修改工作的耗时大大减少，不再依赖于系统开发人员，提高了操作效率，降低了运维成本。同时，不管报表中需要显示的字段和参数数量有多少，功能代码的长度都是固定的，也减少了系统开发的工作量。

自定义信息报表的主要配置过程如下：

①用 Word 或者 WPS 等软件创建报表模板，用户可以对模板格式进行自由设置。为了提高方便性，系统会预先提供多个报表模板。在软件交付之后，用户也可以自主添加新的报表模板。

②针对报表中单元格的数据来源，设计对应的 SQL 查询语句。用户可以借助系统提供的图形化查询命令编辑工具生成 SQL 语句，或者请系统运维人员协助生成查询命令，再通过远程工具发送给使用者。如果用户了解 SQL 基本的查询命令，也可以自主编写数据查询语句。为提高系统的灵活性，查询语句通常会包含动态参数，其基本格式如下：

select 字段名1，字段名2，……from 表1 a left join 表2 b on a.×=b.* where 关键字段 = '{0}'

其中，“关键字段='{0}'”起到过滤作用，表示只查询关键字段值等于运行时指定参数的信息。此外，为了便于管理，每个查询任务一般会指定一个名称和编号。

③设定报表单元格中的数据源对应的查询命令或参照值。对于手工输入，应当设定输入时的提醒字符串，在操作过程中程序会动态创建一个输入界面，用户根据提示信息输入相应的数据。

④在生成报表之前，需要首先选择一个关键字段值以及所需的报表类型，然后根据报表类型获取对应的模板以及带占位符的查询语句模板，查询语句模板会放入一个数组进行进一步处理。

⑤对于查询数组中每个对象，传入选中的关键字段值取代对应的占位符，如果有额外的参数，则会动态弹出一个界面，用户需要根据提示输入相应的数据以取代剩下的占位符。通过以上处理，最终生成一个可执行的数据库查询命令，并提交给数据库执行引擎。

⑥将数据库查询得到的数据按照查询命令和报表格式的对应关系写到报表中对应的单

元格。其中关键程序代码如下所示[55]：

```
For jR As Integer = 0 To SelCellDt. Rows. Count - 1
    tR = SelCellDt. Rows(jR)
    tabNO = tR. Item("tabID")         'Word 中的报表序号,即第几个表
    rNO = tR. Item("rID")             'Word 报表中数据对应的行序号
    cNO = tR. Item("cID")             'Word 报表中数据对应的列序号
    fdName = tR. Item("fdName")  '字段的名称
    mTab = RichEditConSelCellDtol1. Document. Tables(tabNO - 1)
    If Not IsDBNull(tDataDt. Rows(0). Item(fdName)) Then
        Document. InsertText(mTab. Cell(rNO - 1, cNO - 1). Range. Start, _
tDataDt. Rows(0). Item(fdName). ToSSelCellDting)
    End If
Next
```

从以上逻辑可以看出,单元格数据在报表中所处的行和列是动态地从相应配置表中读取的。如果用户需要调整数据在报表中显示的位置,只需对"报表单元格设定信息"数据表对应的前端配置界面进行设置,无须改动后台代码。由于不管报表输出有多少个数据单元格,程序处理逻辑和代码长度都是固定的,系统有较好的适应性。

⑦在获取了报表所需数据之后,程序会调用一个文件格式转换函数,在后台将报表格式由 word 转换为 pdf,也可以根据需要加上水印。在此过程中,报表文件格式转换的处理过程对用户是透明的,不会显示在界面上。因此报表在输出后是只读的,防止在可修改的环境下由于用户误操作而修改报表数据。

生成自定义报表的主要逻辑代码如下：

```
Public Function GenReportBYWord(ByRef GridViewmain As Grid. GridView,
            ByVal ReportTypeObj As Object, ByVal KeyFdName As SSelCellDting,
            ByVal NowAppID As Integer, ByRef nowHasDownMainDT As DataT-
able) As SSelCellDting
    '根据选择的报表类型,生成报表
……
    If IsNothing(ReportTypeObj) Then
        MsgBox("请先选择报表类型", MsgBoxStyle. Information, "提示")
        Return "no"
    End If
    '设定文件的保存位置
    Dim newPath As SSelCellDting  '文件保存的路径
    ……
    '取当前焦点行的主表的相关值
    ……
    '下载报表设定主表对应的模板文件
    ……
```

```
'将内容写到本地文件
Dim tempBytes As Byte() = tempDt. Rows(0). Item(0)
File. WriteAllBytes(newPath, tempBytes)
'取得当前报表设置的序号
……
'对报表字段设定表进行循环,从第 1 行开始,如果其已经在本地下载有了,则直
接输出,否则拼接下载语句
    ……
        '针对特殊情况执行特殊处理(个性化的部分)
        ……
        '如果在单元格设定中是有查询语句的,则该语句优先处理
        If Not IsDBNull(TempSetRDT. Rows(i). Item("SelectSet")) AndAlso
            Not IsDBNull(TempSetRDT. Rows(i). Item("InputTip")) AndAlso
    TempSetRDT. Rows(i). Item("InputTip"). ToSSelCellDting. SelCellDtim <> ""
Then
            '有设定查询语句及模板串
            Dim kkQSSelCellDt As SSelCellDting = TempSetRDT. Rows(i). I-
tem("SelectSet"). ToSSelCellDting. SelCellDtim
            If kkQSSelCellDt = "" Then
                Continue For
            End If
            '要判断查询语句中是否有参数
            If kkQSSelCellDt. Contains("{") Then
                ……
                    '在单元格中输出内容
                    ……
                End If    '判断查询有结果的语句结束
            End If
        End If '如果在单元格设定中是有查询语句的,则该语句优先处理
        If Not IsDBNull(TempSetRDT. Rows(i). Item("SelectSet")) AndAlso
            (IsDBNull(TempSetRDT. Rows(i). Item("InputTip")) OrElse
    TempSetRDT. Rows(i). Item("InputTip"). ToSSelCellDting. SelCellDtim = "")
Then

            '有设定查询语句,但没有设定模板串的情况
            Dim kkQSSelCellDt As SSelCellDting = TempSetRDT. Rows(i). I-
tem("SelectSet"). ToSSelCellDting. SelCellDtim
            If kkQSSelCellDt = "" Then
                Continue For
```

```
            End If
            '要判断查询语句中是否有参数
            If kkQSSelCellDt.Contains("{") Then
                ……
            End If
        End If
    If Not IsDBNull(TempSetRDT.Rows(i).Item("SelectSet")) '有设定查询语句,但没
有设定模板串的
        If IsDBNull(TempSetRDT.Rows(i).Item("TbID")) OrElse
            IsDBNull(TempSetRDT.Rows(i).Item("fdName")) Then
            Continue For '判断是否需要执行值的翻译替换的情况
        End If
        oldTableName = TempSetRDT.Rows(i).Item("TbID")
        oldFdName = TempSetRDT.Rows(i).Item("fdName")
        If nowHasDownMainDT.Columns.Contains(oldFdName) Then
            '判断是否已经存在,本质上,这个还需要区分不同的表!!
    ……
        Else
            '需要拼接字段信息及下载表的信息
            ……
            '最后必须要执行一次添加查询的语句
            ……
        End If  '到这里,需要查询下载的信息设定完毕
    Next  '扫描字段设定信息表结束
        For ii As Integer = 0 To tableSqlSelList.Count - 1
        Dim kkkDT As DataTable = downData(tableSqlSelList(ii), "dd")
        For jkl As Integer = 0 To kkkDT.Columns.Count - 1 '对当前某个已经
下载的表的字段进行扫描
            For jjjj As Integer = 0 To TempSetRDT.Rows.Count - 1 '扫描报表
设定字段
                If TempSetRDT.Rows(jjjj).Item("TbID") = tableNameList
(ii) AndAlso
                    TempSetRDT.Rows(jjjj).Item("fdName") = kkkDT.Col-
umns(jkl).ColumnName Then
                    '找到了
                    ……
                End If
            Next  For jjjj As Integer = 0 To TempSetRDT.Rows.Count - 1
'扫描报表设定字段
```

```
            Next
        Next
'对文件 bu 进行保存
        ……
    Catch ex As Exception
        ……
    End SelCellDty
    Return "ok"
End Function
```

14.3.3 实现效果与分析

随着安全健康体系的不断发展，各项健康要求和指标参数会不断提高。为了应对报表格式频繁变化的需求，企业管理人员需要能够将这些新的参数或模块加入到现有系统中，并且可以动态地对已创建好的报表格式进行调整，以满足新的要求。通过前面的分析与设计，完成了相关功能的开发，然后可以进行报表的自定义设计和打印。

图 14.20 和图 14.21 所示为应用报表设定中模板串辅助设定项的操作界面，图 14.22 所示为人员综合信息报表打印效果。

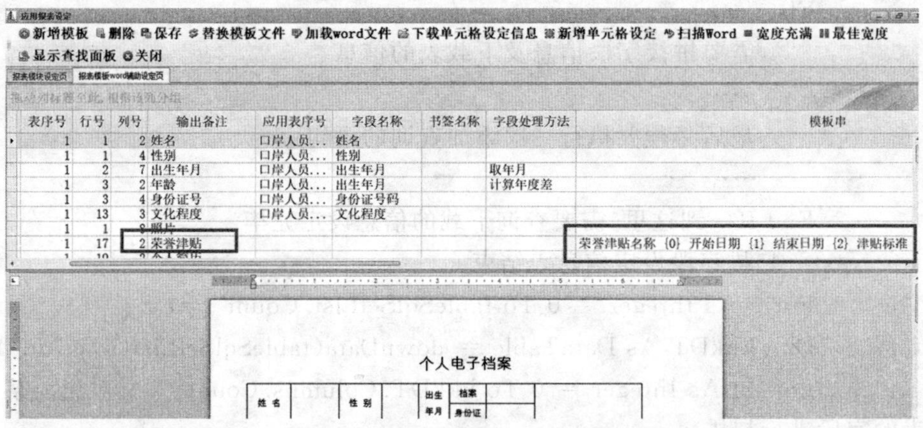

图 14.20 应用报表设定中模板串辅助设定项的操作界面 1

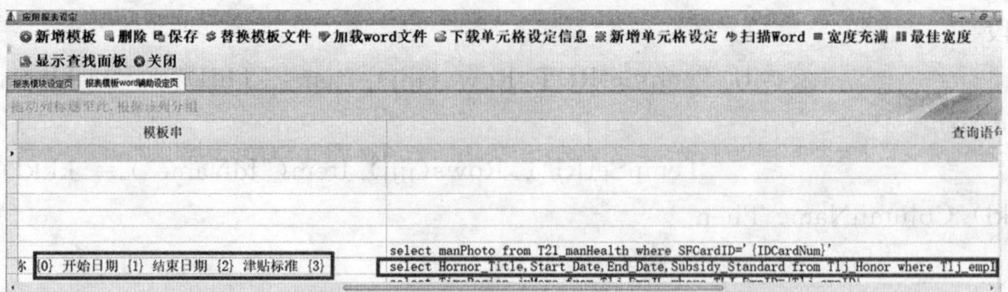

图 14.21 应用报表设定中模板串辅助设定项的操作界面 2

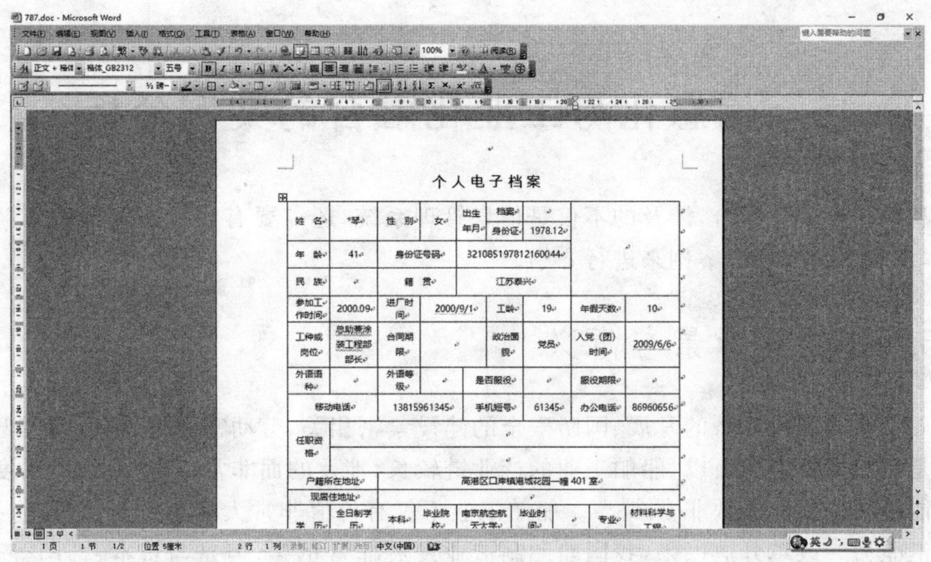

个人电子档案

姓 名	*琴	性 别	女	出生年月	档案		
					身份证	1978.12	
年 龄	41	身份证号码		321085197812160044			
民 族		籍 贯		江苏泰兴			
参加工作时间	2000.09	进厂时间	2000/9/1	工龄	19	年假天数	10
工种或岗位	总助兼涂装工程部部长	合同期限		政治面貌	党员	入党（团）时间	2009/6/6
外语语种		外语等级		是否服役		服役期限	
移动电话		13815961345	手机短号	61345		办公电话	86960656
任职资格							
户籍所在地址		高港区口岸镇港城花园一幢 401 室					
现居住地址							
学 历	全日制学历	本科	毕业院校	南京航空航天大学	毕业时间		专业 / 材料科学与工程

图 14.22 人员综合信息报表打印效果

可以看出，报表完全可以通过这类方法生成和导出。

15 信息化与工业化融合的案例分析

信息化与工业化融合，涉及的不仅是信息管理系统，还需要有相应的硬件设备、技术手段等，本章以一个典型的案例来进行介绍。

15.1 研究背景与意义

船舶工业与国民经济的发展、国防安全的建设紧密相关，劳动密集型、资金密集型、技术密集型是其三大特点。所以，船舶工业的产业链较长，涉及的面非常广，产业的关联度较高，而且所能吸纳的就业人数非常多[91]。船舶工业不仅有价值非常大的单位产品，还有很强的出口创汇能力。改革开放以来，我国船舶制造业发展非常迅猛，但是与日本、韩国等造船业较为发达的国家相比，我国船舶制造业在整体技术水平上仍然存在较大差距。这种差距主要体现在三点：

①在世界先进技术的领域，我国的造船能力仍显不足；

②我国造船的许多配套部件都依赖进口，缺乏自主研发能力；

③我国造船的生产效率太低。

这三个问题严重地阻碍着我国造船业的进一步发展。我国在生产效率方面与世界上一些造船强国有着很大的差距，只相当于日本的一成左右。因此，对于现在船舶工业的生产，提高其效率，降低其成本，对我国的经济发展以及国防安全建设都有很大的促进作用，具有非常重要的意义[91]。

钢板是船舶企业最基本的生产原材料，它的流通与企业的生产活动息息相关，已经成为船舶企业在生产中的一条关键命脉。钢板堆场与企业各生产环节紧密联系在一起，共同承担着钢板的供应、储存等比较重要的任务。所以，钢板堆场的管理对于企业的生产效率起到了至关重要的作用。钢板堆场的管理活动可以简单地分为钢板入库时的入库作业管理、钢板出库时的出库作业管理和钢板在库时的在库作业管理。船厂钢板堆场的钢板在数量上和规格上表现出“大而多”的特点，并且各种不同规格的钢板由于混合放置，导致顺序混乱的情况经常发生，因此钢板堆场是船厂非常难于管理的一个工作区域[91]。

船舶企业在生产现场获取信息的方式主要有查纸质资料、打电话、发短信等。钢材是船舶建造过程中的重要原材料，因为船舶产品型号多、批量小，对应的钢板等原材料的品种、规格、材质等非常复杂。因此堆场管理问题越来越突出，比如有些钢板因为压在底层，所以一直没有被使用，随着时间的推移逐渐老化，最终只能废弃；还有因为钢材外形相似，光用肉眼难以区分它的型号，传统的区别方法有喷涂、贴条码、磁座等，但是时间长了这些标记可能看不清或者找不到。工作人员可能因为不清楚钢材的具体位置而出现高配低用的现象，这样会严重影响船厂经济效益。因此，开发钢板堆场管理信息系统，需要对生产活动进行详细的规范化，以提高生产效率。

随着智能便携设备的普及，互联网技术有了迅速的发展，这也极大地改变了人们的生活方式，以前人们都是通过台式电脑或纸质媒介来读取信息和相互交流，而现在各种客户端应用程序源源不断地涌现，通过便携设备终端可以随时随地得到人们想要的信息，人们可以通过网络来购物、理财，还可以和朋友甚至陌生人进行交流等，这一切都使得人们的生活变得丰富多彩，也更加便捷，同时便携设备应用程序的普及和发展也对当前船厂钢板堆场的管理效率低下的现状提出了可供参考的改善方案。随着信息化的发展，钢板堆场信息管理系统将一改以前的操作模式，向电子化、信息化的计算机操作环境迈进。因此，为了更好地对钢板堆场进行管理，许多船舶企业开始建立自己的钢板堆场信息管理系统。

目前来说智能设备正处在一种百花齐放的发展模式中，而每一种品牌的移动设备所支持的操作系统又是不尽相同的。虽然目前苹果的IOS系统和谷歌的Android系统已经占据了便携式移动设备操作系统市场份额中的80%，但是随着各个操作系统的发展，例如微软的Windows Phone、阿里巴巴的阿里云OS等，这些系统的用户数量正在逐渐增加，Android和IOS也未必能长期占据市场老大的位置。如果移动应用程序采用跨平台开发技术，就会让更多的用户使用，并且具有跨平台技术的应用程序比其他的单系统版本应用程序将面对更多的用户，从而更容易在使用不同操作系统平台的用户群体间扩散和使用。同时，我们就不用关心哪些操作系统将会占领移动操作系统市场，从而会影响到应用程序的发展这类问题。为了避免来自操作系统和硬件环境的差异，实现移动应用程序开发"一次编写，少量适配，大量覆盖"的目的，许多中间件厂商提出了跨平台的概念。

一般来说，造船厂的人员基数相对庞大，而员工采用的移动设备所使用的操作系统也不尽相同，所以在诸多船厂钢板堆场管理软件系统中，跨平台的软件系统在市场竞争中具有很明显的优势。因此，船厂钢板堆场的管理系统需要能够跨平台运行。

15.2 系统实现跨平台的相关方案与选取

15.2.1 三类应用程序

(1)原生应用程序

原生应用程序属于日常的生活中最为常见的一个。原生应用程序大都属于某一个移动平台所特有。开发者想要开发某一个原生应用的话必须要使用该平台所支持的编程语言和开发工具。开发安卓平台支持的原生应用需要使用Eclipse和Java，而开发IOS平台支持的原生应用则需要Xcode和Objective—C工具。原生应用程序相比其他类型的应用程序的运行性能通常是最好的。原生应用程序一般运行在机器操作系统上，和机器之间有很强的交互性，一般来说原生应用程序的静态资源都是在本地的。原生应用程序浏览使用很方便，用户体验度也很高。在实现上要么使用Objecttive—C和cocoaTouch Framework撰写IOS程序，要么选择Java＋Android Framework撰写Android程序。

(2)HTML5应用程序

HTML5应用程序使用的是标准的Web技术，通常包括HTML5、JavaScript和CSS。HTML5应用程序只需用移动开发方法构建编写一次，就可以在多个设备上跨平台运行[93]。HTML5的优势之一是它的开发相对简单，程序员只需HTML5和JavaScript就能开发出功能比较多样的HTML5应用程序，但是HTML5在目前来说也有很多硬伤，该应用程序一般都访问不了原生设备，比如摄像头等，HTML5 在安全离线储存上也有很大的缺陷。一般说来，HTML5 应用程序都是需要在网络良好的环境中运行，它们利用便携设备上的浏览器来运行，一般不需要在便携设备上下载后安装。

(3)混合应用程序

混合应用程序是指介于原生应用程序、网页应用程序这两者之间的应用程序，它虽然看上去比较像原生应用程序，但是和原生应用程序不同的是混合应用程序只有一个 UI WebView，它里面访问的是一个网页应用程序，比如街旁网最开始的应用程序就是安装了一个客户端的外壳，其实里面是 HTML5 的网页应用程序，后来才推出真正的原生应用程序。再如，掌上百度也是混合应用程序，而掌上百度里面封装的是自己的浏览内核，因此该应用程序在性能体验上像客户端一样的高效。总的来说，混合应用程序是使用两种语言开发的，一种是网页语言，另一种是程序语言。混合应用程序的总体特性更接近原生应用程序，它与网页应用程序区别较大。只是因为同时使用了网页语言编码和程序语言编码，所以相比原生应用程序就减少了很多开发成本和难度。所以说，混合应用程序既有原生应用程序在性能上的优势，也有网页应用程序开发低成本的优势。

15.2.2　方案的比较和选取

上面提到了原生应用程序、网页应用程序和混合应用程序，现在就通过评析各种应用程序的优缺点来更进一步看看这三者的区别。

(1)原生应用程序

就像微软 Word、PowerPoint 等这些应用程序一样，原生应用程序可直接在电脑上或智能手机上运行，简言之，它是特别针对某个操作系统而开发的，比如 IOS、Android 等[92]。

原生应用程序优点为：

①可访问 GPS、摄像头等硬件设备上网页应用程序访问不到的功能；

②原生应用程序往往性能高、用户体验度好；

③与网页应用程序相比较，原生应用程序能够在线下使用；

④原生应用程序可以支持大量图形和动画。

原生应用程序缺点为：

①开发成本相对较高；

②只能支持某一种操作系统，无法跨越不同平台运行；

③原生应用程序上线时间不确定；

④由于 App Store 限制的影响，原生应用程序的内容是受限的，获得新版本时需重新下载应用并更新。

(2)网页应用程序

网页应用程序本质上是为移动端浏览器设计的以网页为基础的应用，是用普通网页开发语言(HTML5)开发的，可以在各种智能便携设备浏览器上运行。

网页应用程序优点为：

①网页应用程序支持设备非常广泛，没有操作系统的限制；

②网页应用程序开发成本相对较低，而且可以即时上线；

③网页应用程序没有内容上的限制，用户可以在无须手动更新最新版本的情况下，直接使用。

网页应用程序缺点为：

①比较依赖网络，对联网的要求比较高；

②在操作性能和用户体验上不如原生应用程序；

③图片和动画的支持度不够高；

④无法通过该应用程序的下载而获得盈利机会。

对于上面说的缺点，如果能把 HTML5 的优点用到网页应用程序上的话就会得到很大改善，但是尽管技术在不断提高，到目前为止网页应用程序还是不能够代替原生应用程序。

(3)混合应用程序

混合应用程序同时结合了原生应用程序和网页应用程序。网页应用在混合应用程序中占一部分，而原生应用则占另一部分。因此该应用程序必须有一部分在设备中运行，另一部分在网页上运行。至于两者占混合应用中的比例则并没有太大的限制。

混合应用程序优点为：

①混合应用程序可以在多个操作系统平台运行；

②比原生应用程序更容易访问到便携设备的多种功能；

③混合应用程序在 App Store 中可下载；

④混合应用程序能够在线下使用。

混合应用程序缺点为：

①不确定应用程序的上线时间；

②在性能上不如原生应用程序；

③仍然比较依赖网络；

④目前来说技术还不是很成熟。比如 Facebook 现在的应用程序属于混合应用，它可以在许多 App Store 中畅通无阻，但是由于应用程序掺杂了大量网页应用程序的特性，所以它的运行速度比原生应用慢很多。表 15.1 所示为三种应用程序对比。

表 15.1　三种应用程序对比

	原生应用程序 (Native app)	网页应用程序 (Web app)	混合应用程序 (Hydrid app)
开发成本	高	低	中
维护更新	复杂	简单	简单
体验	优	差	优
Store 或 market 认可	认可	不认可	认可
安装	需要	不需要	需要
跨平台	差	优	优

通过比较分析三种方案的优缺点，并结合实际问题和实际情况，发现原生应用适应性不够，无法实现跨平台，而网页应用的性能又比较差，最终选择用混合应用程序来实现船厂钢板堆场的跨平台 APP。

15.2.3 实现方案所需的开发工具及相关平台

(1)HTML5

HTML5 是网页应用和混合应用都要用到的重要编程语言。HTML 系列之前有过很多的版本，1999 年，HTML5 被指定为其中的标准版本。HTML5 现在还在不断地更新和完善中。今天各大主流浏览器都是基于 HTML5 的。总的来说，HTML5 就是对过去 HTML 各种版本的继承和发展。

HTML5 的优点为：

①网络标准

HTML5 汇集了很多大公司的研发技术，所以 HTML5 技术本身是公开的也是开源的，这也是 HTML5 的一大优势。也就是说，HTML5 中的任何一个标准都能在网上 W3C 的资料库找到根源。另一方面，HTML5 标准也是谷歌、苹果、中国移动等上百家公司推出的，所以大多数浏览器和平台都会去实现它。

②多设备跨平台

可以进行跨平台的使用是 HTML5 最主要的一个优点。比如说当用户开发了一款基于 HTML5 的游戏时，他在 UC 的开放平台、Opera 的游戏中心和 Facebook 应用平台上，可以将其很轻易地移植进去，甚至可以通过封装技术将其进行封装，进而发放到 App Store 或 Google Play 上。因此，HTML5 具有非常强大的跨平台性[93]。

③自适应网页设计

"一次设计，普遍适用"是很早以来人们就萌生过的想法，这个想法就是怎样让同一张网页能够根据所载屏幕的大小自适应，自动调整布局[93]。而 HTML5 恰恰就能够实现这个想法，这就改变了在传统上网站为不同的设备提供不同的网页的一种局面。也就是说，在传统网站上一样能够实现相同的效果，但相比于 HTML5，其极其麻烦，并且有多个版本需要维护，其架构设计的复杂程度也随着网站入口的增多而加大[94]。

④即时更新

更新 HTML5 游戏就像更新页面一样，能够即时更新。这相比于原生游戏客户端的每次更新都要去下载安装，无疑为用户省去了不少麻烦。

除此之外，HTML5 还有以下优点：①HTML5 提高可用性和改进用户的体验；②HTML5 能够给站点带来更多的视频、音频等多媒体元素；③HTML5 可以很好地成为 FLASH 和 Silverlight 的替代物；④HTML5 在网站的抓取和索引方面，对 SEO 十分友好；⑤该应用程序可移植性好[95]。

HTML5 虽然有一定的优点，但是不可避免也会附带一些缺点。HTML5 并没有很好地支持所有的浏览器，由于新标签的引入，各个浏览器之间在数据描述方面没有统一的格式，从而降低了用户体验[95]。

为什么跨平台移动框架几乎都是基于 HTML5 的？因为既然要跨平台，首先就要保证让所有移动平台都能够支持，而 HTML 作为一种脚本语言，显然是支持这一点的。HTML5 中定义了强大的本地存储和离线存储功能，使得页面更像一个应用，手机硬件的发展能够支撑起这些效果，JavaScript 的存在使得应用就有强大的交互能力。另外，HTML5 相对于其他语言更容易上手，让新手能够在极短的时间内开发出比较完善的应用。

综合这几点特性，就促成各大主流跨平台框架都选择使用 HTML5 作为工具。

(2)CSS3

HTML 和 CSS 是制作网页的两个核心技术。在将要实现的钢板堆场管理系统中，HTML5 被用来编写界面的结构和文字部分，而 CSS3 则用来编写界面的布局和背景颜色。CSS 样式表将已被样式化的属性以及值与文档中的结构化元素相关联，从而规定文档的呈现形式[96]。一个网页所包含的因素包括网页的内容和网页的表现形式。其中内容是指网页实际传递的信息，如文本、图片等；表现形式是指内容呈现的风格，包括字体、文本颜色、布局等。这些都用于改变网页的外观。CSS 可以将 HTML 文件的内容与其表现形式分开，从而增大网页的可维护性[97]。

CSS 的使用，不仅能够统一网页的表现形式，还便于修改。最重要的是缩减了大量代码，从而加快了网页的加载速度。同时，CSS 的使用也使得文件结构的灵活性更强，它能够由作者或读者根据自身需求自定义显示样式。此外，CSS 还支持多种智能设备[91]。

HTML 与 CSS 是两种完全不同的语言，如果要使它们同时作用于一个网页，必须要使用一些方法将它们挂接在一起，方能成功加载网页并显示效果。

在网页编程中，主要有以下 3 种方式来引入 CSS：

①外部样式表：分为导入式和链接式，它们都是旨在将独立的 CSS 文件引入到 HTML 中。

②内部样式表：对页面样式的设计在<head>标签内部编写，这种方式非常适用于单一页面。而对于多页面的网站，如果都使用这种内嵌方式来设置每一个页面的样式的话，CSS 的优势将不再体现[91]。

③内联样式(在 HTML 元素内部)：因为没有体现出 CSS 的优势，所以这种样式不推荐使用。

(3)JavaScript

HTML5 和 CCS3 主要用来制作静态的网页界面，接下来系统界面的文字内容主要依赖 HTML5，而排版和背景颜色方面要靠 CCS3。而 JavaScript 的作用主要是在系统后台前端通过编写相应的动态函数，来实现系统的某种操作功能。

JavaScript 作为一种常用的网络脚本语言被广泛地应用在计算机网页开发中。JavaScript 的主要功能是实现在 HTML 页面中嵌入动态文本。该功能可以实现用动态文本来访问 HTML 页面，取代了单一的静态页面来实现功能。控制 cookies 是 JavaScript 的另一个重要功能，这其中包括 cookies 的创建和修改等。凭借这项功能网页可以实现 cookies 状态更加快速便捷地更新，以便随时查看历史任务。

JavaScript 脚本语言具有自身的基本数据类型，能够在多种类型浏览器的支持下，在多种类型操作系统的平台下，来实现在 HTML 页面中嵌入动态文本。

(4)Cordova

Cordova 项目出自于 Adobe 公司的 PhoneGap 项目，Cordova 项目是从 PhoneGap 项目中抽出的核心代码，是驱动 PhoneGap 项目的关键引擎。Adobe 公司在 2011 年将 Cordova 作为开源项目贡献给 Apache，由此 Cordova 项目于 2012 年 10 月正式成为 Apache 的顶级项目。

Cordova 在整个应用程序当中的主要作用是通过提供一些统一的 JavaScript API 的方

法来帮助 HTML5 应用程序,使之能够访问到在 Android、IOS 和 Windows 这些平台上都有的加速度传感器和一些原生设备。当应用程序准备完毕时,Cordova 将对其进行编译。Cordova 将 JavaScript、CSS 和 HTML 连同 APP 一起打包放到特定的容器 Webview 中。Webview 通过统一的 JavaScript API 像桥梁一样成功连接了硬件和应用程序。

(5)Jquery Mobile 库

JQuery Mobile 是 JQuery 框架的一个组件(而非 JQuery 的移动版本)。JQuery Mobile 是一款基于 HTML5 的用户界面系统,旨在使所有智能手机、平板电脑和桌面设备都可以正常访问页面。JQuery Mobile 含有 JQuery 核心库,从而更方便用于各主流移动平台,此外,它还会发布一个完整并且统一的 JQuery 移动 UI 框架。JQuery Mobile 支持全球所有主流的移动平台。

JQuery 是一群程序设计者用 JavaScript 语言编写的更直观、更容易使用的函数,以最少的程序代码就能实现想要达到的效果,甚至比想要的效果更好。举例来说,要在 id=btn 按钮绑定 sum()函数,传统的 JavaScript 必须先使用 addEventListener()函数注册事件的处理函数,语句如下:

```
document.getElementById("btn").addEventListener("click",sum);
```

使用 JQuery 时只要编写以下语句即可:

```
$("btn").click(sum);
```

使用 JQuery 有以下 7 点好处:

①官方 API 文件详细提供了教学材料。

②文件下载容易,简洁又轻巧。

③只要具有 HTML 与 JavaScript 基础,学习 JQuery 相当轻松容易。

④JQuery 程序解决了跨浏览器兼容性的问题。

⑤JQuery 选择 HTML DOM 组件并使用 CSS3 选择器,不需另外学习。

⑥许多免费的插件(plugin)可供使用。

⑦提供了漂亮的 JQuery UI,轻松解决网站用户界面设计的问题。

15.3 需求分析

(1)系统业务需求

钢板是船舶工业生产中最基本的原材料,船舶产品生产的顺利展开以及按时完成都受钢板流通的直接影响。如果钢板能够合理有效地流通,生产活动必将会达到一个较好的期望值。钢板堆场由于连接着物料采购以及各个生产环节,钢板的进料、发料和保存等都要靠其完成,所以它担负着多方面的重要职责。因此,钢板堆场管理对于保证钢板的有效流通、生产活动的顺利进行有着非常重大的意义[91]。

然而,我国船厂的钢板堆场管理仍然摆脱不了“模式落后,作业粗放”的特点,因而对于新时期下增大的船舶生产需求,其不能够很好地适应甚至无法适应。直到现在,“凭经验管理”仍是我国大多数船厂钢板堆场管理的主要模式[98],此管理模式存在的弊端为:钢板信息需要手工记录,并且管理不完善;钢板摆放不合理,造成钢板上料效率低下;钢板到货极不规律,导致钢板库管理混乱;钢板上料计划不合理,导致钢板库管理混乱。因此构建一个跨平台船厂钢板堆场管理系统是本项目需要达到的目标，具体需求可分为以下几点：

①实现船厂钢板堆场信息的统一管理和相关资料完善。为方便企业日后对工作进度的统一管理，并实现责任落实到个人，必须实现规范的企业信息记录管理系统。从工作角度来看，企业信息记录管理系统能够方便企业其他部门人员查看当前工作进度，有利于各部门之间的工作协调，个人工作上的困难也可以通过日志报告的形式向上级汇报，以便得到及时解决。从长远角度来看，信息记录管理系统能够促使员工养成多反思、多总结的好习惯，有助于合理规划时间，提高工作效率。

②随着造船模式逐步走向现代化，许多大型船舶企业已经将造船的流程往造船总装化模式靠拢，而总装化的生产模式效率提升的关键就是保证信息的及时性和准确性。因此跨平台船厂钢板堆场管理系统需要在完成钢板堆场基本操作的基础上保证钢板堆场信息及时准确地更新。

③船舶的制造过程是一个大型的项目工程，需要各个岗位工作人员的共同配合，因而软件系统与工作人员之间信息沟通的顺畅与否就会显著影响钢板堆场的工作效率，而各工作人员手中的便携设备往往采用不同的操作系统，所以为了便于沟通，减少不必要的麻烦，船厂钢板堆场软件系统需要能够跨平台运行。

(2)系统性能需求

本文所述的基于跨平台船厂钢板堆场管理系统是一款通过便携设备应用在现场进行操作管理的软件系统，考虑到移动终端与服务器的交互性与用户良好的操作体验等方面，本系统在性能表现上有如下几点要求：

①本地信息存储的及时性。由于船厂钢板堆场的作业现场地形往往比较复杂，很难保证网络的稳定性，所以系统决定采用本地离线存储的功能，这样在现场工作时就不用连接网络，离开现场以后再实现本地离线数据的更新。这样说来，本地数据的及时更新存储就显得格外重要，因为只有及时地更新本地数据才能保证钢板堆场作业信息的真实性和连贯性。

②本地信息存储的可靠性。本地离线存储的一个优势是数据的可靠性相对较高，因为通过联网的方式来实现数据的实时更新有可能会遇到网络不稳定的现象，在客户端与服务器的数据传输过程中，重要信息容易发生丢包现象。而本地离线存储不依赖网络，也不会产生数据传输错误。

③跨平台功能。在钢板堆场中有很多工作人员，由于现代信息技术的多样化发展，船厂工作人员的便携设备不可能采用同一个操作系统平台，因此系统需要能够跨平台运行。目前在用的钢板堆场管理系统大多是在 Windows 操作系统的计算机上运行的，在移动设备上运行的还很少，已开发也只见有在 Android 系统上运行的原生 APP 的报道，能跨 Android、IOS、Windows 等不同操作平台的钢板管理系统 APP 还没有。为了降低开发工作量，需要研究并实现一套能支持跨平台运行的钢板管理 APP。

④软件性能优良。对用户人群来讲，一款性能优化良好的 APP 和一款性能较差的 APP 其操作体验是大不相同的，APP 应用经过性能优化处理后，其启动速度、界面加载速度和列表滑动流畅性等方面都会得到很大提升，给予用户良好的操作手感，并提升工作效率。因此提升流畅性、减少画面卡顿也是本软件系统需要考虑的内容。

⑤软件 UI 界面设计的合理美观。本软件系统设计的初衷就是为了方便工作人员更有效率地工作，如果软件 UI 界面设计不合理，就会导致新用户需要花费较多的时间去学习如

何使用。因此，软件系统客户端一定要达到安装即用、操作简单的目标，在必要的地方给予用户良好的提示，帮助用户快速上手，同时，避免UI界面出现不实用的部分，尽量保持整体布局简单优雅，让软件能够真正地服务到工业生产中。JQuery Mobile 提供了漂亮的 JQuery UI 界面，这也是系统后面将要引入 JQuery Mobile 的重要原因。

(3)系统主要功能模块

本软件系统是一款针对船舶企业开发的基于便携设备的跨平台船厂钢板堆场管理信息系统，因此实现的功能从上述业务需求和系统性能需求出发，主要分为如下几个模块：

①登录注册模块

用户在进入系统后，首先会显示登录界面，要求用户输入用户名和密码，若用户无账号，可以点击"注册"进入注册界面，在管理员后台审核通过后，注册的账号和密码便在系统中得以保存并可以登录。登录成功后，进入软件主界面，用户便可以选择进入软件的其他功能界面。登录系统既要保证能够在同一时间容纳多人登录，又要保证安全性，即防止用户密码等信息外泄。

②操作管理模块

在操作管理界面中，钢板各堆序号以及每一堆中所含有的钢板个数均有显示。在操作管理模块中，可以完成钢板入堆操作、钢板出堆操作和钢板翻堆操作等船厂钢板堆场中的基本操作。

钢板入堆时系统需要判断钢板堆场内是否还有可用的空堆位，钢板入堆所入的堆位可以自由选择。设计的系统能够给待入堆的钢板提供建议性的堆位。当然，场地管理人员也能依据现场实际状况对钢板的存放位置做出调整。系统在为待入堆的钢板分配堆位时，应该尽量同一类型的钢板集中存放。其中，每一个堆位要按存放顺序存放，存放的顺序是：先存放第一层，之后在第一层的基础上再放第二层，不能在堆位未空的时候直接把钢板放在第一层，而只能放在此堆位的最上面。

在钢板出堆时，系统先是通过搜索待出堆的钢板位置信息，从而明确此钢板在堆位的哪一层，然后，就要确定需临时挪开的钢板数，并要为这些钢板在堆场内寻找临时存放堆位。之后把需要出堆的钢板所在堆位信息、坐标、临时堆位位置信息及时反馈给吊车。吊车依据收到的数据，开启吊车执行钢板操作，并且将临时移动的钢板做一个位置复原，还要对其位置信息进行更新。

钢板的翻堆操作就是钢板的一个先出堆后入堆的操作。具体情况可以参照上面所描述的内容。

③统计分析模块

统计分析模块的功能主要是记录每一块钢板从进入系统到现在过程中的不同时间点所经历的每一个操作步骤，通过该功能，管理者可以很方便地察看项目的工程进度，能够将船厂钢板堆场的工作信息方便地集成起来，对每一块钢板的去向进行追踪和检查。通过对这些记录进行统计分析和多种计算，可以评估船厂钢板堆场的运行效率和在船舶制造中钢板所占的成本。这些都将有助于船厂管理运行效率的提升、管理运行模式的优化和管理运行制度的完善。

④图片上传模块

图片上传模块的功能主要是具有上传重要图片文件的管理功能，可以实现现场照片的上传，比如堆场的整体情况图、某张钢板的外观图等，也能实现钢板堆场中的重要文件的上传。经上传的图片文件将统一汇入钢板堆场管理的资料库中，以便相关管理人员进行察看和比对。做好工业企业项目重要资料的保存和管理有助于未来的项目管理者从过去的项目中借鉴和参考，这将有利于企业项目管理水平的提升和管理模式的改善。

⑤离线存储模块

由于船厂钢板堆场工作现场的地形一般会比较复杂，工作现场的网络稳定性一般很难保证，所以系统需要具有离线存储的功能，也就是说在没有连接网络的情况下先将系统在钢板堆场工作现场的相关操作数据和界面储存下来，离开工作现场以后再连接网络统一将系统的数据更新。本地存储模块的主要功能是把工作人员在现场的相关操作数据以及经上传的重要文件储存下来，以便后续系统的数据更新。混合式应用程序实现本地存储的方式有很多，本书中采用了 webstorage 中的 localstorage 的方法。

15.4　详细设计

15.4.1　系统数据库的相关设计

在系统中，数据库具有不可撼动的地位，其设计已然作为核心技术而存在[98]。数据库能够实现对系统中大量数据的有效管理，系统中很多重要功能的实现都需要相应数据库的支持。同时，为了支持相关程序运行，数据库设计也会变得更加繁杂。因此，其中的最优设计往往不是一次设计就能够得出的，而要求开发者有足够的耐心去反复探索，逐步地精益求精。

(1)数据库的需求分析

数据库的设计首先就是要了解用户有哪些方面的数据需求，这就是所说的需求分析。系统数据库的需求分析必须要建立在船厂钢板堆场生产实际的基础上。数据库能够实现数据的获取、保存、更新、删除和查询等功能，其前提是数据库系统的结构要能够充分支持各种信息的输入、输出及各项操作。

通过对跨平台船厂钢板堆场管理系统的需求分析，可以归纳出系统中如下实体以及其属性：

①用户：用户 ID、用户名、密码、用户等级。

②钢板信息：钢板 ID、钢板编号、所在堆位、经操作过程、操作序号、经办人、日期。

③堆位信息：堆位 ID、堆位名、堆位最大容纳钢板数、堆位现存钢板数

④入堆操作：操作序号、钢板编号、所入堆位、经办人、操作日期。

⑤出堆操作：操作序号、钢板编号、所出堆位、经办人、操作日期。

⑥翻堆操作：操作序号、钢板编号、所入堆位、所出堆位、经办人、操作日期。

(2)数据库概念结构设计

E-R 图能够清晰明了地显示出系统中相关概念模型之间的关联关系，运用 Microsoft Visio 等工具来绘制出数据模型，将非常有助于理解系统数据库概念模型之间的关联关系。图 15.1、图 15.2、图 15.3、图 15.4、图 15.5、图 15.6 分别表示的是系统数据库概念模型中关于用户信息、钢板信息、钢板堆位信息、入堆操作、出堆操作和翻堆操作的 E-R 图。

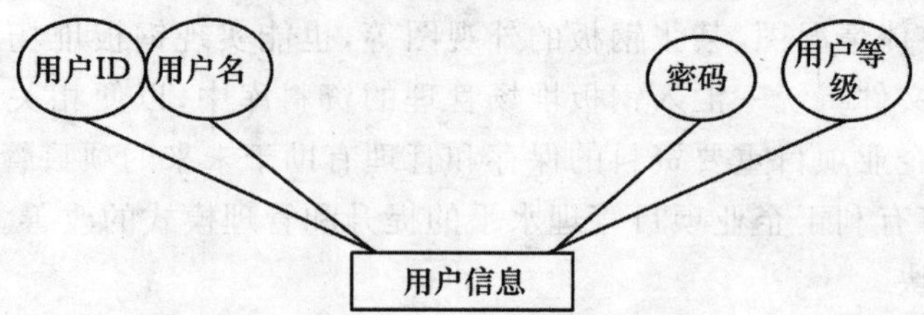

图 15.1　用户信息 E-R 图

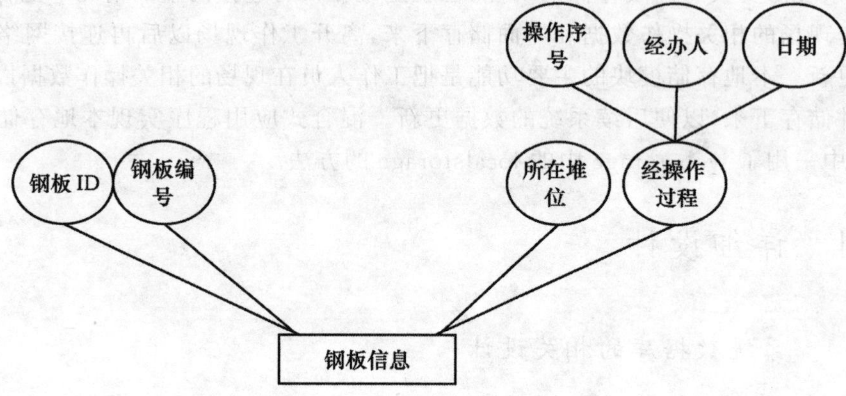

图 15.2　钢板信息 E-R 图

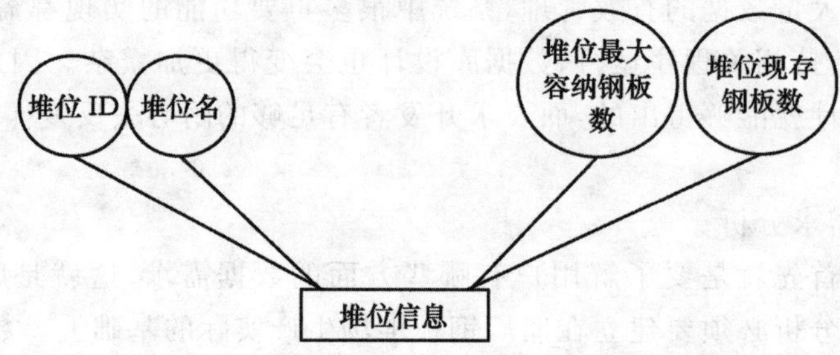

图 15.3　钢板堆位信息 E-R 图

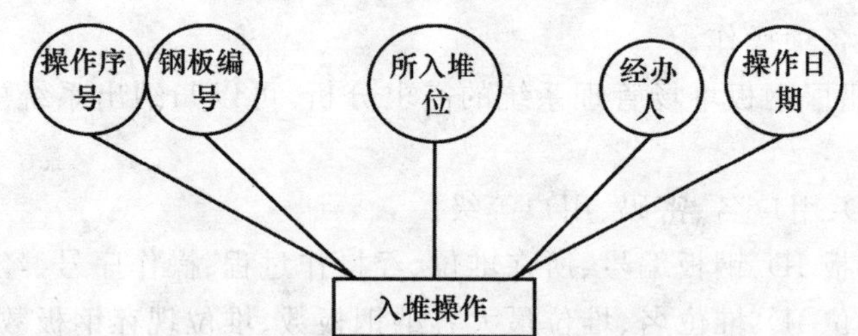

图 15.4　入堆操作 E-R 图

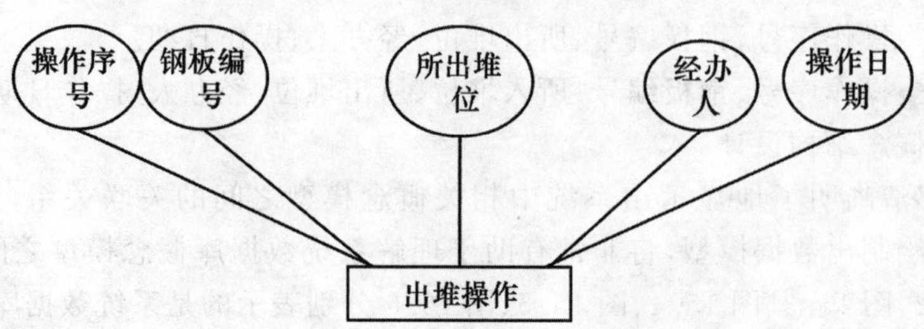

图 15.5　出堆操作 E-R 图

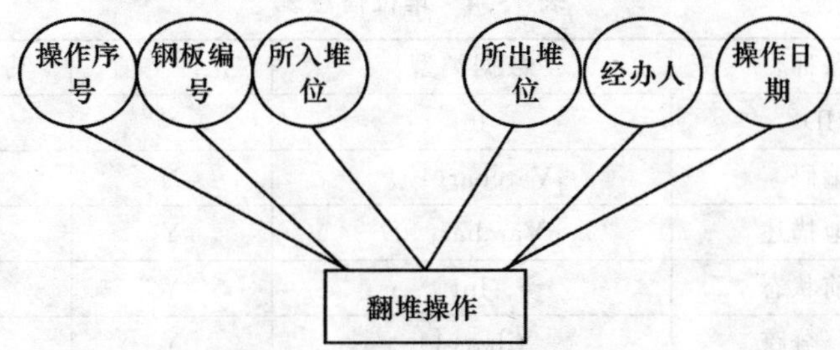

图 15.6 翻堆操作 E-R 图

(3)数据库表结构设计

下面将对软件数据库中部分主要表格的结构组成进行介绍。表 15.2 所示为系统用户信息表的结构设计,其中自增主键 ID 是用户信息的唯一标识。

表 15.2 系统用户信息表

名称	数据类型	允许空值	其他说明
ID	Int	N	ID
用户名	Varchar(50)	N	用户名
密码	Varchar(50)	N	密码
用户等级	Varchar(50)	N	用户等级
删除标记	Int	N	

表 15.3 所示为钢板信息表的结构设计。

表 15.3 钢板信息表

名称	数据类型	允许空值	其他说明
ID	Int	N	ID
钢板编号	Varchar(10)	N	钢板编号
钢板名称	nVarchar(100)	N	钢板名称
所在堆位	Int	Y	
堆中序号	Int	Y	
物料编码	nVarchar(40)	Y	
板材规格	nVarchar(100)	Y	
等级	nVarchar(40)	Y	
供应商	nVarchar(100)	Y	
船舶工号	nVarchar(40)	Y	
所经操作过程中的操作序号	nVarchar(200)	Y	
是否余料	Int	Y	
余料信息	nVarchar(40)	Y	
条形码	nVarchar(40)	N	
备注	nVarchar(200)	Y	
删除标记	Int	N	

表 15.4 所示为堆位信息表的结构设计。

表 15.4　堆位信息表

名称	数据类型	允许空值	其他说明
ID	Int	N	ID
编码	Varchar(10)	N	
场地描述	nVarchar(40)	Y	
当前状态	Int	Y	
所属分跨	Char(1)	Y	
所属区域	Int	Y	
张度上限	Int	Y	
高度上限	Int	Y	
删除标记	Int	N	
现有钢板数	Int	N	

表 15.5 所示为钢板堆位操作信息表的结构设计。

表 15.5　钢板堆位操作信息表

名称	数据类型	允许空值	其他说明
ID	Int	N	ID
操作序号	Int	N	
钢板编码	Varchar(10)	N	
堆位编码	Varchar(10)	N	
操作类型	Char(1)	N	出堆/入堆/翻堆
来源堆位	Varchar(10)	Y	
来源序号	Int	Y	
目标堆位	Varchar(10)	Y	
目标序号	Int	Y	
变动日期	Datetime	N	
执行人员	Varchar(50)	N	

(4)数据库的安装和部署

数据库的安装和部署首要的是要选择一个对软件系统而言相对合适的数据库，下面就分别介绍一下几种常用的数据库。

Oracle 作为商业数据库的代表，不仅功能丰富，而且支持平台广泛。表分区以及大量的统计功能是其主要功能特点，它还包括本地复制、应用集群等高级功能[99]。在线表格和索引的重建是 Oracle 的另一强大功能。许多数据库中，在线表格和索引的重建都需要离线进行。换句话说，在索引被重建时，由于其会独占访问对象，因而不能够同时访问数据库。当然，Oracle 的功能还有很多，这并不是它的全部，而是它其中的一部分高级功能[100]。

MySQL 属于开源数据库中的领军者。它能够根据用户的不同需求，通过自身拥有的存储引擎提供给用户不同的功能。自从 MySQL 第一版发布以来，就提供一个存储引擎接口。MySQL 拥有的引擎包括事务安全的存储引擎、不支持事务处理的存储引擎、日志引擎等。MySQL 的优势之一就是其资源占用量极少，与其他数据库相比，它恢复数据的速度最快。但相比于 Oracle,其在功能数量上确实存在不足。因此,MySQL 数据库的优势并不是在于其功能数量,而是在于其易用性、稳定性和优良的操作性能[101]。

SQL Server 作为一个关系数据库管理系统,一开始是由 Microsoft、Sybase 和 Ashton-Tate 三家公司共同研发。1998 年,他们成功研发了第一个 OS/2 版本并投入运行。但在 Windows NT 推出后,Microsoft 公司和 Sybase 公司就解除了在 SQL Server 的开发上的合作,Microsoft 公司倾力于开发推广 SQL Server 的 Windows NT 版本,而 Sybase 则倾力于在 UNIX 操作系统上 SQL Server 的应用[101]。SQL Server 数据库具有高性能、可扩展性、分布式等特点。从整体上看,SQL Server 数据库的优势主要体现在以下几个方面:第一,SQL Server 的性能很高,Windows NT 优势能够被它充分利用;第二,SQL Server 采用较为先进的管理方法,不仅能够支持本地设备、远程系统的配置和管理,还能够支持计算机的图形化管理;第三,SQL Server 具有强大的事务处理能力,为保护数据的完整性,SQL Server 可以借助各种方法;第四,SQL Server 支持多种结构的处理器,拥有自主的 SQL 语言。SQL Server 数据库使用方便,可伸缩性好,操作界面友好。而且,SQL Server 具有灵活而强大的安全管理机制,并能够很好地支持 XML 语言,是一款不错的企业级商业应用数据库。

以上三种数据库各有各的特点,由于在 Visual Studio 软件中连接 SQL Server 数据库更为方便可行,所以本书将采用 SQL Server 2008 数据库作为系统的后台数据库。

15.4.2 系统框架的搭建

系统的框架能够减轻开发者的一部分工作量,并且能够处理系统的一些细节问题。目前已经有很多的框架可以帮助开发跨平台的移动应用程序,例如 IONIC、Intel XDK、Appcelerator Titanium 等。基于跨平台船厂钢板堆场管理系统的功能特点和实际开发要求,决定选择 Cordova 作为所要搭建的框架,下面讲一下该框架的特点和系统框架的搭建过程。

(1)Cordova 技术框架的特点

Cordova 是一款开放源代码的 APP 开发框架,旨在让开发者使用 HTML、JavaScript、CSS 等 Web API 开发跨平台的移动平台应用程序,其原名为 PhoneGap,Adobe 收购 Nitohi 公司后,PhoneGap 商标保留,代码贡献给了 Apache 基金会,而 Apache 将其命名为 Apache Callback,其后发布新版本时,定名为 Apache Cordova。

作为设备 API 的 Apache Cordova,对于移动应用本地设备的功能,例如摄像头等,开发者是能够通过 JavaScript 来直接访问的。它还能够很好地配合 UI 框架的使用,如 JQuery Mobile、Dojo Mobile、Sencha Touch 等。当然,UI 框架上集合了多种语言,HTML、CSS 和 JavaScript 都能够完好运行。在应用 Cordova API 时,可以使用其 Web 技术,从而不需要本地代码来构建应用程序[102]。Cordova 还提供了一套统一的 JavaScript 库以供开发者在开发过程中进行调用,并且支持 IOS、Android 等多种操作系统平台。也就是说,在这些操作系统平台上,它们都有一致的 JavaScript API。同时,这些应用程序的开发都是以 Web 标准为基础的,因此这些应用在不同平台之间可以相互移植[103]。

Cordova 作为一个跨移动平台的开发框架,主要利用 Web 技术实时调用移动设备操作系统的本地 API 的接口功能。在 Cordova 技术框架的应用开发下,利用 JavaScript 的标准接口与框架内的 JavaScript 接口进行调用联调,并通过 Cordova 提供的核心代码,经过封装成为本地各平台的操作系统 API,进而利用开发人员的 Web 语言向本地操作系统发起调用。在 Cordova 框架下,主要包含 WebView 模块、JavaScript 接口模块、本地 Native API

Plugin 模块。在 WebView 层是由 HTML、CSS、JavaScript 针对 APP 内部的 UI 进行描述，最后由 WebView 进行解析和渲染[104]。由图 15.7 所示的 Cordova 架构可看出，它提供了 Web App、WebView、Cordova Plugins。

总的来说，使用 Cordova 框架开发的优缺点都很明显。优点为：①Cordova 可以支持 Android、IOS 等多种操作平台；②程序开发简单，门槛低；③框架多，插件多且可自定义；④发展最早，因而网上能查到很多相关的学习资源。缺点为：①WebView 在性能低下的情况下，软件不能提供良好的用户体验，反应较慢；②不便于调试，在这方面既不如原生应用，也不如纯 Web 应用[105]。

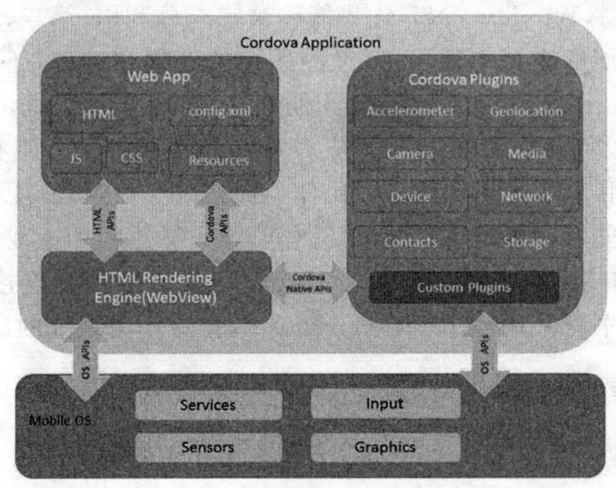

图 15.7 Cordova 架构图

(2)使用 Visual Studio 工具开发应用程序

前面提到过 Visual Studio 2017 软件，Cordova 框架的搭建就需要在 Visual Studio 2017 软件中操作。使用适用于 Apache Cordova 的 Visual Studio 工具开发应用程序时，Visual Studio 可以提供下面这些优势：

①安装简便。手动安装 Cordova，用户需要寻找、安装和维护支持平台所需的所有正确版本的第三方软件。而在 Visual Studio 2017 中，Cordova 可以作为插件直接下载，而并不需要安装第三方软件。

②插件管理。Cordova 插件使用 JavaScript 接口提供对本机 API 的访问。能够支持摄像头等自定义插件，这有助于用户在操作中得到丰富的体验。有了 Visual Studio 和 IntelliSense，自定义插件和核心插件将会更加便于用户添加和使用。

③统一的调试体验。跨平台应用程序的开发通常需要借助另一种工具来调试其中的设备、仿真器或模拟器。而使用不同的工具会降低生产效率，因为用户每次切换设备时都必须要使用不同的工作流。利用 Visual Studio，用户可以对所有的部署目标都使用相同的世界级调试工具，这些部署目标包括 IOS 设备和仿真程序、Android 设备和仿真程序、Windows 以及 Apache Ripple 仿真程序。

④用户只需编写一次代码就能部署在其中所有地方。Cordova 中的通用 JavaScript 和插件 API 让开发者能使用向所有目标平台(IOS、Android 和 Windows)部署的单个基本代码来轻松编写应用。

⑤命令行互操作性。Visual Studio 解决方案能够直接对系统进行随时更新，这意味着用户可以使用任何命令行工具。

⑥多版本 Cordova 支持。借助 Visual Studio 解决方案,用户可以轻松地在项目中改用其他版本的 Cordova。

(3)Cordova 框架搭建的具体过程及 JQuery Mobile 的引入

首先以管理员身份打开 Visual Studio。在菜单栏上,依次选择“文件”、“新建”、“项目”。在“新建项目”对话框中,在“模板”下,选择“JavaScript”和“Apache Cordova 应用”,然后选择“空白应用”模板,如图 15.8 所示。

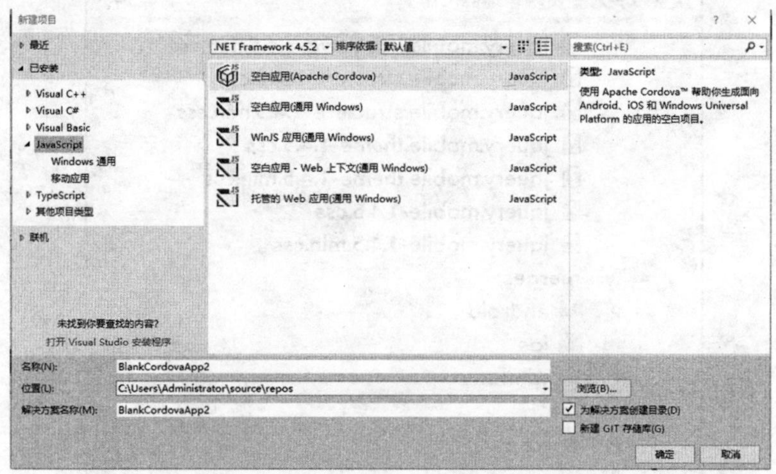

图 15.8 Visual Studio 项目创建

然后 Visual Studio 进入项目主页。Cordova 项目解决方案资源管理器目录结构如图 15.9 所示。merges 表示存放各个平台的特殊的代码,与 www 目录合并编译,相同的文件 merges 下的代码文件优先。res 表示适用于各个平台的特殊资源(图标和启动画面)。www 是包含应用程序代码。css 为包含默认空白模板的基本 CSS 样式。images 是建议应用的图片保存处。scripts 是 JavaScript 和 TypeScript 文件默认的保存目录。config. xml

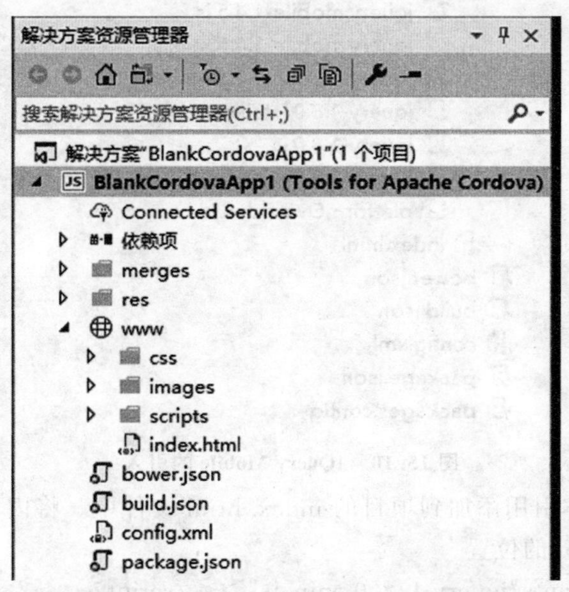

图 15.9 Cordova 项目解决方案资源管理器

是包含工程的配置文件，www\index.html 是应用默认的主页面。

最后要引入 JQuery Mobile 库，将最新版本的 JQuery Mobile 库下载并复制到解决方案资源管理器中，如图 15.10 所示。

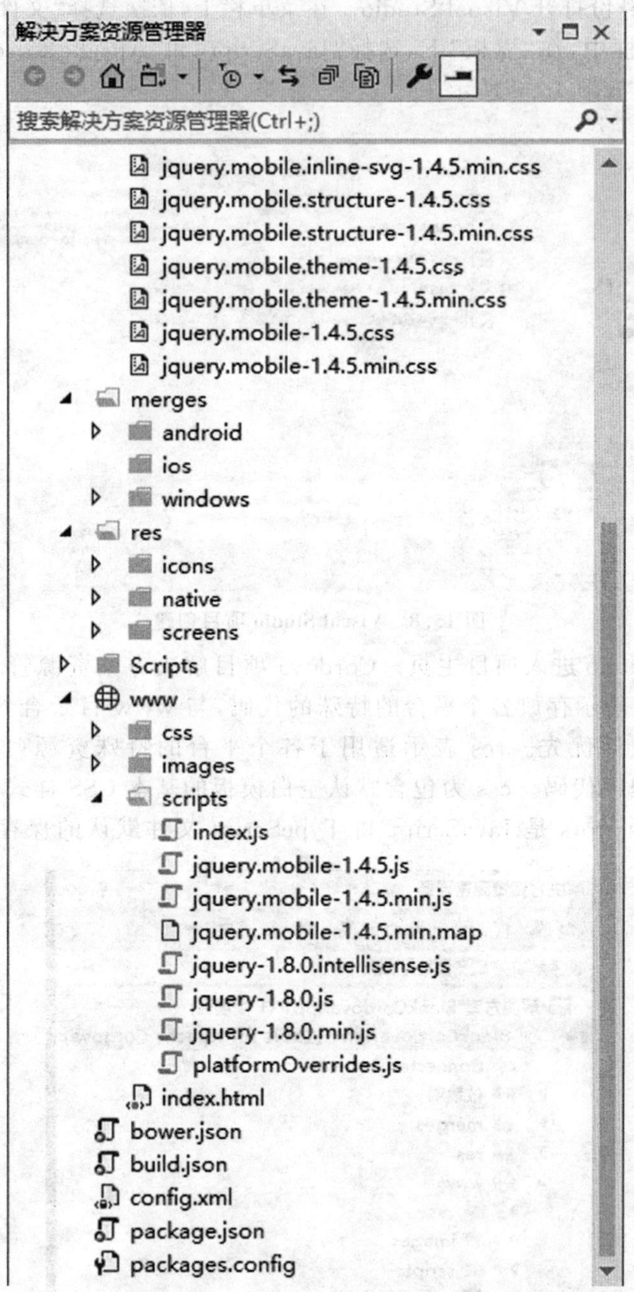

图 15.10　JQuery Mobile 的引入

还要将下面的脚本引用添加到项目的 index.html 文件中。将内容放在正文部分的底部，引用其他 JavaScript 的位置。

```
<script src="scripts/jquery-1.8.0.min.js"></script>
<script src="scripts/jquery.mobile-1.4.5.min.js"></script>
```

```
<link rel="stylesheet" href="css/jquery.mobile-1.4.5.min.css" />
```

15.4.3 系统相关的功能模块简介

接下来将进入系统前端操作界面以及功能函数的设计简介部分，系统主要有五个功能模块。

(1)登录注册模块

登录注册模块包括用户登录模块和用户注册模块。其中，用户登录模块作为软件系统的入口，是一切重要模块的基础，在获取系统各项服务前，用户必须登录系统，并获得验证通过。用户要想登录系统就必须要有系统认可的用户名以及密码，这也是出于业务信息安全的考虑。用户注册模块则是为没有账户的用户提供一个注册入口，通过注册，用户便可拥有自己的账户和密码，并用其进行登录系统，从而获得相应的服务。

用户登录系统时需要输入用户名和密码，提交后将其与数据库中所对应的信息进行匹配校验[106]。如果校验通过，用户就能够进入系统的主界面；如果校验不通过，则会显示“用户名或密码错误”的对话框。图 15.11 所示是用户登录注册的逻辑执行图，详细描述了用户登录时的动作时序。

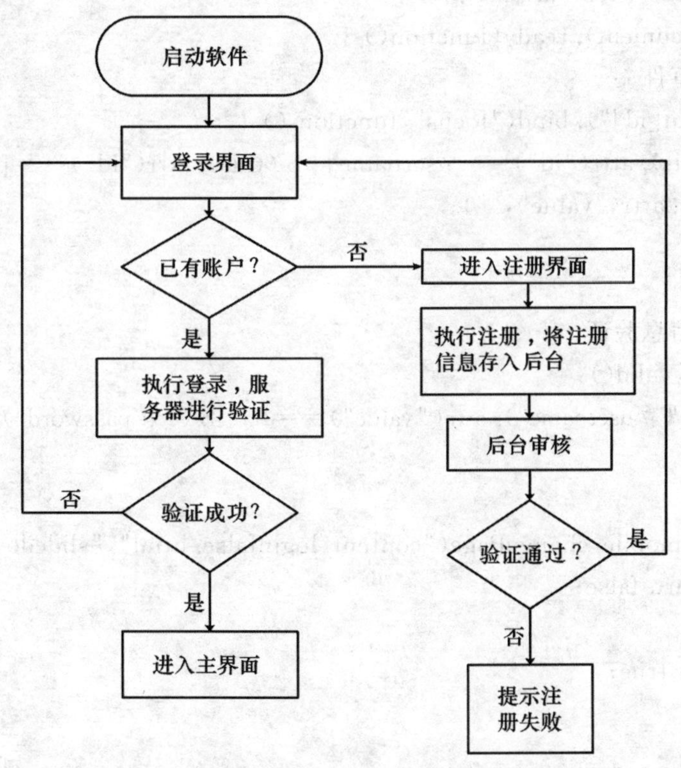

图 15.11 用户登录注册的逻辑执行图

图 15.12 所示为用户登录及用户注册界面，在用户登录界面上有一“注册”按钮，点击它则可以进入注册页面。

用户注册页面需要填写符合相应规范的用户名以及密码。当用户注册成功时，相应的用户名和密码就会被系统添加到后台数据库当中。

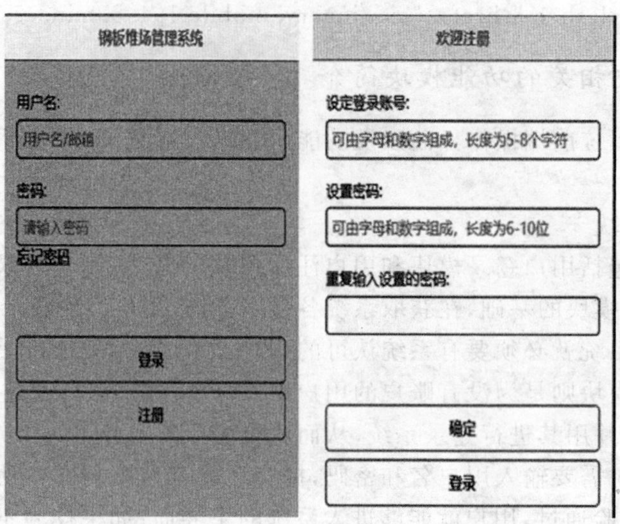

图 15.12　用户登录及用户注册界面

系统登录注册功能函数的部分代码如下：

```
<script? type="text/javascript">
  jQuery(document).ready(function() {
    //输入事件
    $("input[id]").bind("focus",function () {
    if($(this).attr("id")=='username'||$(this).attr("id")=='password')
    $(this).attr("value","");
    });
    …………
    //输入信息验证
    function valid(){
      if($("#username").attr("value")==''||$("#password").attr("value")==
='')
      {
        $.mobile.changePage("content/loginfalse.html","slidedown",true,true);
        return false;
      }
      return true;
    };
…………
```

系统登录界面部分代码如下：

```
<!--登录页面-->
<div data-role="page" id="pageLogin" data-theme="f">
<div data-role="header" data-theme="f">
    <h1 role="heading">钢板堆场管理系统</h1>
```

```
</div>
<div data-role="main" class="ui-content">
    <form method="get" action="">
    <div class="ui-field-contain">
    <label for="name">用户名:</label>
    <input type="text" name="name" id="name" placeholder="用户名/邮箱">
    <br />
<label for="password">密码:</label>
    <input type="password" name="password" id="password" placeholder="请输入密码">
    <div class="form-group">
    <div class="text-primary">
    …………
```

系统注册界面部分代码如下:

```
<! --注册页面-->
<div data-role="page" id="pagetwo" data-theme="g">
    <div data-role="header" data-theme="g">
      <h1>欢迎注册</h1>
    </div>
    <div data-role="main" class="ui-content">
    <form method="get" action="">
    <div class="ui-field-contain">
    <label for="Rname">设定登录账号:</label>
    <input type="text" name="name" id="Rname" placeholder="可由字母和数字组成,长度为5~8个字符">
    <br />
    <label for="Rpassword">设置密码:</label>
    <input type="password" name="password" id="Rpassword" value="" autofocus placeholder="可由字母和数字组成,长度为6~10位">
    <br />
    <label for="Repassword">重复输入设置的密码:</label>
    ………………
```

登录过程中对填写在其中的用户名和密码的判定依据主要来自于后台的数据库,在数据库中包含了全部的合法的用户名密码组合,在代码编写的过程中需要编写相应的功能函数来验证用户名及密码的合法性,只有在用户名和密码合法时才能进入主界面。而在注册过程中,则需要判定用户提供的用户名和密码是否符合所要求的格式,在编写代码的过程中同样需要编写相应的功能函数,当被注册的用户名和密码符合系统所要求的格式时,相关数据就会保存到后台数据库中,以便下次登录,反之系统则会提示注册失败。

(2)操作管理模块

船厂钢板堆场的钢板数量非常大，规格也较多，各种规格的钢板又混合放置，顺序很容易混乱，所以本书所提到的软件系统中对钢板堆场的每一块钢板作了相应的编号，以堆为单位显示在系统的堆界面中。系统主要通过点击选择的操作方式实现了船厂钢板堆场中钢板的入堆、翻堆、出堆等基本操作。

软件系统的操作管理主界面和堆显示界面如图 15.13 所示。操作管理主界面的主体部分显示了各堆以及各堆中钢板的数量，当点击各堆所在的按钮后就会直接进入各个堆的显示界面。在堆显示界面中，用户可以点击具体钢板进行入堆、出堆以及翻堆等基本操作。当操作完成后，堆界面代表钢板的按钮将会被添加或被清除，操作管理主界面各堆中所显示的钢板数也会发生相应的变化。软件系统的操作管理主界面通过后台数据库能够准确地显示出每一堆的钢板数，而通过编写 JavaScript 函数来动态添加和隐藏按钮就能够显示出钢板在各堆中的移入和移出。

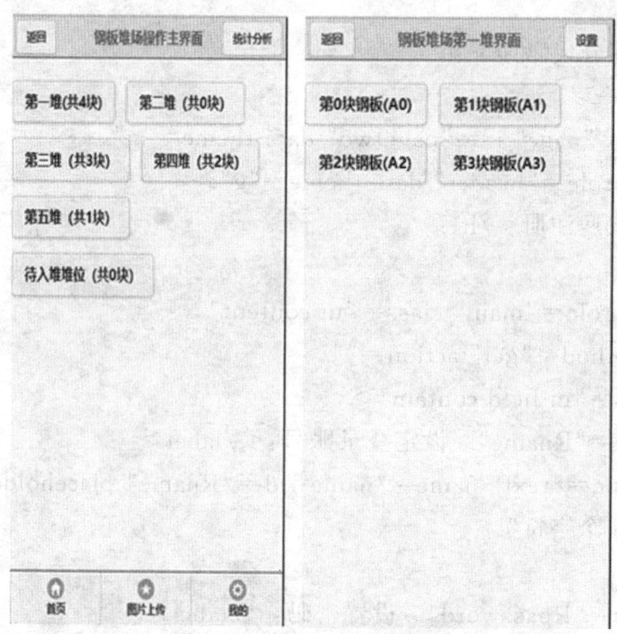

图 15.13　操作管理主界面和堆显示界面

操作管理主界面部分代码如下：

```
<! --操作主界面-->
<div data-role="page" id="pagethree">
<div data-role="header" data-position="fixed" data-theme="h" data-fullscreen="true">
<a href="#pageLogin" data-role="button" data-transition="flow" data-direction="reverse">返回</a>
    <h1>钢板堆场操作主界面</h1>
      <a href="#pagefive">统计分析</a>
</div>
```

```
<div data-role="content">
<br />
…………
```

堆显示界面部分代码如下：

```
<div data-role="page" id="pagefour">
<div data-role="header" data-position="fixed" data-theme="h" data-fullscreen="true">
<a href="#pagethree" data-role="button" data-transition="flow" data-direction="reverse">返回</a>
<h1>钢板堆场堆显示界面</h1>
<a href="#">设置</a>
</div>
<div data-role="content">
<br />
<a href="#popup0" data-rel="popup" data-role="button" button id="d0" data-inline="true">第 0 块钢板(A0)</a>
…………
<div data-role="popup" id="popup0" class="ui-content" style="max-width:280px">
<div data-role="header" data-theme="a" class="ui-corner-top">
<p>请选择相应的操作</p>
</div>
<a href="#" data-rel="back" data-role="button" data-theme="a" data-icon="delete" data-iconpos="notext" class="ui-btn-right">Close</a>
<p>
<button button id="btn1" data-inline="true">出堆</button>
<button button id="btn2" data-inline="true">翻入第二堆</button>
<button button id="btn3" data-inline="true">翻入第三堆</button>
<button button id="btn4" data-inline="true">翻入第四堆</button>
<button button id="btn5" data-inline="true">翻入第五堆</button>
<button button id="btn6" data-inline="true">翻入待入堆</button>
</p>
</div>
…………
<script type="text/javascript">
    $('#btn1').on('click', function () {
        $("#d0").hide();
    });
```

```
</script>
```

(3)统计分析模块

统计分析界面与系统日志相类似，主要功能是把系统中进行过的每一次操作记录下来以备察看。需要记录下来的相关元素有操作序号、被操作钢板编号、操作内容、操作日期、经办人等信息。这些内容将以表格的形式表现出来，每进行一次相关操作，模块后台都会有数据传入，显示界面中的表格内容也会及时地更新。根据钢板编号以及钢板经历的操作内容等相关信息就可以计算出目前项目工程所消耗的钢板量，以便相关人员参考审阅。

这里就需要用到 AJAX 技术，AJAX 是一种用于创建快速动态网页的技术，AJAX 能够在不需要重新加载网页的情况下，动态地更新一部分网页。AJAX 不仅能进行少量的数据交换，还能实现网页的异步更新[107]。AJAX 综合使用了几种已有的技术，在互联网应用上，它是一种新的设计思想和实现方式。AJAX 将页面中需要更新的部分交给服务器去处理，并将处理后的内容返还给客户端浏览器，这样就实现了页面的局部更新，由于 AJAX 只需传送并处理少量的数据，并没有影响到浏览器中整个页面的内容，这样就使页面的互动性、响应速度与便利性得到了提升，大幅改善了网页界面的使用体验。

JQuery 与 AJAX 技术相结合具有一定的优势，有了 JQuery 能够更加便于用户处理 HTML，同时更加便于网站提供 AJAX 交互。JQuery 可以简单化 AJAX 技术的开发模式，保证程序既简洁又易读。JQuery 里面的一些函数，可以使几乎所有类型的工作都变得相对简单。举个例子，将 JQuery 和 AJAX 技术相结合，在使用 load()函数时就能够简单地选择所需的元素。而 JQuery Mobile 使用 AJAX 与在 JQuery 中基本一致。

统计分析界面部分代码如下所示：

```
<div data-role="page" id="pagefive">
    <div id="tip">钢板操作记录(<span class="sj">----</span>)</div>
    <table id="tbStudent" class="table">
    <tr>
    <th><a class="num" href="javascript:" rel="external nofollow">操作序号</a></th>
    <th><a href="javascript:" rel="external nofollow">钢板编号</a></th>
    <th><a href="javascript:" rel="external nofollow">操作内容</a></th>
    <th><a href="javascript:" rel="external nofollow">日期</a></th>
    <th><a href="javascript:" rel="external nofollow">经办人</a></th>
    </tr>
…………
```

统计分析界面如图 15.14 所示。

(4)图片上传模块

图片上传功能主要是将现场的一些相对重要的图片资料上传到资料管理库中以备察看和比对。在钢板堆场的操作主界面尾部功能栏中点击“图片上传”就能进入图片上传界面，图 15.15 显示的就是图片上传的用户操作端界面。带有钢板堆场现场信息或是相关重要资料的图片被上传到后台以后，将被统一汇入到钢板堆场管理的资料库中。

钢板操作记录(----)

操作序号	钢板编号	操作内容	日期	经办人
1031	A41	入堆	180126	李XX
1030	A19	出堆	171221	杨XX
1029	A27	翻堆	171220	李XX
1028	A27	入堆	171212	张XX
1027	A26	入堆	171210	李XX
1026	A22	翻堆	171205	杨XX
1025	A18	出堆	171130	李XX
1024	A19	入堆	171126	张XX
1023	A18	入堆	171118	王XX
1022	A15	出堆	171116	李XX
1021	A15	翻堆	171110	杨XX
1020	A15	入堆	171107	李XX
1019	A13	出堆	171106	王XX
1018	A13	入堆	171031	张XX
1017	A11	入堆	171010	李XX
1016	A6	出堆	171009	王XX
1015	A9	入堆	171007	李XX

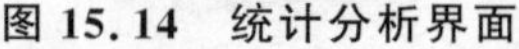

图 15.14　统计分析界面

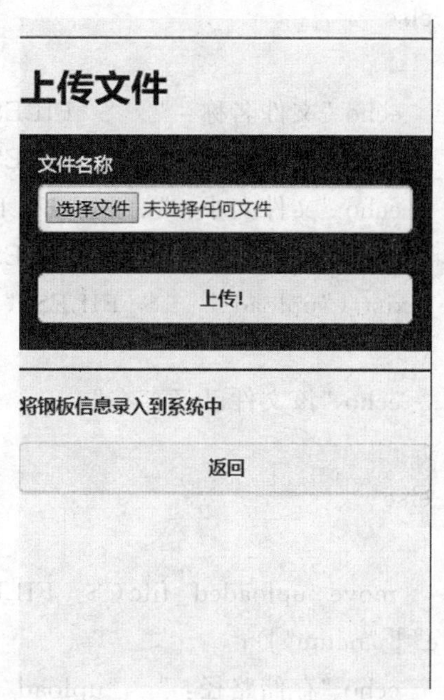

图 15.15　图片上传的用户操作端界面

图片上传技术中用到了 PHP 的一些知识。PHP 是 PHP Hypertext Preprocessor 的缩写,即超文本预处理语言,它是一种服务器脚本语言,内嵌于 HTML 文件中运行,“使用广泛、开源免费、跨平台、动态交互”是其标志性特点,特别适用于 Web 开发[108]。PHP 的优势有:①语言容易学习;②程序开发快速;③PHP 性能稳定;④PHP 功能覆盖全面;⑤软件开源免费,可扩展性好;⑥支持跨平台运行;⑦支持大部分数据库。这也是 PHP 备受广大用户青睐的主要原因之一[109]。所以,PHP 能够与 JQuery Mobile 结合使用来实现上传功能。PHP 软件在 Visual Studio 2017 的资料管理库中就有,需要将其下载到项目的解决方案资源管理器的 scripts 中,还要将相关的脚本引用添加到项目的 index. html 文件中,过程基本上和 JQuery Mobile 库的引入差不多。

图片上传界面的部分代码如下:

```
<! --显示图片信息 -->
<p data-role="page"></p>
<p data-role="header"></p>
<h1>显示 PHP 上传的文件信息</h1>
<p></p><! --/header -->
 <p data-role="content">
    <! --? php
      if ( $ _FILES["file"]["error"] --> 0)
      {
          echo "错误代码:". $ _FILES["file"]["error"]. "<br>";
```

```
        }
        else
        {
          echo "文件名称：". $_FILES["file"]["name"]. "<br>";
          echo "文件类型：". $_FILES["file"]["type"]. "<br>";
          echo "文件大小：".($_FILES["file"]["size"]/1024). " Kb<br>";
          echo "临时路径：". $_FILES["file"]["tmp_name"]. "<br>";
    if (file_exists("upload/". $_FILES["file"]["name"]))
        {
          echo "该文件已经存在";
        }
        else
        {
          move_uploaded_file($_FILES["file"]["tmp_name"],"upload/". $_
FILES["file"]["name"]);
          echo "存储路径：". "upload/". $_FILES["file"]["name"];
        }
    }
    ?>
    </p><! --/content -->
    ......
```

(5)离线存储模块

一般来说，船厂钢板堆场现场的网络环境并不是很稳定，操作过程中的一些数据和界面需要在没有连接网络的情况下储存下来，同时上传的文件也需要进行本地储存，所以系统需要具有离线储存的功能。根据船厂钢板堆场的实际情形的需要，系统主要通过 webstorage 中的 localStorage 来实现数据在离线状态下的有效存储。系统能够将操作界面生成 HTML 文件并通过本地存储将其储存下来。localStorage 相对于 cookie 来说存储空间是很大的，最大限制是 5MB 左右，只要不是手动删除，数据是可以一直存在的。但是 localStorage 也有着同源策略的限制，不能跨域访问。本书所开发的混合应用程序除了可以利用 localStorage 实现本地存储之外，还可以支持通过本地数据库进行本地数据存储。

离线存储功能相关代码如下：

```
<div data-role="page" id="pageseven">
<div data-role="header" data-position="fixed" data-theme="h" data-fullscreen="
true">
<div id="file-div" data-theme="h">
<input type="file" name="inputfile" accept="text/plain, text/css, text/html,
text/javascript, text/markdown" />
```

```
<textarea name="filereader" placeholder="请选择 jpg、txt、js、css 或 html 文件，文件内容会被自动读取"></textarea>
<button type="button" name="storebutton">本地存储</button>
<button type="button" name="clearbutton">清除存储</button>
<a href="#pagethree" data-role="button" data-transition="flow" data-direction="reverse">返回</a>
</div>
<script>
window.onload = function () {
        var text = document.getElementsByName('filereader')[0],
        inputFile = document.getElementsByName('inputfile')[0],
        storeButton = document.getElementsByName('storebutton')[0],
        clearButton = document.getElementsByName('clearbutton')[0];
            // 检测 localStorage 中是否已有缓存
        if (window.localStorage.getItem('textareaStorage')) {
        alert('检测到本地存储的文件，已为您自动恢复');
      text.value = window.localStorage.getItem('textareaStorage');
            }
storeButton.onclick = function () {
      window.localStorage.setItem('textareaStorage', text.value);
                alert('保存成功');
 ……
 <script>
 function fake_click(obj) {
        var ev = document.createEvent("MouseEvents");
        ev.initMouseEvent(
        "click", true, false, window, 0, 0, 0, 0, 0, false, false, false, false, 0, null
        );
        obj.dispatchEvent(ev);
        }
 function export_raw(name, data) {
        var urlObject = window.URL || window.webkitURL || window;
        var export_blob = new Blob([data]);
        ……
        save_link.href = urlObject.createObjectURL(export_blob);
        save_link.download = name;
```

```
fake_click(save_link);
}
var test=document.getElementsByTagName('html')[0].outerHTML;
  console.log(test);
……
```

离线存储操作界面如图 15.16 所示。

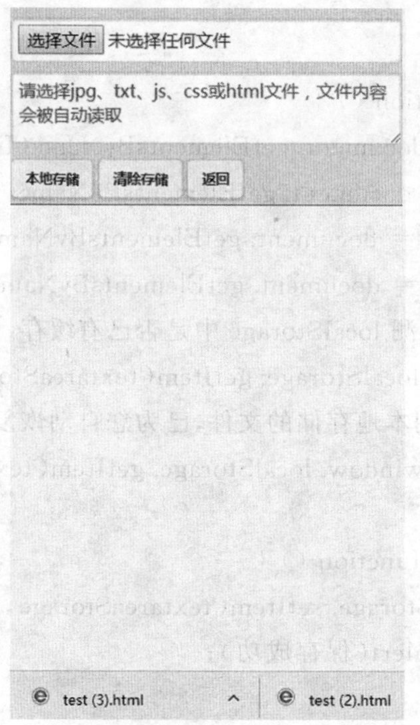

图 15.16　离线存储操作界面

15.5　系统效果

15.5.1　系统相关模块测试

(1)操作管理模块测试

操作管理模块主要是用来实现堆操作的。堆操作是船厂钢板堆场日常工作中最基本的也是最主要的操作。堆操作主要分为入堆操作、出堆操作和翻堆操作。而翻堆操作就是从某一堆中先出堆，再进入到另一堆中。下面主要就出堆操作和翻堆操作来进行测试。

登录系统后进入堆操作主界面，界面上显示出每一堆中所剩余的钢板数，点击第一堆则进入第一堆钢板的显示界面，堆操作主界面如图 15.17 所示，第一堆界面如图 15.18 所示。

点击“第 0 块钢板(A0)”则弹出对话框，选择出堆，操作完成后堆操作主界面中第一堆显示少了一块，第一堆界面中则 A0 钢板消失，如图 15.19、图 15.20 和图 15.21 所示。

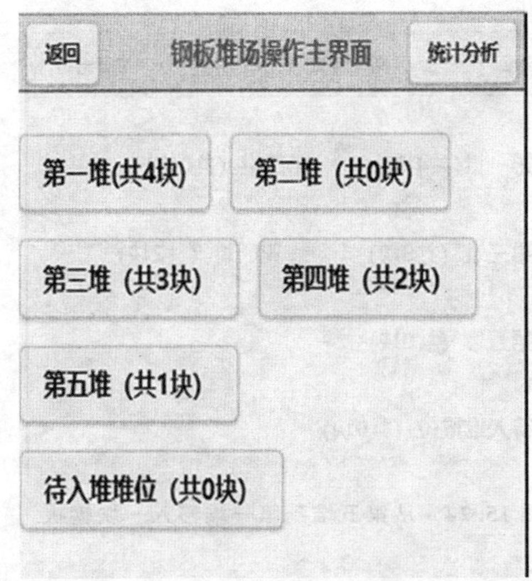

图 15.17　堆操作主界面

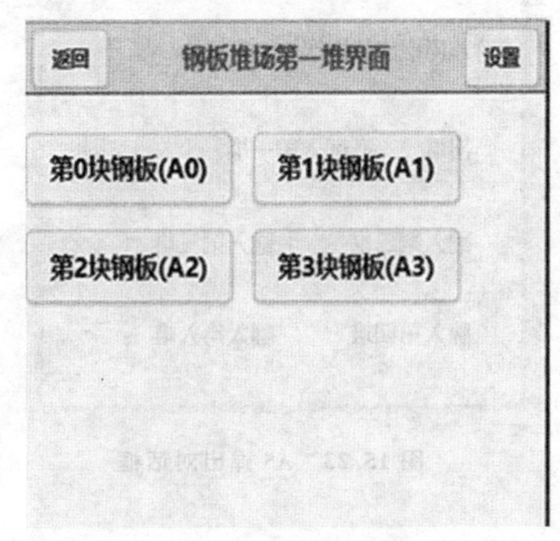

图 15.18　第一堆界面

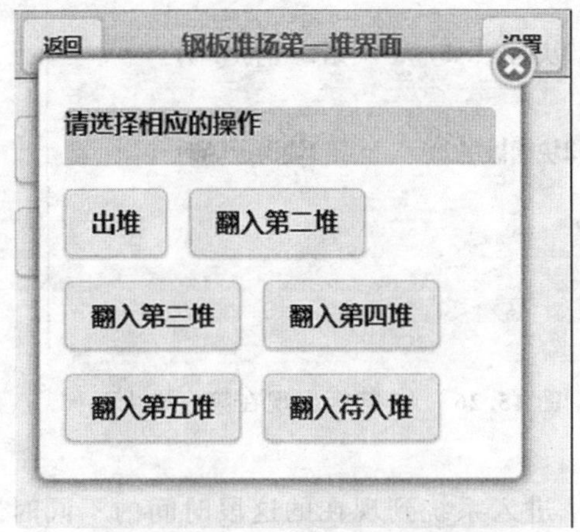

图 15.19　A0 弹出对话框

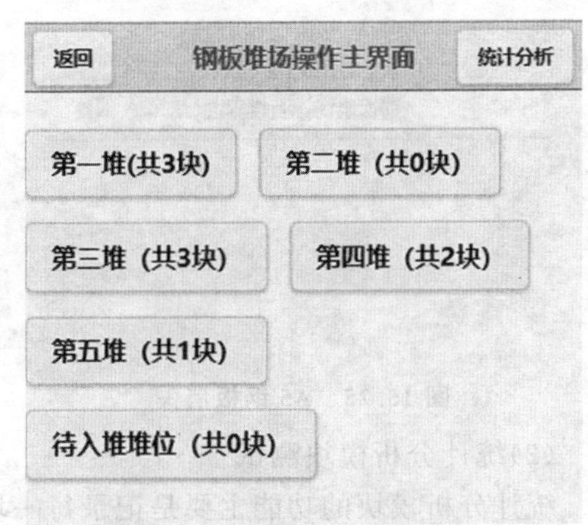

图 15.20　第一堆钢板数减少

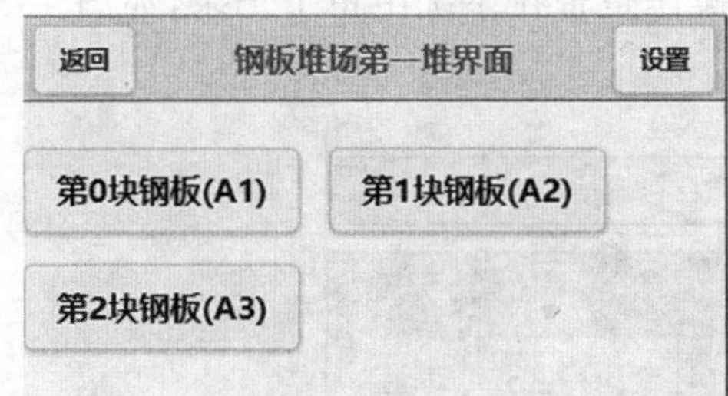

图 15.21　A0 钢板消失

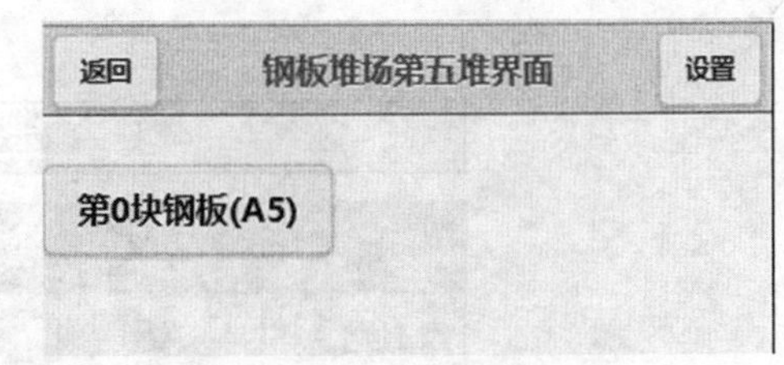

图 15.22　第五堆界面

下面将测试翻堆操作。在钢板堆场操作主界面中点击“第五堆”进入第五堆界面，在此界面中点击“第 0 块钢板(A5)”，同样弹出对话框，如图 15.22 和图 15.23 所示。

然后点击“翻入第一堆”，操作完成后钢板堆场操作主界面中第一堆显示多了一块，第五堆显示少了一块，第五堆界面中 A5 钢板消失，而 A5 钢板却出现在第一堆中，如图 15.24、图 15.25 和图 15.26 所示。

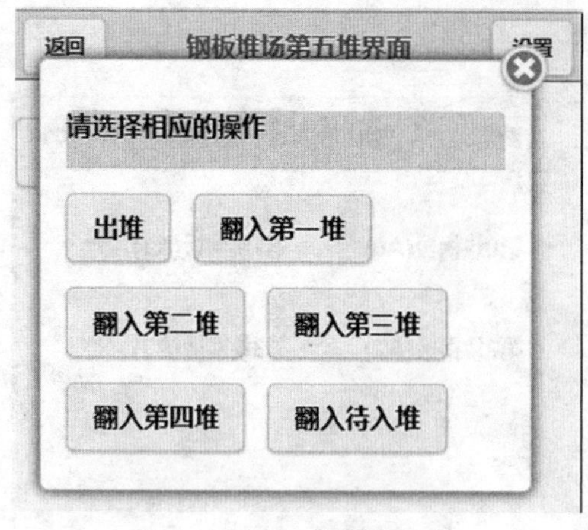

图 15.23　A5 弹出对话框

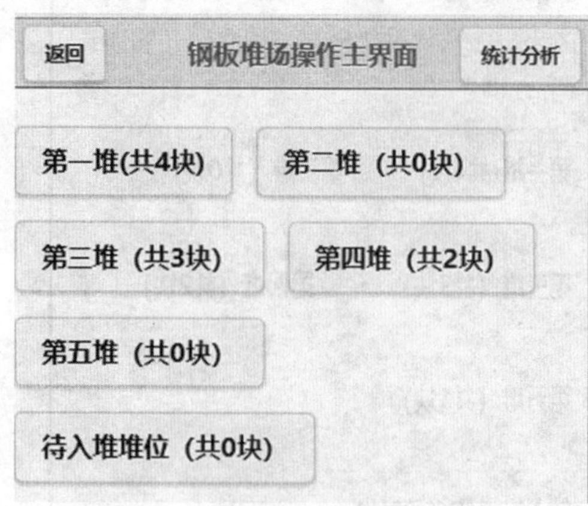

图 15.24　从第五堆到第一堆移入一块钢板

图 15.25　A5 钢板消失

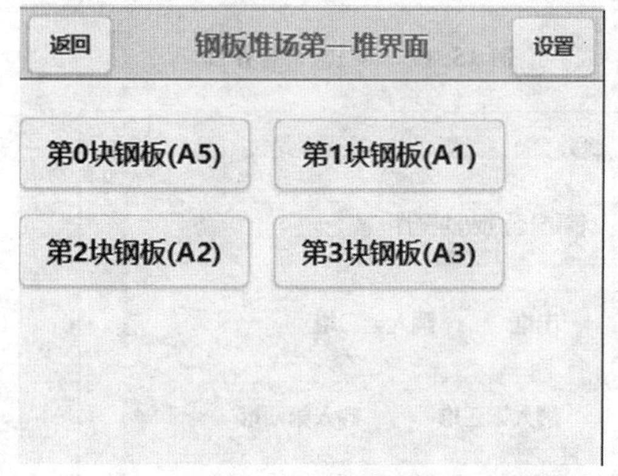

图 15.26　A5 钢板出现在第一堆中

(2)统计分析模块测试

统计分析模块的功能主要是记录每一块钢板从进入系统到现在的这段时间内不同时间点所经历的每一个操作步骤。之前在操作管理模块测试中刚刚完成了钢板 A0 的出堆操作和钢板 A5 的翻堆操作，接下来就看一看刚才的操作是否在系统中留下记录，如图 15.27 所示。

钢板操作记录(----)

操作序号	钢板编号	操作内容	日期	经办人
1033	A5	翻堆	180226	李XX
1032	A0	出堆	180226	李XX
1031	A41	入堆	180126	李XX
1030	A19	出堆	171221	杨XX

图 15.27　统计分析模块功能测试

(3)图片上传模块测试

下面进行图片上传测试，在钢板堆场操作主界面中点击“图片上传”就会进入图片上传界面，如图 15.28 和图 15.29 所示。

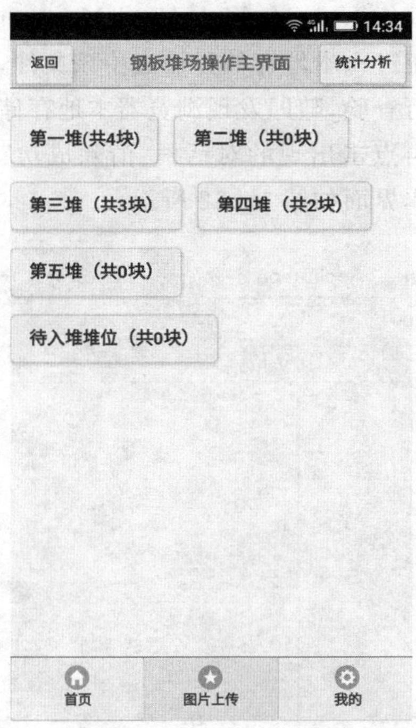

图 15.28　操作主界面

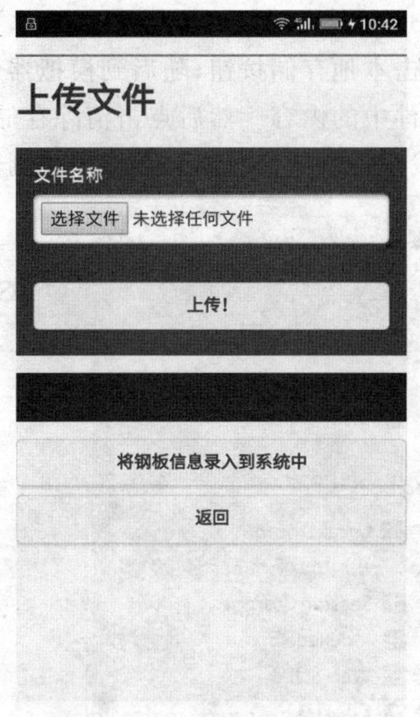

图 15.29　图片上传界面

如图 15.30 所示，点击“选择文件”，界面就会切换到便携设备的图片选择界面，选中图片后则返回图片上传界面。

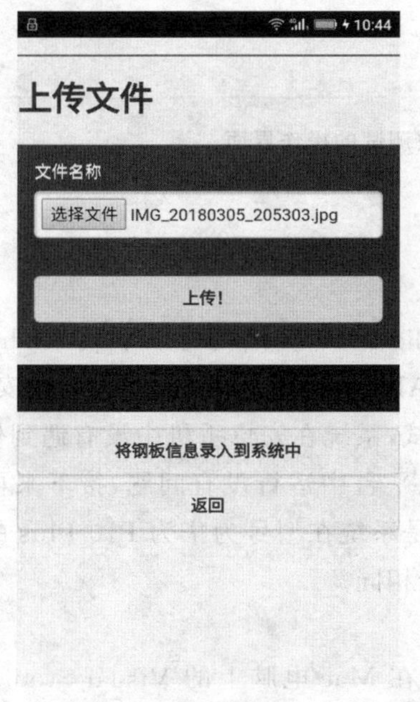

图 15.30　选择文件上传

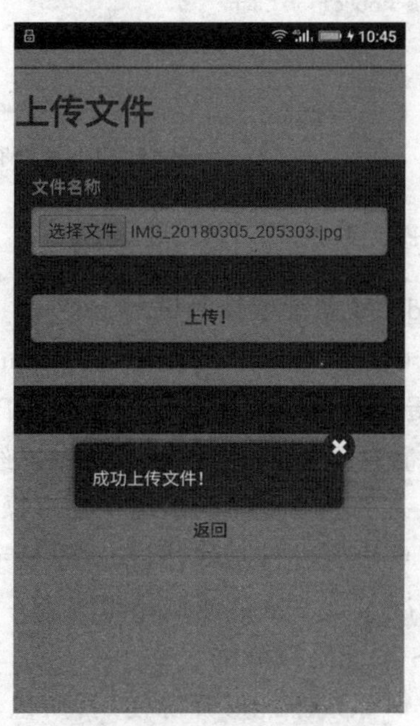

图 15.31　成功上传文件

如图 15.31 所示，点击“上传”，之后显示上传成功。

(4)离线存储模块测试

离线存储主要是在 Visual Studio 2017 的模拟器中进行，首先打开该工具平台模拟器，再建立一个 txt 文件，文件内容为“Development of Steel Stacking Yard Management System Based on Portable Mobile Devices”，登录系统进入本地存储界面选中该文件，在离线的状态下点击本地存储按钮，随后到模拟器后台进行查验，随即发现浏览器本地存储中果然保存着该文件中的内容。然后点击清除存储按钮，再点击出现的对话框“清除成功”中的确定键以后，发现记录消失。离线存储模块测试的操作界面如图 15.32 所示。

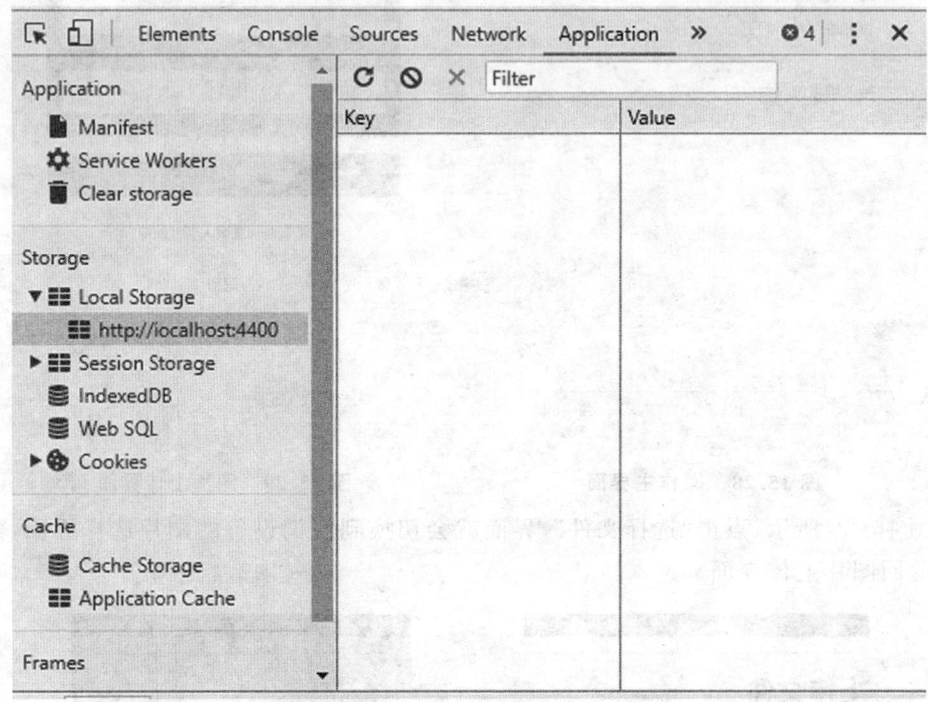

图 15.32　离线存储模块测试的操作界面

15.5.2　系统跨平台测试

(1)Android 系统模拟测试

由于安卓系统可以开源使用，在 Visual Studio 2017 直接就可以下载 Android 生成工具，然后再导出 Android 手机的安装包 APK，将 APK 传入型号为金立 F100 的安卓手机，解压之后可以直接运行，如图 15.33 所示。经过测试，系统在安卓手机中没有遇到任何障碍而完美运行。为了进一步确认系统在安卓操作系统平台中运行没有问题，接下来再选择另一种型号的安卓手机进行测试，图 15.34 显示的就是系统在型号为华为 P10 Plus 的安卓手机中运行的情况。这一次的测试结果与上一次完全相同。

(2)IOS 系统模拟测试

由于 IOS 系统不能够开源使用，所以必须要在 Mac 电脑上的 Visual Studio 中才能下载 IOS 生成工具，从而导出 IOS 便携设备的安装包 IPA，而且开发一款 IOS 应用程序需要提交申请。因为上面所说的原因，所以这里决定利用 Visual Studio 2017 中的浏览器模拟来实现测试，如图 15.35 所示。

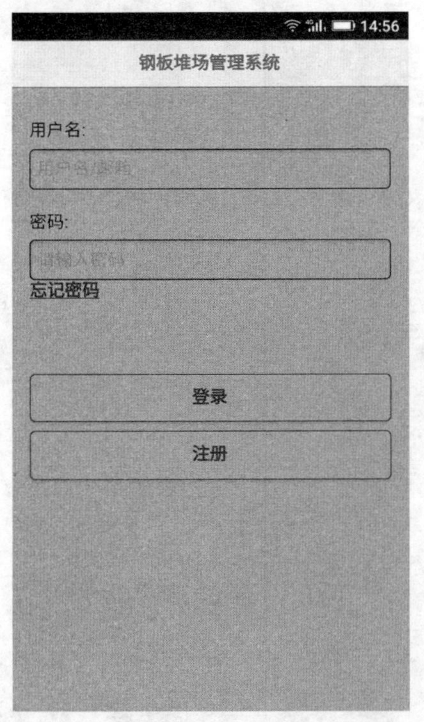

图 15.33　系统在金立 F100 安卓手机中运行

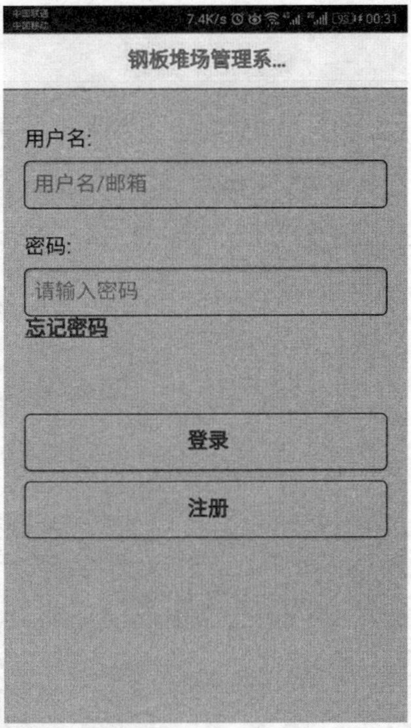

图 15.34　系统在华为 P10 Plus 安卓手机中运行

图 15.35　IOS 浏览器模拟

在浏览器中模拟显示，系统运行流畅，只是版面颜色并没有显示出来，如图 15.36 所示。

(3)Windows 系统模拟测试

软件系统在装有 Windows 10 系统的计算机中同其他应用程序一样以窗口的形式运行，经过测试，像在安卓系统中一样，系统完美运行，如图 15.37 所示。

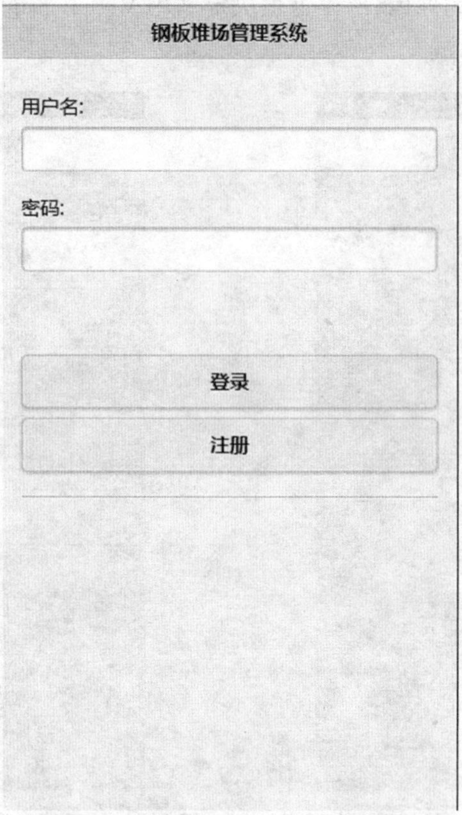

钢板堆场管理系统

用户名:

密码:

登录

注册

图 15.36　系统在 IOS 环境中运行

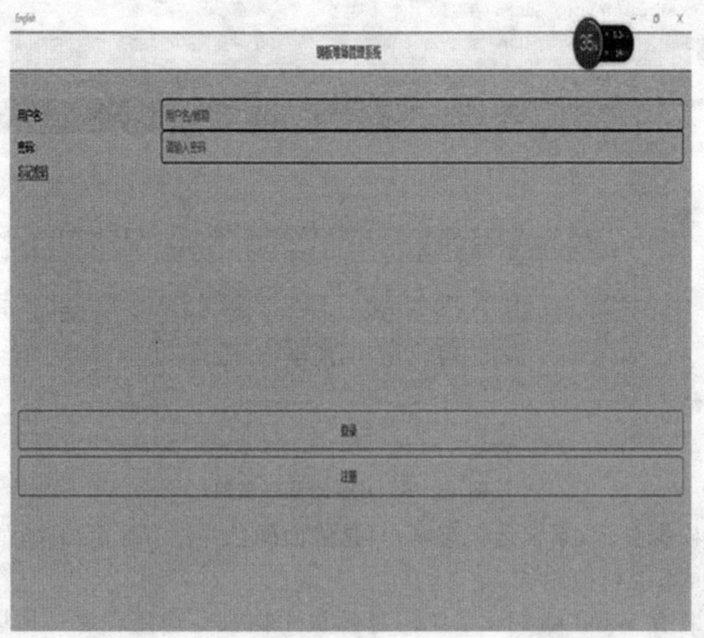

图 15.37　系统在计算机 Windows 10 中运行

15.5.3 钢板堆场管理电脑端系统

(1)将数据导出到平板电脑

在平板电脑单机模式下，要使用系统，需要在上、下午上班最初，在平板电脑上以非单机模式连接系统(连接到公司局域网)，再将数据下载到本地平板电脑，关闭系统，将平板电脑带到生产现场以平板模式运行。在生产现场运行结束后，再回到办公室重新以电脑模式连接到公司系统，并将数据导回到公司服务器。为了防止误操作，系统在平板电脑上保存有当前导出数据的日期信息，如果发现日期信息与系统当前日期信息不一致，会拒绝使用。平板电脑管理系统界面如图 15.38 所示。

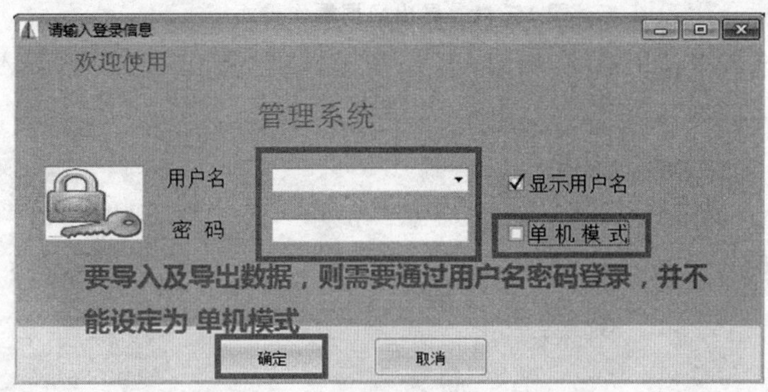

图 15.38 平板电脑管理系统界面

(2)导入钢板送货数据

导入钢板送货数据如图 15.39、图 15.40 所示。

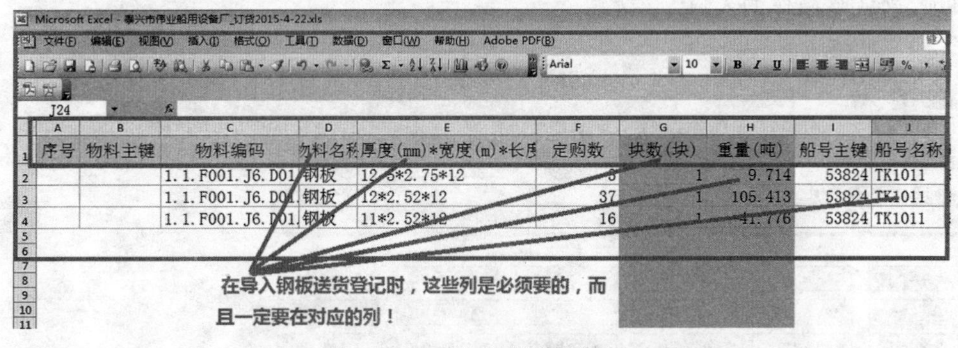

序号	物料主键	物料编码	物料名称	厚度(mm)*宽度(m)*长度	定购数	块数(块)	重量(吨)	船号主键	船号名称
		1.1.F001.J6.D01	钢板	12.5*2.75*12	3	1	9.714	53824	TK1011
		1.1.F001.J6.D01	钢板	12*2.52*12	37	1	105.413	53824	TK1011
		1.1.F001.J6.D01	钢板	11*2.52*12	16	1	41.776	53824	TK1011

图 15.39 导入钢板送货数据 1

定购数	块数(块)	重量(吨)	船号主键	船号名称	适用船舶区域	发货单位	运输船号/车号	发货时间	共应商编号
3	1	9.714	53824	TK1011	999	泰兴市伟业船用设备厂			2260
37	1	105.413	53824	TK1011	999	泰兴市伟业船用设备厂			2260
16	1	41.776	53824	TK1011	999	泰兴市伟业船用设备厂			2260

在导入钢板送货登记数据时，这些列是一定要有数据的，而且要在对应列上！

图 15.40 导入钢板送货数据 2

(3)钢板堆场管理

从公司局域网导出数据到平板电脑的操作界面如图 15.41 和图 15.42 所示,先要以电脑模式连接系统,再在操作界面上点击“导出数据”菜单项。

图 15.41 导出数据操作界面 1

如果以平板模式来使用系统,如图 15.42 所示,这个“导出数据”和“导入数据”两个菜单项是不能操作的。

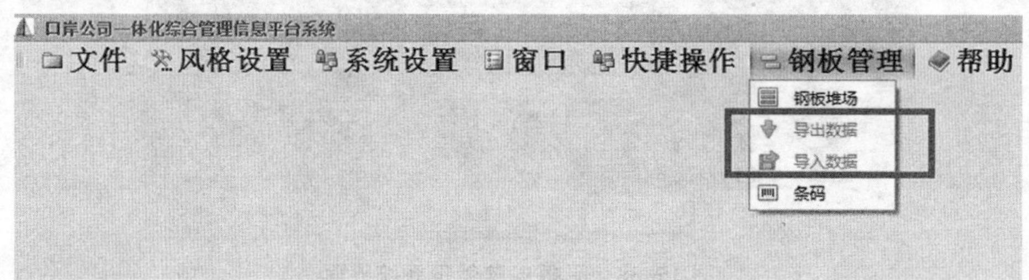

图 15.42 导出数据操作界面 2

如图 15.43 所示,以平板模式来使用系统时,在“钢板管理”菜单项下有“钢板堆场”这个子菜单项,这就是操作的入口。

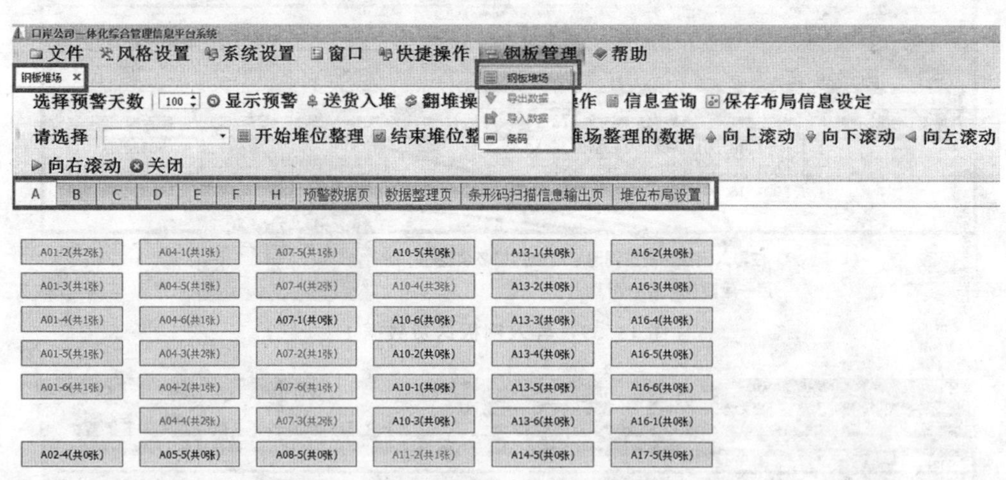

图 15.43 “钢板堆场”子菜单项

在 15.43 所示界面上点击“送货入堆”按钮,出现图 15.44 所示的钢板入堆操作界面。图 15.44 左侧是所有当前已经导入了送货登记信息,还没有设定对应堆位的钢板,图 15.44 右侧则是当前的钢板堆场的示意图。

图 15.44　钢板入堆操作界面

如图 15.45 所示，为了增加在平板电脑上操作的方便性，系统增加了 4 个调整堆位区显示的按钮，可以方便快速地调整堆位区的显示。

图 15.45　调整堆位区显示的按钮

如图 15.46～图 15.49 所示，在入堆操作时，可以根据船号对左侧的数据进行过滤。

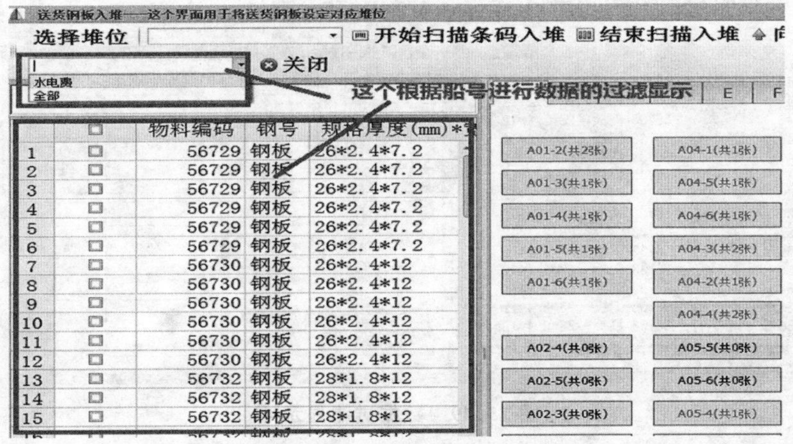

图 15.46　数据过滤显示 1

图 15.47　数据过滤显示 2

图 15.48　数据过滤显示 3

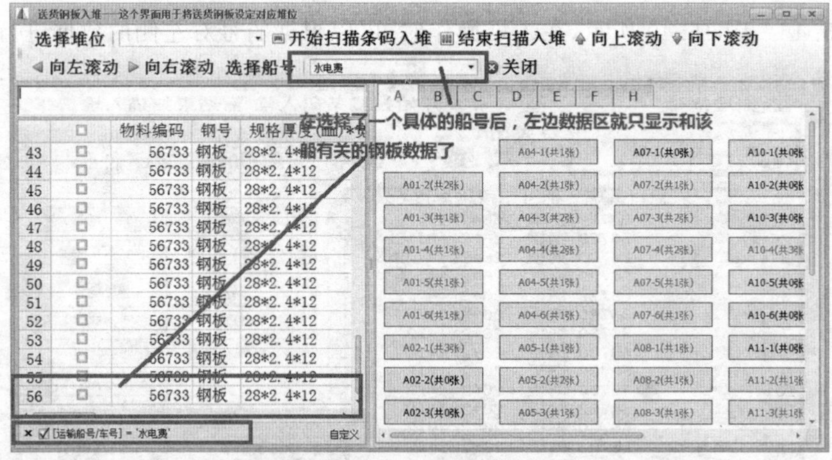

图 15.49　数据过滤显示 4

如图 15.50 所示，因为在平板电脑上显示时，窗体的关闭按钮通常很小，操作不方便，因此在系统界面上都增加了“关闭”按钮。整个系统的关闭可以点击“文件”菜单下的“退出”。

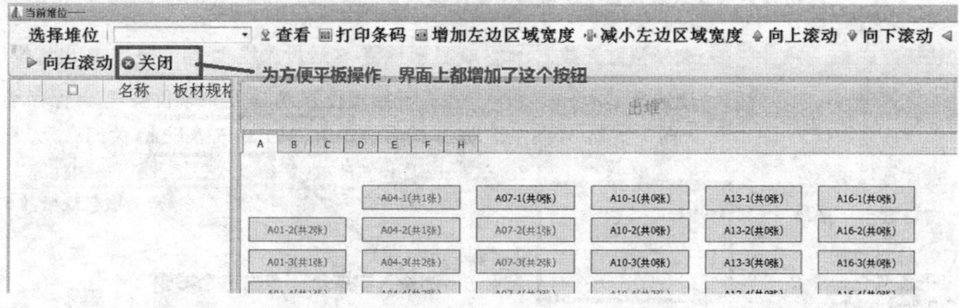

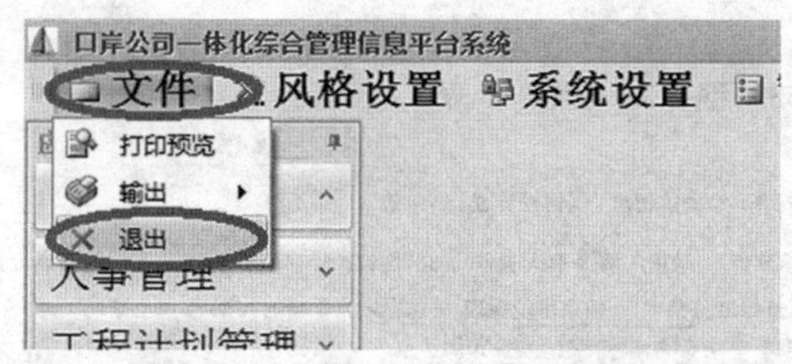

图 15.50　关闭和退出

①根据输入值入堆的操作方法

在电脑上以网络模式运行系统(非单机模式),根据输入值进行钢板入堆的操作步骤如图 15.51～图 15.54 所示。

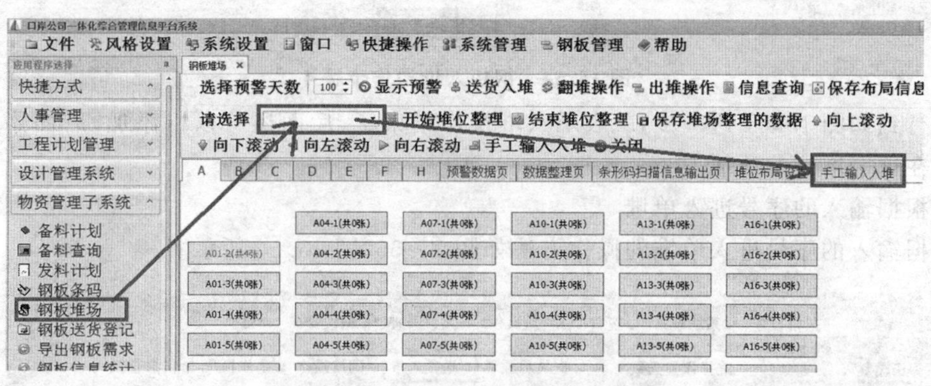

图 15.51　钢板入堆操作步骤 1

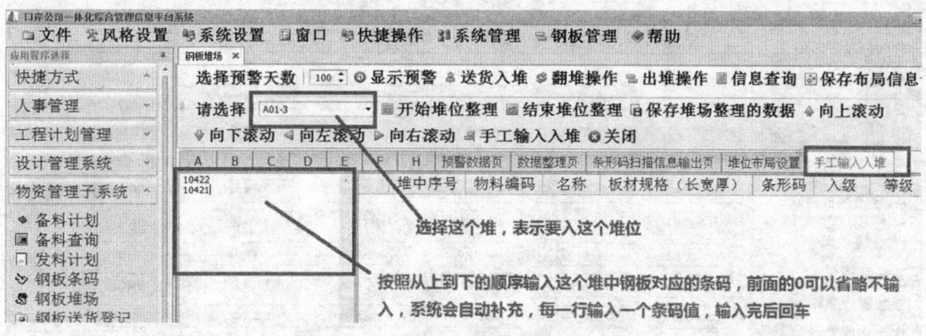

图 15.52　钢板入堆操作步骤 2

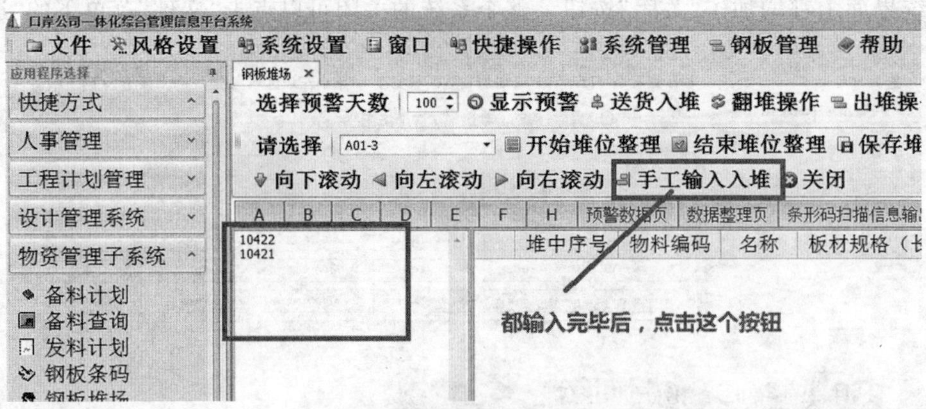

图 15.53 钢板入堆操作步骤 3

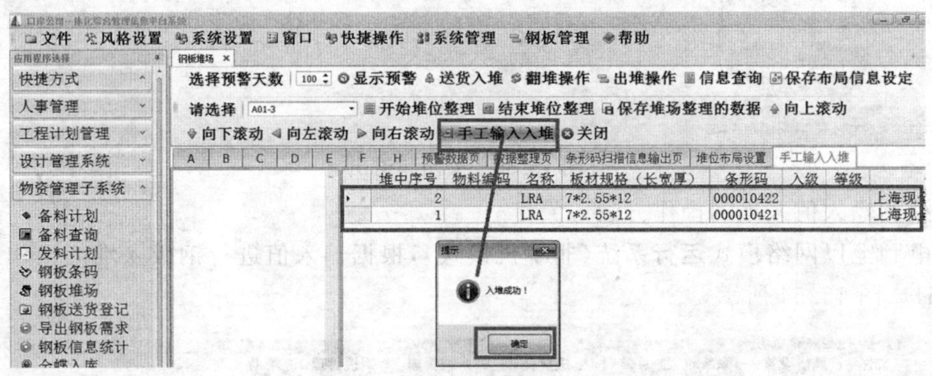

图 15.54 钢板入堆操作步骤 4

执行到如图 15.54 这一步，就表示入堆操作结束了，后面还可以再添加，后面添加的钢板会放在这个堆位的顶部。

②根据输入的序号进入单堆

根据输入的序号进入单堆的操作方法如图 15.55、图 15.56 所示。

图 15.55 根据输入的序号入堆操作 1

图 15.56　根据输入的序号入堆操作 2

③信息检索的操作方法

检索某种特定的钢板目前在堆位中的情况，其操作方法如图 15.57、图 15.58 所示。

图 15.57　检索特定钢板操作 1

图 15.58　检索特定钢板操作 2

参考文献

[1]杨春.口岸公司基于异质产品竞争的企业发展战略研究[D].上海:复旦大学,2013.

[2]殷文伟.金融危机下我国地方船舶工业发展对策[J].海洋开发与管理,2009,26(4):93-96.

[3]中国船舶工业行业协会,《广东造船》编辑部.全国上半年造船完工量同比大幅增长[J].广东造船,2017,36(4):84.

[4]民生轮船股份2012招股说明书[EB/OL].http://www.doc88.com/p-593322582713.html.

[5]国家安全生产监督管理局.中华人民共和国船舶最低安全配员规则[J].中国海商法研究,1997(1):410-418.

[6]2012年中国航运行业发展壁垒分析[EB/OL].http://www.docin.com/p－450828866.html.

[7]杜旭丰,赵楠.关于洋山港提升国际集装箱中转能力的探讨[J].中国港口,2012(11):23-26.

[8]王淑梅,汪洋,李兵.指导案例16号《中海发展股份有限公司货轮公司申请设立海事赔偿责任限制基金案》的理解与参照[J].人民司法,2013(15):38-42.

[9]周安宁.我国集装箱班轮运输中日航线“负运费”价格竞争分析[J].华东经济管理,2007,21(6):114-117.

[10]杨春.中小船舶企业异质化产品发展战略研究[J].船海工程,2015(2):78-81.

[11]刘学航,邓剑波.船舶制造业国际转移影响因素研究——韩国经验及对我国的启示[J].商场现代化,2010(3):86-88.

[12]稿件中国船舶报.2014年船舶工业行业发展情况[J].中国海事,2015(3):40-41.

[13]张成.国际干散货运输市场的中国因素研究[D].大连:大连海事大学,2006.

[14]2017年上半年船舶工业经济运行情况[EB/OL].http://www.eworldship.com/html/2018/LocalShipbuilding_0124/135940.html.

[15]中国船舶工业发展历程简述[EB/OL].http://www.doc88.com/p-6909856487895.html.

[16]曹霞,喻登科,刘希宋.日、韩支持船舶配套业发展的做法及启示[J].经济纵横,2008(12):113-116.

[17]沈闻孙,刘宝钧,李琦.中国船舶工业信息化建设发展研究[J].造船技术,2009(1):1-4.

[18]姚勇.新一轮区域经济浪潮兴起特征、发展动因及前景[J].商业经济研究,2016(8):206-208.

[19]郁世怡.上海市信息化与工业化融合推进策略研究[D].上海:上海交通大学,2013.

[20]廖军.公路交通信息资源整合及系统实现研究[D].西安:长安大学,2009.

[21]孙东生.船舶工业信息技术发展历程和信息整合途径[J].造船技术,2003(4):1-2.

[22]《船舶物资与市场》编辑部.四部委发布《高端装备创新工程实施指南》多项创新工程助力造船强国建设[J].船舶物资与市场,2016(4).

[23]任南,刘建一,苏翔,等.我国实现数字化造船的关键因素及解决途径研究[J].科技管理研究,2009,29(4):169-170.

[24]张岩.中国船舶行业信息化健康状况解析[J].微型机与应用,2008(9):50-56.

[25]田芳,许生龙.民营企业文化建设研究[J].科技创业月刊,2007,20(4):140-141.

[26]高倩.船体内业无纸化作业系统研究[D].镇江:江苏科技大学,2013.

[27]凌慧.金融危机对造船业的影响及对策[J].经济师,2009(7):41-42.

[28]周茜.船舶市场面临的挑战及发展对策[J].环球市场信息导报,2013(8):39.

[29]赵天杭.现代金融风险管理管窥[J].东方企业文化,2013(15).

[30]邓云飞.浅谈全面成本管理在企业中的应用[J].中国经贸,2014(12):61-62.

[31]王吉武.低迷市场赢家策略[J].中国船检,2013(2):36-38.

[32]王吉武.船舶产业演绎新特点激流勇进智者赢——2012年世界船舶产业发展回顾及2013年展望[J].广东造船,2013,32(1):25-26.

[33]莫鉴辉.国际船舶标准的发展对船舶工业的影响分析[C]//中国造船工程学会优秀学术论文集,2011.

[34]杨忠民,李路.船舶规范标准发展和转型[C]//长三角地区船舶工业发展论坛,2011.

[35]国务院公布船舶工业转型升级方案:让技术创新的企业生存[EB/OL].http://www.guancha.cn/Industry/2013_08_04_163425.shtml.

[36]孙玲芳,王成文.后危机时期钢铁对船舶报价的影响及策略分析[J].商业经济,2012(18):23-25.

[37]高雯,史媛媛,吕佳蕊,等.人民币升值带来的压力[J].科学技术创新,2010(35):157.

[38]余倩,邓柯.服务采购成本界定初探[J].中国政府采购,2011(1):64-65.

[39]高健.金融危机冲击下造船企业的船舶融资决策[D].大连:大连海事大学,2011.

[40]李毅中.海工装备订单额持续攀升　船舶工业总产值增速趋缓[J].工程机械,2015.

[41]徐德林.国有企业降本增效措施研究与弊端分析[J].人力资源管理,2017(4):32-33.

[42]任慎严.我国半导体元器件企业销售渠道研究[D].北京:北京交通大学,2014.

[43]申雪.人才结构对经济发展的影响分析[J].经济研究导刊,2011(33):96-97.

[44]李洪新.我国企业人才结构和职工收入的经济研究——以煤炭企业为例[J].消费导刊,2009(5):87.

[45]刘忠印.供给侧改革与人力资源管理策略的调整及选择[J].企业改革与管理,2016(19):68-69.

[46]王仕卿,宋建林,李景元.谈精益生产方式在车间生产中的作用[J].现代班组,2005

(1):4-7.

[47]孙杰贤.中国和新加坡的数字共融[J].中国信息化,2014(1):12-13.

[48]罗四夕.CIM/CIS标准在电力企业信息化领域中的应用[J].电力信息与通信技术,2005,3(10):19-21.

[49]董丽英.初探企业文化与企业成功的关系问题[J].中国商论,2010(22):92-93.

[50]信息化和工业化融合发展规划(2016—2020)[EB/OL].http://www.miit.gov.cn/newweb/n1146295/n1652858/n1652930/n3757016/c5338237/content.html.

[51]佚名.两化融合十三五规划发布 2020年工业电商交易额破10万亿[J].信息技术与信息化,2016(11):15.

[52]佚名.七项任务六大工程五项措施 "十三五"两化深度融合新格局初现[J].现代制造技术与装备,2016(11).

[53]两化融合发展规划(2016—2020年)[EB/OL].http://news.hexun.com/2016-11-07/186779032.html.

[54]魏森森.信息化与工业化融合过程中存在的问题及对策分析[J].品牌(下半月),2015(4).

[55]郁世怡.上海市信息化与工业化融合推进策略研究[D].上海:上海交通大学,2013.

[56]韩伟.信息化与工业化融合内涵初探[J].中小企业管理与科技(下旬刊),2013(9):125-126.

[57]许光鹏,郑建明.推进信息化与工业化融合的策略和对策研究[J].新世纪图书馆,2011(10):3-6.

[58]刘峰.船舶技术发展动态[J].机电一体化,2010,16(12):4-9.

[59]周炽炜,刘博巍.国外造船信息化综述[J].造船技术,2012(5):16-19.

[60]姜上泉.企业常用的五种赢利战略[J].网印工业,2014(8):43.

[61]课题组.信息化和工业化融合发展:上海的思路和重点[J].科学发展,2010(6):54-63.

[62]高占林.我国信息化和工业化深度融合的措施[J].天水行政学院学报,2013(5).

[63]叶帆.推动"两化"深度融合 加快转变发展方式[J].科技和产业,2011,11(3):85-87.

[64]孙志恒.推进两化融合实现山东经济社会又好又快发展[J].信息技术与信息化,2008(4):1-3.

[65]陈震宁.提升企业信息化与工业化融合水平[J].江苏企业管理,2011(1):8-9.

[66]本刊讯.国务院印发《关于深化"互联网+先进制造业"发展工业互联网的指导意见》[J].中国品牌与防伪,2017,38(23):12.

[67]佚名.国务院关于深化"互联网+先进制造业"发展工业互联网的指导意见[J].中华人民共和国国务院公报,2017(34):12-20.

[68]本刊综合报道.构建支撑产业发展的"低时延、高可靠、广覆盖"网络 解读《深化"互联网+先进制造业"发展工业互联网的指导意见》[J].中国科技产业,2017(12):86-87.

[69]工信部解读《深化"互联网+先进制造业"发展工业互联网的指导意见》[EB/OL].

http://www.zjjxw.gov.cn/art/2017/11/7/art_1087014_12723250.html.

[70]田洪川,刘钊,金永花.加快工业互联网平台布局 深化制造业与互联网融合发展[J].现代电信科技,2017,47(6):10-12.

[71]崔福云.企业网络安全建设方法初探[J].网络安全技术与应用,2009(11):38-39.

[72]TC 标委会,中国机电一体化协会.两化融合评估标准正式通过国际标准立项[J].电信工程技术与标准化,2017,39(6):6.

[73]信息化和工业化融合管理体系[EB/OL].https://wenku.baidu.com/view/b00aa6ea90c69ec3d4bb75a3.html.

[74]白琬铭.两化融合管理体系建设[J].中国船检,2015(3):105-107.

[75]童有好.信息化与工业化融合的内涵、层次和方向[J].信息技术与标准化,2008(7):4-6.

[76]外高桥造船驶上"信息高速路"[EB/OL].http://www.chinashipnews.com.cn/show.php?contentid=4092.

[77]中远川崎:"两化"融合结硕果[EB/OL].http://www.chinashipnews.com.cn/show.php?contentid=4900.

[78]田兵,李冬,王勇,等.电力企业两化融合建设发展的经验研究[C]//电力行业信息化优秀论文集 2014——2014 年全国电力行业两化融合推进会暨全国电力企业信息化大会获奖论文.2014.

[79]康进港.两化深度融合,贯标问题凸显[J].中国机电工业,2017(1):80-82.

[80]唐聪.DT 时代的造纸企业信息化实践[J].造纸信息,2016(2):23-29.

[81]周剑.解读两化融合管理体系九项管理原则[J].信息化建设,2014(5):15-18.

[82]刘九如."企业两化融合管理体系"框架研究[J].中国信息化,2013(16):64-68.

[83]周剑.企业两化融合管理体系构建研究[J].产业经济评论,2013(11):16-26.

[84]牛丽丽,张华江,徐圣霞.湖北汉江生态经济带体育产业发展战略 SWOT 分析[J].湖北文理学院学报,2015,36(10):27-32.

[85]刘丹丹.NET 平台下可扩展式修船资源管理系统的若干关键问题[D].武汉:武汉理工大学,2013.

[86]陈曦.面向中小船厂物料管理系统研究[D].武汉:武汉理工大学,2010.

[87]唐鸿儒,曹卫.船厂物资管理系统研制[J].江苏船舶,1998(3):33-36.

[88]王志勇.青岛 CSSQ 船舶重工物料管理系统绩效分析[D].青岛:中国海洋大学,2014.

[89]刘杰,刘丹丹,金勇.可扩展式修船资源管理系统关键技术研究[J].船海工程,2013,42(05):76-79.

[90]王长生.软件可扩展性设计与实现[D].成都:电子科技大学,2006.

[91]徐萍.造船厂钢板入库作业优化及钢板管理信息系统开发[D].镇江:江苏科技大学,2011.

[92]聂启阳.基于 HTML5 的政府移动 OA 系统设计与实现[J].网络安全技术与应用,2014(7):41.

[93]李楠.智能手机的火狐操作系统市场推广策略研究[D].北京:北京邮电大学,

2014.

[94]赖海明.互联网文档分享平台设计与实现[D].厦门:厦门大学,2014.

[95]常莹.基于HTML5的文档大纲分析器的设计与实现[D].长春:吉林大学,2015.

[96]张红琴,杨省伟.基于CSS+JavaScript的网页下拉菜单的设计与研究[J].苏州大学学报(工科版),2012,32(2):61-66.

[97]张红琴,陈焕英.基于CSS和JavaScript的网页滚动字幕[J].长春工业大学学报,2012,33(2):165-170.

[98]孟小峰,周龙骧,王珊.数据库技术发展趋势[J].软件学报,2004,15(12):1822-1836.

[99]蒲显鑫.基于多种电子商务平台的统一后台ERP系统的设计与实现[D].广州:华南理工大学,2015.

[100]如何理性选择适合自己的数据库?[EB/OL].https://blog.csdn.net/u011202334/article/details/50440206.

[101]袁野.西南空管气象信息综合服务系统的研究与设计[D].成都:电子科技大学,2011.

[102]Apache Cordova 介绍[EB/OL].https://blog.csdn.net/itluochen/article/details/52160970.

[103]Apache Cordova 介绍[EB/OL].https://blog.csdn.net/chszs/article/details/8646750.

[104]朱凯南,李艳平,申闫春,等.基于Ionic和Cordova的跨平台移动APP的研究与应用[J].电脑知识与技术,2016,12(1):119-121.

[105]浅谈Cordova框架的一些理解[EB/OL].https://www.cnblogs.com/cr330326/p/7082821.html.

[106]郭涛.基于JQuery Mobile的公安系统微信公众平台的设计与实现[D].长春:吉林大学,2015.

[107]刘勇,刘桂江.企业门户网站后台管理系统的实现[J].信息与电脑(理论版),2017(8):123-130.

[108]雷华军,邢益良.基于PHP语言Web应用开发研究与实现[J].电脑编程技巧与维护,2017(9):18-19.

[109]王鲜霞.动态网页语言(PHP)[J].电脑知识与技术,2008,4(s2):133-134.